MARTA CULLBERG WESTON

Auf der Suche nach dem inneren Kind

MARTA CULLBERG WESTON

Auf der Suche nach dem inneren Kind

Wege zu mehr Selbstachtung

Aus dem Schwedischen
von Stefanie Spitzner

BELTZ

Titel der schwedischen Originalausgabe:
Självkänsla på djupet. En terapi för att reparera negative självbilder

Das Werk erschien erstmals 2007 bei Bokförlaget Natur och Kultur, Stockholm

Wichtiger Hinweis
Die im Buch veröffentlichten Ratschläge wurden mit größter Sorgfalt und nach bestem Wissen vom Autor erarbeitet und geprüft. Eine Garantie kann jedoch weder vom Verlag noch von dem Verfasser übernommen werden. Die Haftung des Autors bzw. des Verlages und seiner Beauftragten für Personen-, Sach- oder Vermögensschäden ist ausgeschlossen. Wenn Sie sich unsicher sind, sprechen Sie mit Ihrem Arzt oder Therapeuten.

www.beltz.de

1. Auflage 2011

Illustrationen im Innenteil: Jenny Bryant
Umschlaggestaltung: www.anjagrimmgestaltung.de,
Stephan Engelke (Beratung)
Umschlagillustration: © Fotolia.com/DouDou
Umschlagfoto: © plainpicture/Paolo
Satz: Druckhaus »Thomas Müntzer«, Bad Langensalza
Druck und Bindung: Beltz Druckpartner, Hemsbach
Printed in Germany

ISBN 978-3-407-85932-7

Ich wollte ja nichts, als das zu leben versuchen, was von selber aus mir heraus-wollte. Warum war das so sehr schwer?

Hermann Hesse in »Demian«

Inhaltsverzeichnis

Vorwort

Wenn man sich selbst nicht liebt

Viele Menschen leben mit dem quälenden Gefühl, nicht zu genügen, nicht gut genug zu sein. Andere ahnen nicht, dass ihr Leben und ihre Pläne durch negative Selbstbilder beeinträchtigt werden, wobei eine quälende Unzufriedenheit mit sich selbst oder eine depressive Grundstimmung genau dafür äußerlich sichtbare Signale sein können. Allerdings ist es nicht so leicht, die zersetzende Kraft solcher negativer innerer Bilder aufzuspüren, und so bedarf es oft einer Art Detektivarbeit, vergleichbar mit dem Zusammensetzen eines Puzzles.

Bei den Betrachtungen zum Thema Selbstwertschätzung konzentriere ich mich auf die Frage, wie sich negative Selbstbilder auf das Alltagsleben eines Menschen auswirken und hier Probleme verursachen. Vor allem aber führe ich aus, wie man sich von solchen negativen Selbstbildern befreien und innere Selbstwertschätzung erreichen kann.

Zur Veranschaulichung des therapeutischen Vorgehens – insbesondere der Nutzung innerer Bilder zur Änderung von Selbstwertproblemen – dienen in diesem Buch vier ausführliche Fallbeschreibungen. Diese Fallbeispiele führen auch noch einmal anschaulich vor Augen, wie die von mir eingeführten theoretischen Begriffe gemeint sind, was sie besagen und wie sie »funktionieren«.

Die Wurzeln unseres Selbstwertgefühls

Da Selbstvertrauen oft mit Selbstwertgefühl verwechselt wird, beginne ich mit der wichtigen Abgrenzung zwischen diesen beiden Begriffen.

- Selbstvertrauen bezieht sich auf das, was man *macht* – man vertraut den eigenen Fähigkeiten.
- Selbstwertgefühl dagegen meint das, was man *ist* – das Ansehen, das der eigenen Person gilt.

Bereits hier wird ersichtlich, dass Selbstwertgefühl (Selbstwertschätzung ist nahezu dasselbe) etwas Umfassenderes, Tieferes meint, das nicht so leicht zu fassen ist. Hierzu passt, dass unser Selbstbild früh im Leben geprägt wird und uns anschließend beeinflusst, ohne dass wir uns dessen besonders bewusst sind.

Wie wir zu uns selbst stehen, wirkt sich auf nahezu jeden Lebensbereich aus. Dieses Buch stellt dar, wie unsere Selbstbilder entstehen, und führt aus, zu welchen Problemen negative Selbstbilder führen können.

Haben Sie ein negatives Bild von sich?

Während viele Menschen oft nicht ahnen, dass ein negatives Selbstbild ihr Leben prägt, sind sich andere dieser Tatsache quälend bewusst. Unabhängig vom Bewusstseinsgrad entstehen Beeinträchtigungen.

Bei einem Mangel an Selbstwertschätzung wird das Dasein durch eine innere Kritikhaltung und Unzufriedenheit mit sich selbst getrübt. Viele Menschen zeigen ständig mangelnden Selbstrespekt, während andere glauben, nicht zu genügen. Manche strengen sich über Gebühr an, um als »tüchtig« zu erscheinen und auf diese Weise anerkannt zu werden.

Die Regale zahlreicher Buchhandlungen sind gut bestückt

mit Selbsthilfeliteratur, oft nach amerikanischem Vorbild »gestrickt« mit fünf bis sieben einfachen Schritten als Voraussetzung für Erfolg und Glück. Coachings versprechen Ratsuchenden ein verbessertes Selbstwertgefühl mithilfe einiger weniger Kniffe und Tricks. Leider ist das Leben nicht so einfach, als dass es sich mittels ein paar weniger Schritte von heute auf morgen ändern lässt. Zudem gibt es eine Reihe verborgener Triebkräfte, von denen wir bei unseren alltäglichen Beschäftigungen oft gar nicht viel merken. Ich werde in diesem Buch versuchen aufzuzeigen, wie man Schädigungen am Selbstwertgefühl von Grund auf beheben und gleichzeitig sich selbst besser kennenlernen kann. Denn nur so entsteht eine natürliche innere Sicherheit, aus der heraus übertriebene Zweifel an sich selbst und den eigenen Handlungen aufhören.

Eine innere Reise

In meiner täglichen Arbeit als Therapeutin habe ich lange Zeit mit Klienten, die ein negatives Selbstbild haben, gearbeitet. Da die Fundamente unseres Selbstbildes früh im Leben gelegt werden, haben sich für mich die Arbeit mit dem »inneren Kind« und die Beschäftigung mit häufig vorkommenden, falschen Vorstellungen über die eigene Person als effektivster Weg herausgestellt. *Man begibt sich also zurück zur Vorstellungswelt des kleinen Kindes, um die Entstehungsweise eines negativen Selbstbildes zu identifizieren.* Anschließend wird ein Weg aufgezeigt, wie man mithilfe von inneren Bildern Blockierungen lösen kann, die das Problem im Inneren eines Menschen verfestigt haben.

Der therapeutische Prozess wird durch diese Vorgehensweise zu einer persönlichen inneren Reise. Jede dieser Reisen ist einzigartig. Die Arbeit an sog. inneren Bildern öffnet *eine Tür in deine innere Welt*, was gleichzeitig der Titel eines Buches über die Katathym-Imaginative Psychotherapie (KIP) ist, das ich vor einigen Jahren geschrieben habe.[1]

Innere Bilder als Ausgangspunkt der therapeutischen Arbeit zu nehmen mag zunächst ungewohnt klingen. Anhand der nachfolgend geschilderten Therapieprozesse wird es mir hoffentlich gelingen, Ihnen eine anschauliche Darstellung von Wirkungsweise und Kraft des Verfahrens zu vermitteln. Die Therapiemethode wird auch als Symboldrama bezeichnet – ein, wie ich glaube, etwas unglücklicher Name. Eine kurze Einführung in das therapeutische Verfahren der »Katathym-Imaginativen Psychotherapie« (KIP) erfolgt in Kapitel 6.

Natürlich gibt es Menschen, die sich gar nicht in ihre Kindheit zurückbegeben wollen, sondern sich mit handfesten Ratschlägen für das Hier und Jetzt besser bedient fühlen. Deswegen finden Sie in den ersten Kapiteln auch immer wieder ganz konkrete Empfehlungen, wie sich auf einer bewussten und konkreten Ebene an einer positiven Veränderung seines Selbstwertgefühls arbeiten lässt. Durch das Befolgen dieser Ratschläge kann man bereits ein gutes Stück vorankommen. Vielleicht wird so aber auch das Interesse geweckt, sich danach den zugrunde liegenden und oft verdeckten Problemen zuzuwenden.

01

Wie negative Selbstbilder entstehen

Sich selbst nicht zu mögen ist
das Schlimmste, was einem
Menschen zustoßen kann.
JOHANN WOLFGANG VON GOETHE

Negative Selbstbilder können tief unter der Oberfläche liegen und unser Leben prägen, ohne dass wir uns dessen bewusst sein müssen. Das Einzige, was davon nach außen dringt, kann beispielsweise sein, dass jemand deutlich zu viel arbeitet, weil er oder sie sehr auf Lob und Anerkennung der Umgebung bedacht ist.* Solche Menschen können einen inneren »Sklaventreiber« beherbergen, der meint, dass sie zu nichts taugen, wenn sie nicht perfekt sind. Bei anderen Menschen äußert sich ein niedriges Selbstwertgefühl in einer depressiven Grundstimmung, weil sie sich für »wertlos« halten und überzeugt sind, dass sie niemals ein anderer Mensch lieben wird. Manche glauben, nur eine schöne Fassade zu besitzen, und halten es lediglich für eine Zeitfrage, bis andere herausgefunden haben, wie wertlos sie in Wahrheit sind.

Wenn jemand ständig sein eigenes Können oder seinen Wert anzweifelt, wird das Leben anstrengend. Für viele Menschen ist

* Im Folgenden habe ich der Lesbarkeit wegen nicht immer die weibliche und männliche Form zugleich angegeben. Selbstverständlich ist, wenn ich von dem Klienten spreche, auch die Klientin gemeint und umgekehrt.

das jedoch Alltag. Sie kämpfen jeden Moment darum, zu genügen, akzeptiert zu werden, Freude über sich zu empfinden, während gleichzeitig gegenläufige innere Kräfte ihren Anstrengungen zuwiderlaufen. Ein negatives Selbstbild, das jemand in sich trägt, kann immerzu einflüstern, dass man nicht liebenswert sei. Oft haben Menschen auch einen »inneren Richter« in sich, der ständig das Gefühl vermittelt, nicht zu genügen.

Prozesse wie diese untergraben fortlaufend die Selbstachtung und führen u. a. dazu, dass positive Effekte von Anerkennung und Lob sich allzu rasch verflüchtigen. Oft wird nicht nur die Anerkennung als solche zurückgewiesen, sondern auch die Person, die lobt, kurz abgefertigt, was die Chancen auf zukünftige positive Rückmeldungen vermindert.

Ein Löffel mit Loch

Wer alles Lob und jede Anerkennung durch andere Menschen ständig infolge eines negativen Selbstbildes infrage stellt und abschwächt, befindet sich in einer kräftezehrenden bzw. einer Stresssituation. Zufriedenheit mit sich selbst kann es dabei nicht geben, immer bedarf es neuer Anerkennung von außen. Solch eine Situation bezeichne ich als *Loch im Löffel,* weil die Effekte positiver Kommentare nur von sehr kurzer Dauer bzw. geringer Nachhaltigkeit im Erleben des Betroffenen sind. Positive Gefühle fließen einfach ab, mitten durch das Loch hindurch (wie im Bild auf S. 14 dargestellt).

Anerkennung und Lob werden von einem »inneren Kritiker« wirkungsvoll attackiert, indem dieser typische innere Kommentare macht wie »Das sagen die anderen nur, um freundlich zu erscheinen« oder »Warte nur ab, bis die Leute herausfinden, wie schlecht du in Wirklichkeit bist«. Wie sehr man sich auch anstrengt, die Wirkung ist letztlich gleich null, weil der positive Effekt jeglicher Anerkennung einfach durch

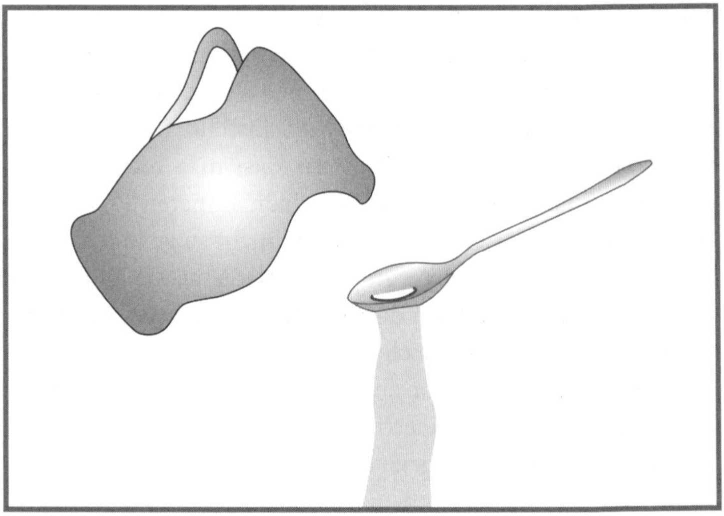

das Loch hindurchrinnt. Negative Kommentare und Kritik dagegen werden wie von einem Schwamm aufgesaugt und gespeichert. Hierdurch wird das innere negative Selbstbild bestätigt, als solches verfestigt und gespeichert. Diese Unausgewogenheit beim inneren Bilanzieren führt ständig zu einem Minus auf dem »Selbst-Wertschätzungs-Konto«.

Aber warum funktionieren viele Menschen so irrational, warum ist die Buchführung so unlogisch? Hierzu möchte ich die Entstehung *innerer Selbstbilder* in unserer frühen Entwicklung darstellen.

Wir werden zweimal geboren

Unsere Selbstbilder, auf die wir später als Erwachsene und unser ganzen Leben hindurch zurückgreifen, werden in der Kindheit angelegt. Ich benutze den Ausdruck der zweimaligen Geburt: Zuerst kommt die biologische, anschließend die psychische Geburt. Während der biologische Teil sich auf wenige intensive Stunden begrenzt, handelt es sich beim psychischen Geschehen um einen zeitlich ausgedehnteren Prozess, in dem Blicke und Berührungen eine zentrale Rolle einnehmen. Psychisch werden wir in der Begegnung und im Austausch mit Menschen unserer Umgebung »geboren«, wir spiegeln uns im Blick von Mutter, Vater und anderen nahen Personen. Werden wir mit liebevollen Augen betrachtet oder handelt es sich um eine deprimierte Mutter, die kaum dem Blick des kleinen Kindes begegnen kann? Kümmern sich die Eltern auf eine warme, liebevolle Weise um uns, oder werden bestimmte körperliche Bedürfnisse bloß rasch befriedigt und das Kind routinemäßig »abgefertigt«?

Die psychische Geburt ist ein ebenso dramatisches Geschehen wie die biologische und beeinflusst das weitere Leben hindurch unser Verhalten und unsere Einstellung zu uns selbst. Man kann sich die ganze Größe dieses gewaltigen Prozesses anhand des Gemäldes von Michelangelo in der Kuppel der Sixtinischen Kapelle veranschaulichen, in dem Gott seine Hand ausstreckt und den Lebensfunken an Adam weitergibt. Die psychische Geburt wird manchmal auch als »Michelangelo-Effekt« bezeichnet.

So entstehen unsere inneren Muster

Aus vielen kleinen alltäglichen Situationen (und deren Deutung) konstruiert jeder einzelne Mensch seine Sichtweise darüber, wer er ist und wie die Welt funktioniert. Die Summe dieser Deutungsarbeit hinterlässt tiefe Spuren in uns. Die Art und Weise, wie wir wahrgenommen wurden und wie wichtige Menschen uns begegnet sind, entscheidet darüber, ob wir uns für wertvoll halten oder eben nicht.

Die Grundtönung unserer Biografie, unsere Grundhaltung zu uns und anderen, wird manchmal durch bedeutende Einzelereignisse geprägt. Häufiger jedoch entscheiden kleine Kindheitsszenen, die im Alltag wiederholt ablaufen, über Ausgestaltung und »Farbe« unserer Selbstbilder. Für solche alltäglichen, sich wiederholenden Erfahrungen hatten wir damals jedoch meist noch keine Worte, und dennoch sind sie in unserem persönlichen Selbstverständnis als Deutungssysteme enthalten: Unsere frühen Vorstellungen von der Welt formen einen (Bezugs-)Rahmen, eine Art Programm, das dann darüber bestimmt, wie wir später Informationen aus unserer Umgebung filtern.

Der englische Psychoanalytiker John Bowlby[2] hat diesen Prozess untersucht und unterschiedliche »Bindungsmuster« beschrieben. Das jeweilige Bindungsmuster eines Kindes entwickelt sich in Abhängigkeit teils vom angeborenen Temperament, teils von der Verfügbarkeit der Eltern und ihrem Vermögen, sich auf den Gefühlszustand des Kindes einzustellen. Bowlby stellt dar, wie das Kind – ausgehend von seinen Interaktionserfahrungen mit nahestehenden Personen – verschiedene »innere Arbeitsmodelle« entwirft. Diese Modelle vermitteln das Verständnis darüber, wie die Beziehungen zur Umwelt generell funktionieren, und steuern so (zukünftige) Verhaltensweisen.

Manchmal kann die Unterscheidung zwischen bewussten und unbewussten Prozessen schwierig sein, da die Grenzen fließend sind. Unsere Lebenserfahrungen werden aber ständig gespeichert, und zwar unabhängig davon, ob wir uns dessen bewusst sind oder nicht. Teilweise fanden Erlebnisse so frühzeitig während unserer Entwicklung statt, dass wir noch keine Worte für unser Erleben besaßen. Andere gefühlsmäßige Erfahrungen haben wir uns vielleicht bisher niemals bewusst gemacht oder ausformuliert. In unserem Inneren tragen wir alle etwas, das der englische Psychoanalytiker Christopher Bollas[3] *das ungedachte Bekannte* (»the unthought known«) nennt. Solche Erfahrungen können sich später im Kontakt durch Körpersignale mitteilen, die zu erkennen geben, ob sich jemand z. B. schützen möchte oder offen gegenüber neuen Erfahrungen ist.

Zentrale kindliche Bedürfnisse

»Der Mensch wird am Du zum Ich« ist ein bekanntes Zitat von Martin Buber[4], das die zentrale Bedeutung des sogenannten Spiegelns hervorhebt. Unser Bild von uns selbst entsteht erst allmählich im Kontakt nach außen und hängt entscheidend davon ab, wie wir uns von den wichtigen Personen unseres Lebens wahrgenommen und behandelt fühlen. Mit »Spiegeln« ist gemeint, welche Auffassung wir von uns selbst entwickeln, indem wir uns in den Augen dieser anderen Menschen, in deren Abbild von uns, begegnen. Mit dem Ausdruck Spiegeln ist dabei nicht nur das Visuelle (bzw. *das Sehen im wörtlichen Sinne)* gemeint, sondern die ganze Art und Weise wie die wichtigen Bezugspersonen auf das kleine Kind reagieren und eingehen.

Wenn man überlegt, welche zentralen Bedürfnisse bei einem Kind gestillt werden müssen, wird noch klarer, was der Begriff Spiegeln beinhaltet. Idealerweise handelt es sich dabei um eine liebevolle und respektvolle Begegnung zwischen der Umwelt einerseits und einem sich entwickelnden Individuum auf der anderen Seite.

Was ein Kind dabei braucht:

- Befriedigung physischer (also körperlicher) Bedürfnisse
- Sicherheit und Geborgenheit
- Hautkontakt und Zärtlichkeit
- Aufmerksamkeit
- Sich wahrgenommen fühlen
- Akzeptanz für die Person, die man ist
- Zuhören und Anteilnahme
- Unterstützung beim Benennen und bei dem Umgang mit Gefühlen
- Verlässliche Beziehungen

- Spüren, dass man genügt und etwas kann
- Unterstützung und Anleitung
- Möglichkeiten, Freude zu erleben und Stimulation
- Nichttabuisieren von sexuellen Regungen
- Freiraum zum allgemeinen Erforschen und Expandieren
- Hilfe bei Grenzsetzungen

Das Bedürfnis, »gespiegelt« zu werden im Sinne von Angewiesensein auf Wahrgenommen- und Respektiertwerden ist allerdings nicht auf das Säuglings- und Kleinkindalter beschränkt. Das ganze Leben hindurch »spiegeln« wir uns am anderen, erhalten und verändern so unser eigenes Bild. Man kann sich das als eine Art des »Ablesens« am anderen vorstellen. Das Problem ist nur, dass es ganz entscheidend von der »Farbe« unserer Brillengläser abhängt, was wir im Spiegel tatsächlich sehen.

Was kann zu einem negativen Selbstbild beitragen?

Als Eltern eines Kleinkindes ist man 24 Stunden rund um die Uhr beschäftigt. Zu dieser Aufgabe gehört viel Freude, sie beinhaltet jedoch auch Stress und Müdigkeit. In anstrengenden Zeiten können auch prinzipiell günstige Entwicklungsvoraussetzungen beeinträchtigt werden. Eltern rutschen z. B. Bemerkungen heraus, die sich beim Kind leider festsetzen können. Es folgt eine Liste typischer Aussprüche, wie sie in anstrengenden Phasen im Familienalltag vorkommen können:

- Du solltest dich was schämen!
- Nie kriegst du etwas hin!
- Wie kannst du mich so behandeln?
- Ich wünschte, du wärest nie geboren worden!

- Werde bloß schnell groß – ich schaff es nicht mehr lange, mich um dich zu kümmern!
- Ein Junge weint nicht! Oder alternativ: Sei ein liebes Mädchen, sonst mögen die Leute dich nicht.
- So etwas darfst du nicht fühlen!
- Wie kannst du nur so dumm sein?
- Das ist deine Schuld, dass es immer Probleme gibt!
- Ich habe mein Leben für dich geopfert! Du schuldest mir, dass …
- Wenn du das machst, haben wir dich nicht mehr lieb!
- Du treibst mich noch in den Wahnsinn!
- Du bringst mich noch um!
- Aus dir wird nie etwas!
- Mit dir wird es niemals jemand aushalten!
- Warum kannst du nicht sein wie Anne/Anton?

Selbst wenn ein Kind nicht ganz so offensichtlich negativen Äußerungen wie diesen ausgesetzt ist, kann bei ihm eine Aneinanderreihung alltäglicher Situationen ein negatives Selbstbild erzeugen. Auch ohne (böse) Absicht der Eltern kann ein Kind Situationen so auslegen, dass es selbst nicht genügt oder dass mit ihm etwas nicht stimmt.

Das Leben ist unkalkulierbar! Eltern können krank werden und lange Zeit im Krankenhaus liegen; ein Geschwister kann ernsthaft erkranken und die gesamte Aufmerksamkeit der Eltern beanspruchen; ein Elternteil kann depressiv werden und mit der Betreuung des Kindes überfordert sein. Es gibt eine ganze Reihe solcher Ereignisse, die dazu beitragen können, dass ein kleines Kind – das gerade versucht, sich ein erstes Bild von sich selbst zu machen – nicht ausreichend wahrgenommen und liebevoll bestätigt wird. Störungen beim Prozess des Spiegelns und Gespiegeltwerdens können das Selbstbild in problematischer Weise verzerren. Und nicht immer geschieht dies nur während der ersten, ganz frühen Jahre.

- Es ist nicht ungewöhnlich, dass Emotionen und Beobachtungen des Kindes nicht akzeptiert werden. Wenn Gefühle wie z. B. Zorn, Schmerz oder Traurigkeit, regelmäßig vom Kind unterdrückt werden, kann eine gefühlsmäßige Stummheit resultieren. Als Erwachsener lebt so jemand mit einem inneren Kind, das weiter glaubt, seine Gefühle seien gefährlich oder im Grunde falsch. Nach außen kann derjenige äußerst freundlich erscheinen, sich aber von jedem tieferen Gefühlskontakt fernhalten.

- Wenn unsere Bedürfnisse nach Nähe und Sicherheit frühzeitig beiseitegeschoben oder vernachlässigt wurden, kann ein einsames, unsicheres inneres Kind die Folge sein. Nach außen verdeckt die Person vielleicht diese Bedürfnisse, indem sie selbstversorgend, autark wird, während ein ständiger innerer Mangel weiter besteht.

- Das Kind kann einer rigiden Umgebung ausgesetzt sein, deren Forderungen und Erwartungen unmöglich zu erfüllen sind, und dadurch ständig Kritik ernten. Die Forderungen können verinnerlicht werden und in Zukunft als stets kritischer »innerer Richter« weiter existieren.

- Ein Kind kann auch Reizbarkeit oder spöttischen Bemerkungen ausgesetzt sein. Kleine Kinder können damit häufig schlecht umgehen und schämen sich als Folge solcher Erfahrungen. Auch Geschwister können, ohne es zu merken, mit einem derartigen Verhalten Schaden anrichten.

- Manchmal entsteht bei einem Kind zum Beispiel der Eindruck, einem depressiven oder durch andere Probleme beanspruchten Elternteil »im Wege zu stehen«, weil dieser sich wegen der eigenen Schwierigkeiten nicht an seinem Kind erfreuen kann. Dies kann im Kind zu der Vorstellung führen, insgesamt nicht liebenswert zu sein.

- Ein Kind kann zu Verwandten oder ins Krankenhaus kommen und das so auslegen, dass die Eltern es nicht um sich haben wollen. Wenn Eltern sterben oder lange im Krankenhaus sind, kann sich die Vorstellung entwickeln, nicht wertvoll zu sein bzw. keine Liebe zu verdienen. Trennungen der Eltern können bei Kindern den Eindruck hervorrufen, dass sie zugunsten eines neuen Partners »abgewählt« wurden, weil sie nicht »gut genug« waren.

- Gelegentlich wachsen Kinder mit der mehr oder minder ausgesprochenen Forderung auf, einen belasteten oder kranken Elternteil zu unterstützen. Ein Kind kann jedoch eine depressive Mutter nicht wirklich trösten oder heilen, was ein inneres Schuldgefühl erzeugen und den Eindruck hinterlassen kann, niemals zu genügen.

- Ein Kind kann diversen Arten körperlicher oder psychischer Misshandlung ausgesetzt sein. Tragischerweise nimmt in solchen Situationen das Kind die Schuld und Scham auf sich, obwohl der Erwachsene der eigentliche Täter ist.

- Wenn sich innerhalb einer Familie eines der Kinder in seinen Eigenschaften von den Geschwistern unterscheidet, kann es sich als negativ oder ungenügend erleben. Dies gilt besonders, wenn es in der Umgebung an der Bereitschaft mangelt, gerade diese Andersartigkeit wertzuschätzen.

- In manchen Familien gibt es das Muster, dass der Junge »Mamas Junge« und das Mädchen zu »Papas Mädchen« wird.

Meist schadet dies dem Selbstbild nicht wirklich. Wenn aber der Vater nicht anwesend ist und kein Gegengewicht bilden kann zu einer Mutter, in deren Augen ein kleines Mädchen ständig alles falsch macht (im Gegensatz zum Bruder, der alles Lob einheimst), hat dies nachteilige Folgen. Analoges gilt im umgekehrten Fall.

Wir haben verschiedene »innere Kinder« verinnerlicht

Wenn grundlegende kindliche Bedürfnisse nicht befriedigt wurden, entsteht eine innere Fixierung auf eben diese Bedürfnisse, die man im Erwachsenenalter als innere Frustration in sich trägt. Man kann es auch so ausdrücken, dass ein »inneres frustriertes Kind« unter der Oberfläche existiert und das persönliche Gleichgewicht beeinflusst. Vielleicht trägt dieses innere Kind ein permanent ungestilltes Bedürfnis nach Gesehen- und Respektiertwerden in sich. Solch ein Mangel wird das Verhalten und die Entscheidungen der erwachsenen Person in entscheidender Weise prägen. *Nach meiner Erfahrung stellt das »innere Kind« eine wichtige Informationsquelle dar: Es weiß, wo etwas schiefgelaufen ist.*

Ein inneres Kind in sich zu tragen ist sicher keine übliche Vorstellung, aber bei der Behandlung von Schäden am Selbstwertsystem hat sich dieses Konzept als nützlich erwiesen. Wenn man mithilfe der Methode der Katathym-Imaginativen Psychotherapie** in Kindheitsszenen zurückgeht, trifft man un-

** Erläuterung d. Übersetzerin: In Skandinavien wird dieselbe Therapieform als »Symboldrama« bezeichnet, die u.a. in Deutschland in Expertenkreisen als Katathym-Imaginative Psychotherapie bekannt ist. Ihr Begründer ist der Arzt und Psychotherapeut H.C. Leuner. Das Therapieverfahren wird im weiteren Text der Einfachheit halber als »KIP« bezeichnet, der innerhalb des Verfahrens benutzte Vorgang der bildlichen Vorstellung wird als »Imaginieren« oder »Bildern«, die Inhalte werden als Bilder oder Imaginationen bezeichnet.

terschiedliche »innere Kinder« an, die jeweils eine eigene Geschichte berichten. Bei deren Begegnung mit jedem von ihnen wird sichtbar, was damals schiefgelaufen ist. Innerhalb einer szenenhaften Wiederbegegnung kann die ursprüngliche Situation neu gestaltet werden. Hierdurch entsteht ein Ansatz für Veränderung und Reparatur der beschädigten Beziehung zu sich selbst und zu anderen Menschen.

Nicht nur die Eltern sind beteiligt

Selbstverständlich sind nicht nur Eltern bei der Ausformung des Selbstbildes eines kleinen Kindes beteiligt. Oft sind Großeltern in die Erziehung eingebunden, weiterhin gibt es Geschwister, daneben Krippen-, Kindergarten- und Vorschulpersonal, und jede dieser Personen begegnet dem Kind auf ihre eigene Weise. Außerdem gibt es noch Freunde und Lehrer, die das Selbstgefühl eines Kindes tiefgreifend beeinflussen können.

Es ist wichtig, daran zu denken, dass viele Kinder in eine Familie hineingeboren werden, in der schon Kinder vorhanden sind. Nur selten sind die älteren Geschwister ausschließlich »glücklich«, wenn ein neuer kleiner Konkurrent Einzug in die Familie hält. In manchen Familien gelingt es Eltern nicht, das jüngere Kind ausreichend vor Kritik und Rivalität eines älteren Geschwisterkindes zu schützen.

Kleine Kinder haben regelmäßig die Neigung, sich mit älteren Geschwistern zu vergleichen und aus diesem Vergleich den Schluss zu ziehen, weniger gut zu sein, da sie einige Dinge nicht so gut können wie der ältere Bruder oder die ältere Schwester. Jüngere Geschwister benötigen hier die Unterstützung der Eltern in Form von Versicherungen, dass sie z. B. genauso gut Rad fahren oder lesen werden, wenn sie erst einmal so alt wie die Geschwister sind.

Auch das schulische Milieu und die Einstellung der Lehrer

zum Kind formen das Selbstbild mit. Am Beispiel von Jan (Kapitel 10) wird dargestellt, wie durch unsensible Lehrer (die keine Kenntnisse über Lese-Rechtschreib-Schwäche besaßen) sein Schulleben zu einer Plage wurde und sein Selbstvertrauen und Selbstbild systematisch untergraben wurden.

Personen des nahen Umfeldes können andererseits aber auch eine wichtige Kompensationsfunktion erhalten, wenn beispielsweise Eltern nicht in der Lage sind, ein Kind wohlwollend zu betrachten und anzunehmen. Manchmal sind es Großeltern, die ein Kind mit liebevollen Augen ansehen. Kinder haben oft die Fähigkeit, in der Umgebung vorhandene Liebe und Aufmerksamkeit regelrecht aufzusaugen. Nicht selten haben Kinder »Zusatz-Eltern« gefunden in Gestalt der Eltern eines Freundes und hierüber Bestätigung bezogen. Auch Lehrer und Vorschulpersonal nehmen gelegentlich diese wichtige (Ersatz-)Funktion ein.

Das Kind erschafft den Sinn selbst

Die konkreten Umgebungsbedingungen allein erzeugen jedoch nicht die Vorstellung eines Kindes von sich selbst. Der Mensch ist ein sinn- und bedeutungsschaffendes Wesen – im Guten wie im Schlechten. Immerzu versuchen wir, Ereignisse in unserer Umwelt zu deuten und zu verstehen. Kleinkinder verhalten sich hierbei bereits wie kleine Wissenschaftler. Das Problem ist nur, dass das logische Vermögen in so frühem Alter noch nicht besonders gut entwickelt ist.

Kleinkinder haben eine »egozentrische« Weltsicht und eine ausgeprägte Empfindsamkeit. Sie glauben, dass alles, was in ihrer Umgebung passiert, mit ihnen selbst zu tun hat, und nehmen deshalb fälschlicherweise auch Schuld für Ereignisse auf sich, die nichts mit ihnen zu tun haben. Wenn etwa Eltern streiten und ein reizbarer Elternteil das Kind anfährt, nimmt das Kind dies oft als Zeichen für eigene Fehler oder Unvollkommenheit. Außerdem schaut ein kleines Kind in aller Regel zu seinen Eltern auf und glaubt, dass sie unfehlbar seien. Wenn es zwischen den Eltern zu Beziehungsschwierigkeiten kommt, liegt es für das Kind deshalb auf der Hand, die Schuld ausschließlich bei sich zu suchen. Kinder verstehen nicht, dass ein bestimmtes Verhalten nichts mit ihnen zu tun hat. Gerade das Bemühen des Kindes um Verständnis führt zu einer Kette falscher Interpretationen, die anschließend unter der Oberfläche weiterbestehen und zu Problemen führen.

Ein Elternteil, der die Existenz eines Kindes als Einschränkung seiner persönlichen Freiheit erlebt und deshalb das Kind ignoriert, vermittelt dem Kind eine Botschaft, die gedeutet werden kann als »Du bist es nicht wert, geliebt zu werden« oder »Für meine Nähewünsche an meine Mutter muss ich mich schämen«. Ich habe oft Menschen getroffen, deren Eltern (noch) nicht bereit waren, das eigene Leben um die Bedürfnisse eines anderen Individuums herum zu organisieren. So wurde bei den Betroffenen die Vorstellung aufgebaut, nur »lästig« zu sein. Bei anderen Menschen waren Vater oder Mutter über lange Zeit an Depression erkrankt, sodass sie sich für nicht liebenswert hielten, weil sie keine positive Resonanz von ihren Eltern bekamen. Das Traurige hierbei ist, dass der Gedanke, nicht liebenswert zu sein, bei einem kleinen Kind regelmäßig zu einem tiefen Schamgefühl sich selbst gegenüber führt.

Solche falschen Vorstellungen von sich werden in der inneren Vorstellungswelt eines Kindes als negative Selbstbilder regelrecht eingebrannt. Zu einem negativen Selbstbild gehören drei Grundgedanken: »nicht in Ordnung«, eine »Schande« zu sein und »keine Liebe zu verdienen«. Lange nachdem der Schaden am Selbstbild entstanden ist, setzt sich der Prozess fort. Das unrichtige Selbstbild entfaltet eine selbstdestruktive Wirkung. Das einzige »Gute« an diesen Selbstbildern ist, dass es sich um Vorstellungen handelt, die im Prinzip ja »falsch« sind. Deshalb ist die Chance für Korrekturen prinzipiell groß. Allerdings muss dieses fehlerhafte Bild zuvor erst einmal entdeckt werden.

Scham und Schuld

Es ist tragisch, dass kleine Kinder dazu neigen, sich sowohl Schuld- als auch Schamgefühle aufzubürden. Diese Neigung ist ein Nebeneffekt der interessanten menschlichen Tendenz, das Dasein verstehen und mit Sinn versehen zu wollen, selbst wenn wegen geringer Reife die Deutungen fehlerhaft ausfallen müssen. Auf diese Weise kann ein lebenslanges tiefes Schamgefühl quasi als »innerer Mühlstein« eines Menschen zurückbleiben, wenn ein kleines Kind sich erst einmal als nicht liebenswert eingestuft hat. Diese Bürde lastet auf dem gesamten Lebensgefühl, solange man keine Chance erhält, das Problem anzugehen.

Da ein Kind sein Erleben damals nicht benennen, sondern nur erleben konnte, liegen derartige Schamgefühle gut verborgen im Inneren, ohne dass man um sie weiß oder erneut in direkten Kontakt mit ihnen tritt. Es wäre jedoch ein Fehlschluss, deshalb anzunehmen, dass diese Gefühle inzwischen für das Verhalten unbedeutend geworden seien. Das Gegenteil ist richtig.

Haben Sie schon einmal darüber nachgedacht, dass nur wenige Menschen allein ins Kino gehen? Sicherlich ist ein Kinobesuch in Gesellschaft oft angenehmer, für viele ist es jedoch gänzlich undenkbar, alleine loszugehen. Viele glauben, dass äußerlich sichtbare Einsamkeit (in den Augen anderer) ein Zeichen dafür ist, dass »keiner etwas mit mir zu tun haben möchte«. Diese Empfindung rührt von der inneren Überzeugung her, nicht liebenswert zu sein. Heftige Gefühlsreaktionen in Zusammenhang mit einer Scheidung können teilweise ähnlich motiviert sein. Auch dabei kann ein Schamgefühl verknüpft sein mit dem Erleben, »abgewählt« bzw. »ausgemustert« worden zu sein. Die Trennung trifft das Selbstbild so empfindlich, dass man sich vielleicht kaum wiedererkennt.

Ein inneres Regelsystem

Unsere verinnerlichten Selbstbilder und Vorstellungen von der Welt funktionieren wie eine innere Steuerung, genau wie ein Computerprogramm. Solche Programme filtern Informationen und ordnen bzw. speichern diese gemäß eingebauter Regeln. Wir alle besitzen solche inneren Steuer- und Regelsysteme, die Signale von außen filtern und unsere Wahrnehmung von uns selbst färben. Dieser Mechanismus ist ein Teil der schon erwähnten »gefärbten Brille«, die uns unsere Umgebung auf eine einzigartige Weise wahrnehmen lässt. Die Farbe unserer Gläser, d. h. unser ureigenes Radarsystem, entscheidet über unsere jeweiligen Gedanken, Gefühle, Handlungen und unse-

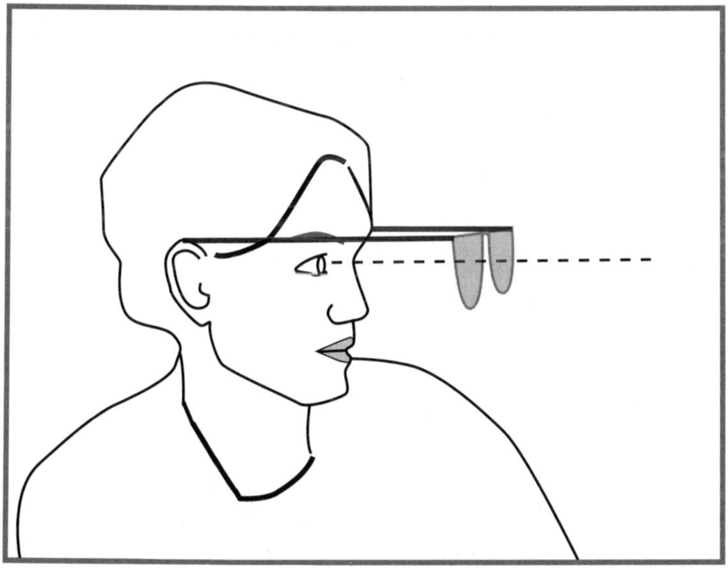

ren Umgang mit anderen Menschen und mit uns selbst (siehe Illustration S. 27).

Jemand der sich beispielsweise gemäß innerem Selbstbild für »defekt« oder »fehlerhaft« hält, geht regelmäßig davon aus, dass die anderen ihn/sie mit ebensolchen »negativen Augen« betrachten, und gestaltet seine/ihre Kontakte entsprechend dieser Erwartung. Vielleicht zieht er sich zurück oder gibt die Kontaktsuche ganz auf. Wer die Welt durch die Gläser eines negativen Selbstbildes betrachtet und erlebt, wird bei Beziehungsproblemen mit einem Partner, den eigenen Kindern oder Arbeitskollegen rascher überfordert sein, weil das innere Bezugssystem und nicht die äußere Realität das Erleben und Verhalten steuert.

Je nachdem wie unser Gedächtnis organisiert ist, können bestimmte Alltagssituationen bei Erwachsenen heftige Gefühlsreaktionen auslösen. Das Gedächtnis funktioniert nach dem Prinzip, dass alte Inhalte »durchgescannt« werden, um eine neue Erfahrung einzuordnen und zu deuten. Normalerweise sichert diese Vorgehensweise einen Überlebensvorteil. Falls jedoch die alte Information Fehler enthält bzw. verzerrt ist, wird auch eine aktuelle Situation fehlerhaft interpretiert. Ein beiläufiger Kommentar, der an ein verdecktes negatives Selbstbild rührt, kann unverhältnismäßig starke Gefühlsreaktionen hervorrufen. Wem negative Selbstbilder in die Quere kommen, der kann z. B. wie ein verletzter Fünfjähriger reagieren. Solche als »Selbstfallen« bezeichneten Verknüpfungen werden in Kapitel 5 weiter ausgeführt.

Die Fundamente des Selbstwertgefühls

Unser Selbstwertgefühl hängt im Wesentlichen vom erworbenen Selbstbild ab. Mit jedem Selbstbild ist jedoch immer auch ein bestimmtes Selbstgefühl verbunden, es handelt sich um eine

Art »Gefühlsgedächtnis«. Die verschiedenen Behandlungsbeispiele in diesem Buch veranschaulichen die Komplexität emotionaler Strukturen in Abhängigkeit vom Selbstbild.

Oft gibt es beim Selbstbild einen »inneren Kritiker«, sozusagen als Kehrseite der Medaille. Das Selbstbild wird durch kritische Stellungnahmen z. B. hinsichtlich der eigenen Leistung beeinträchtigt, ohne dass man von der Existenz dieses Kritikers weiß. Auch dieses Konzept wird nachfolgend weiter ausgeführt.

Das Selbstbild einerseits und der »innere Kritiker« andererseits bilden die Grundlagen dessen, was wir mit dem Begriff »Selbstwertgefühl« umschreiben. Allerdings verzerren wir die Wirklichkeit, wenn wir so tun, als ob es sich beim Selbstwertgefühl um eine feste Größe handelte. In Wahrheit besitzen wir verschiedene Selbstbilder, die je nach Situation aktualisiert werden, und unser Selbstgefühl kann deshalb von einer Situation zur anderen variieren. Es gibt sozusagen eine ganze Selbstbild-Sammlung, eine Art Selbstbild-Bibliothek.

Auch Personen mit einem überwiegend guten Selbstwertgefühl können »schwarze Löcher« haben, die ab und zu und in ganz bestimmten Zusammenhängen aktualisiert werden. Bei anderen Menschen ist die Selbstachtung geradezu durchlöchert, was ihre Empfindlichkeit enorm erhöht. Solche Menschen leben in einem Minenfeld, wo eine Reihe alltäglicher Auslöser Probleme verursachen kann. Wegen ihrer hohen Verletzbarkeit stürzen sie oft und rasch in Selbstverachtung und Selbstkritik ab.

02

Wie sich eine geringe Selbstachtung äußert

Ein gutes Selbstwertgefühl funktioniert wie eine psychische Immunabwehr.
NATHANIEL BRANDEN, PSYCHOLOGE

Ein negatives Selbstwertgefühl kann sich auf vielfältige Weise äußern:

- Wer die Anerkennung durch andere niemals als ausreichend empfindet und sich deshalb ständig um Lob und Bestätigung bemühen muss, hat wahrscheinlich ein Problem mit dem inneren Selbstbild.
- Bei einer anderen Variante suchen sich Menschen immer wieder den falschen Partner aus. Obwohl sie sich eigentlich Bestätigung erhoffen, erweist sich das jeweilige Gegenüber hierzu als unfähig. Vielleicht ist jemand überzeugt, Dinge nicht aus eigener Kraft lösen zu können, und fühlt sich deshalb auf die ständige Unterstützung anderer angewiesen.
- Manchmal ist auch ein innerer Kritiker wirksam, der die eigenen Handlungen ständig kritisiert und hierdurch seelisches Auftanken dauerhaft verhindert.
- Wenn jemand glaubt, sich für seine natürlichen Wünsche nach Nähe, Anerkennung oder Wertschätzung schämen zu müssen, und solche Bedürfnisse deshalb um jeden Preis verbirgt.

- Vielleicht malt man rasch den »Teufel an die Wand« und stellt sich vor, dass eigene Handlungen stets in eine Katastrophe münden werden.
- Wenn ein Mensch extrem empfindlich gegenüber Kritik ist und konstruktive bzw. abwertende Rückmeldungen nur schlecht auseinanderhalten kann.

Nachfolgend werde ich auf die einzelnen Komponenten, die zu einem negativen Selbstwertgefühl beitragen, ausführlicher eingehen.

Der kritische innere Monolog

Am einfachsten lässt sich ein negatives Selbstbild ausfindig machen, indem man das innere Selbstgespräch, das uns immerzu begleitet, untersucht. Wir sind so sehr an unsere inneren Kommentare gewöhnt, dass wir dieses Phänomen oft nicht mehr registrieren – etwa so, als ob im Hintergrund ständig derselbe Radiosender läuft. Wenn man jedoch den inneren Monolog genauer untersucht, stößt man auf interessante Phänomene. Vielleicht findet man heraus, dass man eigene Ideen zur Problembewältigung stets im Ansatz sabotiert und dabei keinerlei Entschuldigung wie z. B.: »Ich habe es nach bestem Vermögen getan. Das muss reichen!«, gelten lässt.

Wenn man dieser inneren Sabotage erst einmal auf die Spur gekommen ist, lautet die nächste Frage natürlich: Woher kommt diese kritische innere Stimme? Warum kritisiere ich mich auf diese Weise?

Oft merkt man dabei, dass die innere Stimme wie das Echo eines kritischen Elternteils klingt. So einfach ist es jedoch nicht immer.

So wird ein innerer Kritiker aufgebaut

Häufig haben Erwachsene Verhaltensweisen von ihren Eltern übernommen. Dass wir Muster übernehmen, die wir mögen, erscheint nicht so merkwürdig. Tragischerweise kopieren wir jedoch oft auch solche Verhaltensweisen, die wir zuvor selbst als negativ erfahren haben. Dahinter steht ein seltsamer Mechanismus, genannt *Internalisierung*[5]. Was ist damit gemeint? Konkret kann das etwa so ablaufen:

> Kalles Vater war ein autoritärer Mensch, der Widerspruch nicht duldete und mit tagelangem Schweigen dem Betreffenden gegenüber reagierte. Kalle unterdrückte daraufhin während seiner gesamten Kindheit die eigenen Gefühle, um nicht ständig in Konflikt mit dem Vater zu geraten und um weitere Kontaktabbrüche zu vermeiden. Kalle hasste dieses Muster. Als aber sein eigener Sohn ins Teenageralter kam und begann, den Vater mehr infrage zu stellen, griff Kalle auf genau dasselbe Verhaltensmuster zurück. Das väterliche Vorbild hatte sich heimlich in das persönliche Handlungsrepertoire eingeschlichen.

Das Fundament für Selbstkritik entsteht also, indem kritische Elternstimmen und Haltungen aufgenommen werden, die dann im Inneren fortleben. Diese sog. elterlichen Repräsentanzen können dann in aller Ruhe – nun *aus dem eigenen Kopf heraus* – das Selbstwertgefühl weiter attackieren. Die Situation ähnelt der Erzählung vom Trojanischen Pferd[6] – der Angreifer befindet sich bereits innerhalb des Abwehrwalls. Der britische Psychoanalytiker Ronald Fairbairn beschreibt diese Situation so, dass sich »verfolgende innere Objekte« im Selbstsystem befinden.[7] Ein alltagsnäherer Vergleich ist der vom ungebetenen Mieter, der eine Menge Probleme verursacht und noch nicht einmal Miete zahlt.

Die Schwierigkeit liegt darin, dass der eigentliche Verinnerlichungsprozess – der Vorgang der Aufnahme des inneren Kritikers – gänzlich unbewusst abläuft. Wir verinnerlichen sowohl gute als auch weniger gute Züge unserer Eltern und machen sie zu unseren eigenen. Eine wesentliche Aufgabe besteht darin, im Nachhinein das »gute Erbe« von denjenigen verinnerlichten Mustern zu trennen, die uns im weiteren Leben schaden.

Die Macht des inneren Kritikers brechen

Alle Menschen, die einen negativen inneren Monolog führen und damit ihr Selbstwertgefühl unterhöhlen, haben einen Kritiker verinnerlicht. Oft wird die Kritik als ein Teil der eigenen Person erlebt und der Einfluss des inneren Kritikers deshalb nicht infrage gestellt. Wenn man die kritische innere Stimme identifiziert hat, besteht ein erster wichtiger Schritt darin, zwischen der eigenen Person und den negativen internalisierten Objekten zu unterscheiden. *Es ist leichter, sich von einer Botschaft zu distanzieren, wenn man begreift, dass nicht die eigene Stimme sämtliche Handlungen kritisiert, sondern ein »ungebetener Mieter«.* In psychologische Fachsprache übersetzt wird ein ich-syntoner Vorgang hierbei zu einem ich-dystonen umgewandelt.

Als ein äußeres Zeichen der Distanzierung dient zunächst die Benennung des inneren Kritikers, z. B. als »Richter« oder als »der autoritäre Vater«. Danach nimmt man aktiv Abstand von der Botschaft selbst und formuliert eine neue, für die eigene Person gültige. Im Folgekapitel werde ich das näher ausführen.

Um sich zu befreien, muss man den »ungebetenen Mieter hinauswerfen«. Das ist leichter gesagt als getan, denn der innere Kritiker ist oft zählebig und beharrlich. Glücklicherweise gibt es jedoch Wege, mit sich selbst und dem inneren Kind solidarischer umzugehen. In den dargestellten Therapien macht dieser Gedanke einen Behandlungsschwerpunkt aus. Natürlich geht es darum, nur ausdrücklich negative Anteile der elterlichen Botschaften loszuwerden. Positive Anteile, die man geerbt oder übernommen hat, kann man dagegen gerne behalten.

Schwierige Gefühle handhaben

Im Zusammenhang mit einem negativen Selbstwertgefühl ebenfalls bedeutsam – wenn auch häufig vernachlässigt – ist unsere Fähigkeit, Gefühle von Unzulänglichkeit, Unvermögen, Scham oder Schuld auszuhalten. Das Leben konfrontiert uns immer wieder mit einer Reihe schwieriger Gefühle. Der Psychoanalytiker Warren Kinston weist auf diesen Umstand folgendermaßen hin: »Ein gesundes Selbstwertgefühl handelt weniger davon, wie man sich harmonisch und wertvoll fühlt, als vielmehr von der Fähigkeit, mit Gefühlen von Unzulänglichkeit, Unvermögen, Scham oder Schuld umzugehen – was erforderlich ist, um in sich selbst zu ruhen.«[8]

Ich glaube nicht, dass es sich hierbei um ein Entweder-oder handelt, sondern um ein Sowohl-als-auch. Gute innere Selbstbilder sind unersetzlich, aber genauso zentral ist die Fähigkeit, belastende Gefühle auszuhalten, ohne sich selbst abzuwerten.

Diese Fähigkeit baut auf einem anderen wichtigen Aspekt des schon erwähnten Spiegelns auf, nämlich der Art und Weise, wie Eltern auf die Gefühle ihres Kindes reagiert haben. Man spricht in diesem Zusammenhang auch von einer »aufnehmenden« elterlichen Funktion. Damit ist gemeint, wie bedeutsam die Fähigkeit der Erwachsenen ist, die Gefühle ihres Kindes aufzunehmen, zu benennen und auf eine gesunde Weise damit umzugehen. Ein Kleinkind benötigt zum Beispiel Hilfe beim Benennen seiner Gefühle, z.B. von Zorn oder Trauer, aber es braucht auch Unterstützung beim Umgang mit diesen Emotionen, um eine möglicherweise destruktive Verarbeitung zu verhindern. Wenn jedoch die Eltern mit bestimmten Gefühlen wie

z. B. Trauer selbst nicht umgehen können, entwickelt ihr Kind diese Fähigkeit ebenfalls nicht.

Einige Eltern können ihr Kind lediglich bei positiven Gefühlen unterstützen, während der Spiegel bei sog. negativen, schwierigen Gefühlen blind bleibt. Der Therapeut Tommy Hellsten illustriert dies am Beispiel eines Vaters, der zu seiner aufgebrachten und wütenden Tochter sagt: »Wenn du so böse bist, dann bist du nicht mehr Papas liebes kleines Mädchen.«[9] Für ein Kind bedeutet das die Wahl zwischen einem Gefühl (des Zornes), das es gerade spürt, und der Liebe des Vaters.

Im Zusammenhang mit dem Zugang zu den eigenen Gefühlen gibt es einen weiteren Aspekt: die Fähigkeit, Grenzen zu setzen. Bei einem negativen Selbstwertgefühl wagt der Betreffende wegen des Bedürfnisses, von der Umgebung als freundlich und umgänglich wahrgenommen zu werden, oft nicht, angemessene Grenzen zu ziehen. Burn-out-Symptome unterschiedlicher Ausprägung und Färbung können daraus resultieren.

Ein innerer Tröster

Weil tagtäglich viele Gefühle in uns geweckt werden, benötigen wir auch die Fähigkeit, uns selbst zu trösten. Tatsächlich brauchen wir jeden Tag viele Male ein beruhigendes Selbstzureden in der Art: »So schlimm war das nun auch wieder nicht! Nächstes Mal gelingt es mir besser!«, oder: »Diese Auseinandersetzung mit meinem Sohn habe ich nicht besonders gut hinbekommen. Ich sollte ihm vielleicht sagen, dass ich es bedauere!«

Eine solche »Selbsttrostfunktion« wird in Abhängigkeit von unseren kindlichen Erfahrungen erworben: Wie haben wir damals Trost durch die Eltern erfahren und erlebt? Nach der Beschreibung des schottischen Psychoanalytikers Donald Winnicott geben Eltern in ihrer Rolle als Tröster »dem Kind (dadurch) sein eigenes Selbst zurück«. Vielen meiner Klienten fehlte die Möglichkeit, eine solche Fähigkeit zum Sich-selbst-Trösten zu entwickeln, weil ihren Eltern die Fähigkeit zum angemessenen Trösten abging.

Manchmal haben Eltern selbst einen so starken Bedarf an Trost, dass das Kind auf entsprechende eigene Bedürfnisse verzichtet und stattdessen die Erwachsenen tröstet und beruhigt. Das kann in ein inneres Verbot münden, Mitleid mit sich selbst zu empfinden, weil es ja ständig jemandem anderen schlechter ging.

Im Verlauf einer Therapie ist daher wichtig, dass der Therapeut sich dem inneren Kind gegenüber empathisch verhält, damit der Klient sich mit dem Therapeuten identifizieren und die fehlende Trostfunktion erwerben kann.

Falls es während des Heranwachsens eine andere erwachsene Person gab, die Trost vermittelte, z. B. eine Großmutter oder einen Großvater, kann dieser Mensch zu einem wichtigen Bündnispartner innerhalb der Therapie werden. Unter Zuhilfenahme der liebevollen Spiegelung, die von dieser Person ausging, kann der Klient allmählich sein inneres Kind positiver wahrnehmen.

Innere Minen

Negative Selbstbilder können auch als »Minen« unter der Oberfläche versteckt sein, ohne dass wir begreifen, was sie in unserem Alltag anrichten. Solche Minen können durch relativ unschuldige Anlässe gezündet werden. Ein aktuelles Gefühl aus dem Hier und Jetzt verfängt sich wie ein Angelhaken an einem ähnlich gearteten Gefühl von früher, das wir in unserem großen Gefühlsarchiv gespeichert haben (siehe Illustration auf S. 37). Wenn man z. B. ein heftiges Kränkungserleben gespeichert hat, kann die »Mine« durch einen äußeren Misserfolg gezündet werden und uns in ein tobendes sechsjähriges Kind verwandeln.

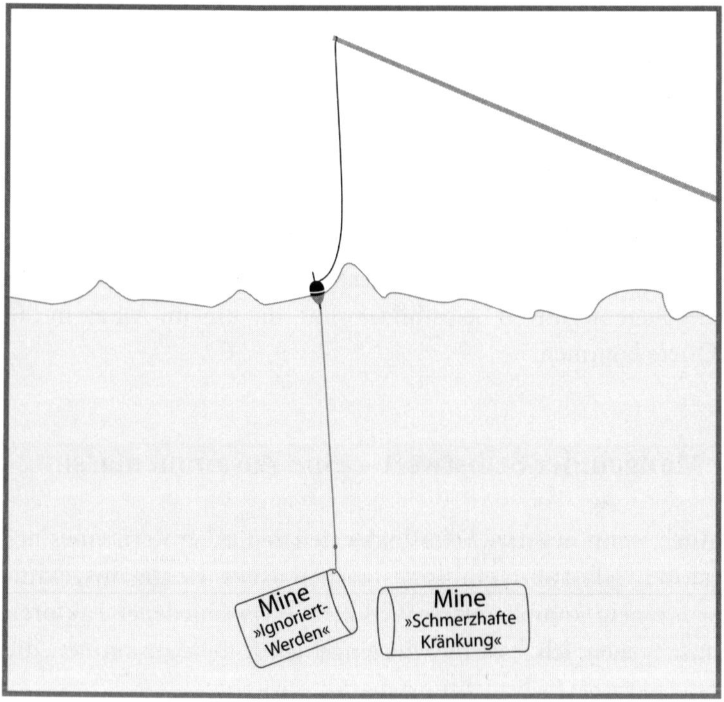

Solche unangemessenen Gefühlsreaktionen gibt es häufig in Paarbeziehungen. Die individuellen persönlichen Verletzbarkeiten treten hier besonders hervor, da die beziehungsmäßige Nähe die jeweiligen großen Hoffnungen, (endlich) liebevoll wahrgenommen und behandelt zu werden, in hohem Maße aktiviert. Dass Reaktionen dann »kindisch« wirken können, ist insofern völlig korrekt, als sie sich aus einer früheren Situation speisen:

Gerda wurde jedes Mal extrem traurig und wütend, wenn ihr Mann sie geringfügig kritisierte. Die Mutter hatte sich Gerda gegenüber früher oft kritisch verhalten. Der wenig ältere Bruder war dagegen Mutters Augenstern gewesen und hatte stets »alles richtig gemacht«. Hierdurch war das Selbstbild entstanden, nicht zu genügen. Die Bemerkungen ihres Mannes erweckten in Gerda das versteckte Gefühl, zu nichts nütze und nicht liebenswert zu sein, was heftigen Streit über Kleinigkeiten zur Folge hatte.

Derartige innere Minen sind das Fundament für die von mir so bezeichneten »Selbstfallen« (siehe Kapitel 5). Gerade weil sie unter der Oberfläche verborgen sind, ist uns nicht bewusst, dass es solche negativen Selbstbilder sind, die uns im Alltag in die Quere kommen.

Mangelnder Selbstwert – eine Zusammenfassung

Auch wenn negative Selbstbilder den zentralen Kern eines negativen Selbstwertgefühls ausmachen, ist es wichtig, insgesamt von einem komplizierten Wirkgefüge verschiedener Faktoren auszugehen. Ich fasse hier die einzelnen Anteile zusammen, die eine negative Selbstachtung charakterisieren:

- Ein kritisierender innerer Monolog, hervorgerufen durch einen inneren Kritiker.
- Negative innere Selbstbilder, die uns im Alltag behindern.
- Die Schwierigkeit, Gefühle von Unzulänglichkeit, Misserfolg und Scham zu bewältigen.
- Die Schwierigkeit, Grenzen zu setzen.
- Eine gering ausgeprägte Fähigkeit, sich selbst trösten zu können.
- Eine derart ausgeprägte Beschäftigung mit sich selbst, dass weniger Energie übrig bleibt, anderen zuzuhören.

Die im Buch angeführten Fallbeispiele veranschaulichen die Bedeutsamkeit dieser verschiedenen Faktoren und deren Zusammenspiel.

Die Angst vor Bloßstellung

Wenn jemand mit einem negativen Selbstwertgefühl lebt, wird sein/ihr Leben häufig durch die Angst überschattet, entlarvt zu werden. Diese Angst wird zum Lebensmotor. Viele fühlen sich wie ein »Bluff« und meinen, es sei nur eine Zeitfrage, bis die anderen merken, wie wertlos sie eigentlich sind. Diese Erwartung erzeugt einen starken inneren Stress. Viele Menschen leben wie Gefangene in einem Leben, das durch die zerstörerischen Auswirkungen eines negativen Selbstwertgefühls beherrscht wird. Das ist auch deshalb so bedauerlich, weil bereits die Ausgangshypothese falsch ist.

Ich will auch erwähnen, dass einige Menschen mit geringer Selbstachtung verzweifelt bemüht sind, diesen Umstand durch ein gespielt selbstsicheres Auftreten zu verdecken. Oftmals gelingt ihnen nur eine lächerliche Karikatur, auf die andere nicht lange hereinfallen. Mit einer solchen inneren Lebenslüge zu leben erzeugt zudem inneren Stress.

Die meisten Menschen reagieren auf ein negatives Selbstwertgefühl, indem sie verzweifelt die Bestätigung ihrer Umgebung suchen – auch diese Reaktionsweise führt zu innerem Stress, da die Betreffenden niemals wirklich glauben können, wirklich etwas wert zu sein, ganz gleich, wie viele positive Rückmeldungen sie erhalten mögen.

Ein gesundes Selbstwertgefühl dagegen enthält stets inneren Selbstrespekt, der zu angemessener Grenzziehung gegenüber der Umgebung befähigt. Hierdurch wird die Kommunikation mit anderen klar und einfach, und man treibt sich nicht bis zur Erschöpfung selbst an. Weil man in sich selbst ruht, wird der Austausch mit anderen Menschen entspannt und bereichernd. Man akzeptiert sich und man akzeptiert andere einschließlich deren persönlicher Eigenheiten.

03

Den inneren Kritiker verändern

Negative Gedanken sind gefährlicher
als die Kombination von
Alkohol, Nikotin und Übergewicht.
LENA NEVANDER FRISTRÖM,
PSYCHOTHERAPEUTIN UND AUTORIN

Selbstkritik verschlingt viel Energie und macht uns ängstlich und niedergestimmt. Es ist schwierig, sein Leben zu genießen, wenn man sich in einer ständigen inneren Angriffssituation befindet.

Auf ihrer Arbeitsstelle ist Nina eine sehr geschätzte Kollegin, dennoch wagt sie nicht, sich auf positive Kommentare anderer zu verlassen. Ihrer Meinung nach ist es eine bloße Zeitfrage, bis die anderen herausfinden werden, dass alles bloße Fassade und sie selbst wertlos und unfähig ist, ihre Aufgaben im Job zu erfüllen. Eine innere Stimme entdeckt ständig etwas, das sie vergessen oder nicht beachtet habe und so zu negativer Beurteilung Anlass gebe. Ihr kritischer innerer Monolog setzt sich den ganzen Tag über fort, was den Alltag sehr stressig werden lässt. Als sie mich aufsucht, ist sie nicht mehr weit entfernt von einem Zustand des Ausgebranntseins. Wir beginnen unsere gemeinsame Arbeit mit der Veränderung ihres negativen Selbstbildes.

Wenn sich jemand »fassadär« fühlt, ist das immer ein Indikator für ein verstecktes negatives Selbstbild, dessen Entlarvung befürchtet wird. Man hat Angst, andere könnten einen durchschauen und den wertlosen Menschen wahrnehmen, für den man sich hält.

Um mehr von dem jeweiligen negativen Selbstbild zu erfahren, kann man sich innerer Bilder als Schlüssel zu frühen Lebenserfahrungen bedienen. Da manche Menschen sich nur ungern mit ihrer Vergangenheit befassen, beschreibe ich hier zunächst diejenigen Maßnahmen, die man auf einer bewussten Ebene einsetzen kann, um die Folgen eines negativen Selbstbildes zu mindern.[10]

Das bewusste Handeln im Fokus

Es gibt auf der Ebene des bewussten Handelns eine Reihe von Maßnahmen, um sein Denken in positivere Bahnen zu lenken. Dort anzufangen ist also durchaus eine Möglichkeit. Selbst wenn die Wurzeln eines schlechten Selbstwertgefühls weit in unsere Vergangenheit zurückreichen, kann das Problem auf verschiedenen Ebenen angegangen werden. Wenn man sich später dafür entscheidet, tiefere Ebenen einzubeziehen, gibt es immer noch die Möglichkeit einer Psychotherapie.

Mit der sog. kognitiven Psychotherapie haben neue Begriffe Einzug in den Fachjargon gehalten. Man verlangt jetzt »Werkzeuge«, um Situationen besser handhaben zu können, und möchte »Unterricht« bekommen, um seine Denkweisen zu ändern. Meine Vorstellung von Therapie entspricht weniger der einer Reformschule als vielmehr einer inneren Forschungsreise zu unserem inneren unerforschten Kontinent. Dennoch beginne ich meine Ausführungen mit einigen Informationen, die von jedem Einzelnen als Hilfsmittel im Kampf gegen negative Selbstbilder eingesetzt werden können.

In späteren Kapiteln werde ich vermitteln, wie man die Wurzeln eines negativen Selbstwertgefühles durch eine Behandlung mit der Katathym-Imaginativen Psychotherapie (KIP) ermitteln und das Selbstbild in den Grundfesten restaurieren kann. Danach kann man mit dem ständigen Kampf gegen die negative Grundüberzeugung aufhören.

Es folgen nun einige kognitive Maßnahmen, um einer solchen negativen Botschaft entgegenzuwirken:

1. Die negative Botschaft entdecken

In unserem Gehirn findet tagtäglich ein innerer Monolog statt, ein inneres Gespräch mit uns selbst, für dessen Bewusstmachung wir uns nur selten Zeit nehmen, obwohl dieser Vorgang ganz dicht unter der bewussten Ebene stattfindet. Ein Teil unseres inneren Selbst redet dabei zu einem anderen Selbstanteil. Wir kommentieren ständig Ereignisse und gleichzeitig bewerten wir unsere eigene Rolle am Geschehen: »Das hast du gut gemacht!«, oder: »Dass du nie etwas machen kannst, ohne es zu verderben!«

Menschen mit negativem Selbstwertgefühl sagen sich an einem einzigen Tag vielleicht einhundertmal selbst, dass sie wertlos seien. Natürlich hat so etwas Auswirkungen. Stellen Sie sich zum Vergleich jemanden vor, der stattdessen viele Male täglich zu dem Ergebnis kommt, dass er/sie »eine Sache richtig gut hingekriegt« habe. Viele sind an die innere unterminierende Instanz so gewöhnt, dass ihnen nicht mehr klar ist, was diese bei ihnen bewirkt. Sie gehen davon aus, dass andere mit dem gleichen inneren Terror leben.

Einige Menschen haben sich ein abwertendes inneres Etikett verpasst, das sie bei passender und unpassender Gelegenheit im inneren Monolog benutzen. Sie nennen sich »Loser«, »hoffnungsloser Chaot« oder Ähnliches. Das Ganze läuft so rasch ab, dass man davon nur das Ergebnis mitbekommt in Form des unbehaglichen Gefühls der eigenen Wertlosigkeit.

Um zu registrieren, was man die ganze Zeit über zu sich sagt, muss man den inneren Monolog sozusagen in Zeitlupe untersuchen und dabei die Aufmerksamkeit bewusst auf diesen inneren Prozess richten.

Eine Chance zur Veränderung selbstkritischer Gedanken bietet sich nur, indem man diese zunächst festhält. Nehmen Sie ein kleines Heft oder einen Block zur Hand, und registrieren Sie besonders aufmerksam, welche Aussagen Sie über Ihr Äußeres, Ihre Arbeitsleistung oder Ihre Intelligenz machen. Diese Bereiche sind regelmäßig Ziel von Kritik.

Solche negativen Äußerungen wuchern wie Unkraut und müssen deshalb sorgfältig bekämpft werden. Wenn man begonnen hat, seine üblichen Aussagen zu erkennen, gilt es als Nächstes, »Stopp!« zu sagen.

Negative Gedanken kann man jedoch nicht einfach entfernen. Das Gehirn mag keine Stille, weshalb das Kommentieren weiterläuft. Die einzige Chance besteht darin, negative Gedanken durch neue, positive Aussagen zu ersetzen wie z. B. »Das hast du gut hinbekommen!« oder »Du hast eine klasse Figur«.

Das Revidieren der Gedanken, das Lenken in positivere Bahnen, ist eine mühselige Arbeit, die fortlaufende Aufmerksamkeit und tägliche Hausaufgaben erfordert.

2. Sprechen Sie positiv mit sich selbst

Das englische Wort für Bestätigung, *affirmation*, ist mittels Selbsthilfeliteratur zu einem Bestandteil unserer Sprache geworden. Hierbei wird gerne betont, wie wir uns durch positivere innere Slogans der Art »Du bist etwas wert!« oder »Du bist gut!« anfeuern. Damit so etwas funktioniert, muss man jedoch oft persönlichere Aussagen finden.

Eine Möglichkeit, sein Selbstbild zu verbessern, besteht darin, eine Liste über seine persönlichen Stärken aufzustellen – als Gegengewicht zu oftmals bereits vorhandenen negativen inneren Listen. Machen Sie sich klar, dass es häufig wesentlich schwieriger ist, positive Dinge aufzulisten als Negatives. Versuchen Sie, eine möglichst lange Liste zu erstellen.

Schreiben Sie dabei auf, wofür Sie irgendwann einmal Komplimente bekommen haben, und denken Sie auch an persönliche Eigenschaften, denen Sie gewöhnlich wenig Aufmerksamkeit schenken. Nehmen Sie auch kleine Dinge aus Ihrem Alltag auf, über die Sie stolz sind, wie z. B. »Ich bin stolz, Mutter dreier Kinder zu sein« oder »Ich bin stolz darauf, wie ich meine Aufgaben im Beruf erledige«.

Stellen Sie fest, wie lang Ihre Liste ist. Beim Durchlesen merken Sie vielleicht, dass Sie einige Dinge stillschweigend gut hinbekommen und dass Sie einige wertvolle Eigenschaften besitzen. Ihr Selbstbild kann so hoffentlich erweitert werden.

Von dieser Liste ausgehend können Sie positiv getönte Aussagen über sich selbst aufstellen. Es soll sich dabei um kurze, freundliche Aussagen handeln wie »Ich bin eine gute Mutter« oder »Ich bin ein angenehmer Mensch«. Um Veränderungen herbeizuführen, sollte man diese positiven Aussagen jedes Mal einsetzen, wenn man bemerkt, dass man sich gerade selbst kritisiert.

Es kann auch sinnvoll sein, den Tag mit einem Rückblick zu beschließen und festzuhalten, welche positiven Dinge man gemacht hat – Negatives lässt man außer Acht. Wenn man nach einer solchen Bilanz einschläft, nimmt man ein besseres Selbstgefühl hinüber in den Schlaf.

Menschen mit tief verankertem negativem Selbstbild oder in ausgesprochen depressivem Zustand haben jedoch oft Schwierigkeiten, Positives an sich festzustellen, das sie als wahrheitsgemäß einstufen. Probieren Sie den Weg mit den positiven Selbstaussagen dennoch einmal aus.

3. Suchen Sie einen Verbündeten

Wer darum kämpft, eine stärkende innere Stimme neu zu verankern, kann sich zusätzliche Unterstützung durch andere Personen holen, deren Hilfe und Bestätigung als verlässlich erlebt werden. Mentoren und Freunde können eine derartige Funktion einnehmen. Ausgehend von dem Modell mit dem Löffel im Loch ist es hierbei oft schwierig, an die Bestätigung von außen zu glauben, wenn man sich selbst nicht respektiert. Wer ein negatives Selbstbild hinreichend tief verankert hat, lebt oft gemäß der sarkastischen Devise des amerikanischen Komikers Groucho Marx: »Ich will dem Club nicht beitreten, der bereit ist, mich als Mitglied aufzunehmen.«[11]

Eine weitere Möglichkeit besteht darin, eine innere unterstützende Instanz aufzubauen, die auf frühere positive Beziehungen aufbaut. Vielleicht hatten sie eine Großmutter oder einen Großvater, der Sie wahrgenommen hat? Was würde sie/er wohl heute zu Ihnen in einer verzwickten Lage sagen? Dieser Mensch würde vermutlich meinen, dass Sie in Ordnung sind, auch wenn Ihnen das eine oder andere misslungen ist.

4. Die Botschaft des inneren Kritikers enttarnen

Manchmal hat besagter innerer Kritiker größere Kontrolle über Ihr Leben als Sie selbst. Diese Situation konnte nur entstehen, weil man nicht gelernt hat, die Dominanz des Kritikers zu unterbinden. Wenn man hier ansetzen möchte, muss man zunächst herausfinden, wann und auf welche Weise die innere Stimme dafür sorgt, dass man sich schlecht fühlt.

Um festzustellen, welche Botschaften man über sich erhält, muss man die Sache wie ein Forscher mit einem gewissen Abstand betrachten. Erst danach kann man sich von den Botschaften distanzieren.

Der erste Schritt besteht darin, zu identifizieren, wann genau und wie einen der innere Kritiker attackiert

Sobald man den inneren Monolog offenlegt, erhält man ein recht deutliches Bild von der Botschaft des Kritikers. Manchmal sind spezifische Bereiche betroffen:

> Als Lena den inneren Kritiker aufmerksamer beobachtete, fiel ihr auf, dass er ihr immer einen Schlag versetzte, wenn eine Begegnung mit fremden Menschen bevorstand. Jedes Mal meldete sich dann eine innere Stimme: »Die können gar nicht daran interessiert sein, dich zu treffen. Du hast ja nie etwas Spannendes zu bieten. Die werden dich sicherlich langweilig finden.«

Im folgenden Schritt geht es darum, aufmerksam festzuhalten, wie der innere Kritiker vorgeht, um seine Botschaft an die Frau bzw. den Mann zu bringen

Häufig wendet der Kritiker eine Reihe listiger Kniffe an, die man kennen sollte, um moralisierende, unsachliche oder ungerechte Aussagen – die der Kritiker einem serviert – zu enttarnen. Es folgen einige Beispiele üblicher Methoden, deren sich die kritische innere Stimme häufig bedient:

- Negative Erwartungen (»Du wirst scheitern!«).
- In »Du-solltest«-Formulierungen eingekleidete Angriffe (»Du hättest sehen müssen, dass er Hilfe brauchte«).
- Selbstkritische Litaneien, die wieder und wieder innerlich runtergebetet werden (»Du bist wertlos«, »Ohne dich wäre das Leben für deine Familie einfacher«).
- Ständige Vergleiche mit anderen, die selbstverständlich negativ ausfallen (»Lisa ist hübsch. Sie wird bestimmt jemanden kennenlernen, während du keinerlei Chance hast«).
- Perfektionistische Forderungen, die unmöglich zu erfüllen sind (»Wenn du die Arbeit nicht perfekt hinbekommst, brauchst du gar nicht erst anzufangen«).

- Katastrophendenken, das alltägliche Ereignisse als riesiges Unglück darstellt (»Du wirst deinen Job verlieren, weil du diese Frist versäumt hast«).

Beim folgenden Schritt wird angestrebt, sich von unsinnigen Forderungen, zu deren Sprecher sich der Kritiker macht, frei zu machen

Das Arsenal von Forderungen (»Du solltest«) und negativen Bewertungen des Kritikers wirkt wie Gift. Diese innere »Umweltverschmutzung« gilt es deshalb zu beenden. Hierfür kann es nötig sein, verschiedene Bereiche in Angriff zu nehmen:

Stoppe zunächst die Maßlosigkeit des Kritikers
Oft sind die Forderungen völlig überzogen. Befreie dich von derartigen Perfektionszwängen. So, wie du bist, bist du in Ordnung!

Mach dir klar, dass Irrtümer kreatives Potenzial enthalten
Niemand ist perfekt. Wenn man sein Bestes gegeben hat, kann man wohl kaum noch mehr verlangen. Darüber hinaus müssen Fehler nicht notwendigerweise zu Katastrophen führen. Der größte Nutzen von Irrtümern ist, dass man aus ihnen etwas lernt. Fehler können manchmal einen Weg zu neuen Sichtweisen eröffnen. Vielleicht tauchen so Gesichtspunkte auf, die man sonst nie wahrgenommen hätte. Das Destruktive des inneren Kritikers besteht darin, dass er Fehler benutzt, um das Selbstwertgefühl zu erniedrigen. Dann allerdings hat man keine Chance, aus Irrtümern zu lernen.

Vermeide Vergleiche mit anderen
Vergleiche sind ein oft benutzter Trick und eine sichere Methode, um das Selbstwertgefühl zu schwächen. Die Taktik besteht darin, sich regelmäßig mit Menschen zu vergleichen, die besser aussehen, erfolgreicher sind oder ihr Leben

scheinbar besser genießen können. Anstatt sich seinen Kopf blutig zu schlagen, weil man nicht mit Einsteins Gehirn zur Welt kam bzw. nicht den Körper eines Basketballspielers oder was immer wir uns wünschen hat, ist es erforderlich, einen Weg zur Selbstakzeptanz zu finden. Keiner ist vollkommen. Es reicht, das Beste aus den Voraussetzungen zu machen, mit denen man ausgestattet ist. Wenn Vergleiche unumgänglich sind, dann vergleichen Sie sich mit sich selbst. Vielleicht haben Sie eine Aufgabe heute besser ausgeführt als vor einem Jahr?

Nach meiner Beobachtung leiden Menschen mit älteren Geschwistern besonders häufig an einer »Vergleichswut«. Sie sind mit einem oder mehreren älteren Geschwistern aufgewachsen, die aufgrund ihres Alters alles besser konnten. Das jüngere Geschwister erlebt sich dabei oft als schlechter und weniger liebenswert, weil es noch nicht so viel schafft wie die älteren. Es hätte vielleicht mehr Unterstützung seitens der Eltern bedurft, als diese damals vermittelten.

Vermeide den Ausdruck »Du solltest«

Wenn Ihr Leben durchsetzt ist von Dingen, die Sie machen sollten, ist es höchste Zeit für ein Aussortieren solcher destruktiven Gedankenbestandteile. Wenn ein Satz oder Gedanke mit »Ich sollte … (eigentlich)« beginnt, ist offensichtlich, dass Sie keine Lust haben, das Besagte zu machen. »Ich sollte (eigentlich) saubermachen« bedeutet im Klartext »Ich will nicht sauber machen«. Sie werden demnach nicht sauber machen, sondern sich mit abwertenden Aussagen quälen, weil Sie es nicht machen. Das ist eine raffinierte Selbstquälerei. Wenn Sie nicht sauber machen möchten, ist es besser, diesen Umstand zu akzeptieren und mit Wollmäusen zu leben, bis Sie so weit sind, dem Dreck zu Leibe zu rücken. Sortieren Sie selbstquälerische »Du solltest« aus – solche Formulierungen erfüllen keinen sinnvollen Zweck.

Sicherlich gibt es Dinge im Leben, die wir machen müssen, obwohl wir keine Lust dazu haben. Wir machen sie, weil wir verstehen, dass wir auf längere Sicht davon profitieren. Das ist jedoch etwas gänzlich anderes als ein inneres Terrorregime von »Du-solltest«-Forderungen, die bloß unser Selbstwertgefühl unterhöhlen. Wenn aus Forderungen Waffen zum Angriff auf das eigene Selbst werden, entwickeln sie einen lebensverleugnenden Charakter. Überlegen Sie stattdessen, worauf Sie Lust haben oder was Sie machen können, damit es Ihnen gut geht.

»Du-solltest«-Aussagen haben auch die Form einer inneren Schuldzuweisung. Manche Menschen haben als Kind verinnerlicht, dass das Wohl und Wehe anderer Familienmitglieder von ihnen und ihrem Benehmen abhängt. Dies ist eine schwere und unzumutbare Last. Das Schlimmste ist, dass man nicht frei von ihr wird, wenn man die Familie verlässt, dass sie einem vielmehr weiter durchs Leben folgt – als ein ständiges Schuldgefühl, nicht genug für andere zu tun.

»Du-solltest«-Aussagen können ihren Ursprung auch in vermeintlichen Forderungen anderer Menschen an uns haben. Es ist befreiend, damit aufzuhören, sich nach anderen Menschen zu richten, und stattdessen seinem eigenen Willen zu folgen.

Ein weiterer Schritt betrifft die Aufdeckung weiterer Tricks, deren sich der innere Kritiker bedient

Um seine Botschaft auf »glaubwürdige Weise« an die Frau bzw. den Mann zu bringen, benutzt der Kritiker faule Tricks:

- Verallgemeinerungen – ein einzelnes Ereignis wird als konstantes Muster dargestellt. »Du wirst *niemals* eine gute Krankenschwester werden, weil du vergessen hast, diese Sache zu kontrollieren« oder »Es ist hoffnungslos mit dir, weil du *immer* die Schlüssel vergisst«.

- Negative Zuschreibungen – ein negatives Etikett wird benutzt, um die eigene Person mit Schmutz zu bewerfen: »Du bist hysterisch«, »Wenn du x, y oder z nicht kapierst, bist du ein Idiot«. Die enthaltene Beschuldigung hat eine starke negative Auswirkung auf das Selbstbild.
- Gedankenlesen – man glaubt zu wissen, was andere denken: »Mein Kollege ist heute so still. Er denkt ganz bestimmt, dass ich langweilig bin.« So etwas führt zu Teufelskreisen, z. B. weil sich ein Mensch vielleicht in sein Schneckenhaus zurückzieht und dann tatsächlich langweilig wird.
- Personalisieren – man nimmt Dinge persönlich und legt alles so aus, als beträfe es einen selbst. Die Reizbarkeit des Chefs wird als Reaktion auf die eigene Leistung verstanden. Man denkt nicht daran, dass etwas anderes im Leben des Vorgesetzten dessen Irritation ausgelöst haben könnte.

Wenn man Kontrolle über die Situation gewinnen möchte, muss man zunächst das Übertriebene und Nörgelnde an der Botschaft des Kritikers durchschauen – mit allen innewohnenden Gefühlsverdrehungen.

Zunächst einmal kann man vielleicht Verallgemeinerungen des Typs »niemals« oder »immer« aus der Selbstbeurteilung streichen. Beginnen Sie, negative Zuschreibungen zurückzuweisen. Nehmen Sie nicht vorschnell bzw. grundlos Schuld auf sich – dass eine Person verkniffen aussieht, ist eventuell nicht Ihr Fehler. Anstatt eine Menge Annahmen über die Gedanken anderer Menschen anzustellen, könnten Sie sie fragen! Hören Sie auf, sich als Gedankenleser zu verstehen – das können noch nicht einmal Psychologen.

Wenn Sie die Botschaften des inneren Kritikers enttarnt und analysiert haben, ist es an der Zeit, weiterzugehen und sein zerstörerisches Werk zu unterbinden.

5. Beende die innere Schimpftirade

Um genügend Kraft für eine Abwehr der Botschaften des inneren Kritikers zu bekommen, kann es sich als notwendig erweisen, zunächst wenigstens etwas begründeten Zorn gegenüber dem Umstand zu entwickeln, dass das eigene Leben auf diese Weise von Gespenstern der Vergangenheit beherrscht wird. Es wird Zeit, einen *Stoppschalter* zu finden. Wenn man bemerkt, dass die Stimme des inneren Kritikers einen Angriff startet, sagt man sich selbst leise: »Hör auf!« Man benutzt bei diesem Ausruf auch seinen Zorn darüber, wie lange man die Steuerung des eigenen Lebens dieser falschen inneren Stimme überlassen hat. Danach etabliert man eine neue positive Botschaft anstelle der alten: »Ich bin gut so, wie ich bin« oder »Ich bin ganz in Ordnung«. Die Distanzierung vom inneren Kritiker ist dabei das Allerwichtigste, und das beinhaltet den langwierigen Weg, den »ungeladenen Gast« hinauszuwerfen.

6. Den inneren Kritiker enttarnen

In einer kognitiven Therapie wird gewöhnlich hervorgehoben, dass es unsere eigenen Gedanken sind, die uns eigentlich terrorisieren – als ein wesentlicher Schritt, um eine bessere Kontrolle über Situationen zu gewinnen. Wir Menschen neigen dazu, unsere Gedanken als konkrete Wirklichkeit aufzufassen – statt uns klarzumachen, dass diese Wirklichkeit etwas Subjektives, Selbstkonstruiertes ist. Man kann leichter lernen, negative Gedanken zu unterbrechen, wenn man ernstlich begreift, dass man selbst sowohl Regisseur als auch Drehbuchautor ist. Die eigenen Gedanken zu steuern ist jedoch oft leichter gesagt als getan.

Selbstangriffe durch innere Gedanken vergiften unser Leben, aber geht es dabei wirklich um Selbstkritik? Wie schon im vorhergehenden Kapitel beschrieben, handelt es sich nicht wirklich um die eigene Stimme, sondern um die von einem Elternteil, einem Geschwister oder einer sonstigen nahestehenden Person übernommene fordernde oder kritische Stimme. Dieser Umstand – dass es sich um Überbleibsel aus der Kindheit handelt, die man weiter mit sich herumschleppt – kann zu einer weiteren wichtigen Triebfeder werden, sich von solch einer kritischen Stimme zu befreien.

Manche Menschen glauben, dass der innere Kritiker eine Schutzfunktion ausübt und dass sie ihn brauchen. Britta dachte z. B., dass sie ohne die innere Stimme und deren ständige Ermahnung und Bestrafung entsetzlich faul und unfreundlich würde. So war es natürlich keineswegs. Es dauerte jedoch längere Zeit, bis Britta akzeptieren konnte, dass der Kritiker auf sie ausschließlich destruktiv wirkte.

Andere Menschen gehen davon aus, dass der zu erwartenden Kritik von außen mittels Selbstkritik die Schärfe genommen würde. Tragischerweise geht es dabei oft überhaupt nicht um tatsächliche Kritik von außen, sondern um die fehlerhafte Annahme, eine solche Kritik grundsätzlich zu verdienen. Worin sollte dann die angenommene Schutzfunktion bestehen?

Es folgen nun einige Maßnahmen, die dazu beitragen können, den inneren Kritiker zu enttarnen:

Geben Sie dem Kritiker einen Namen

Um sich von der Botschaft des Kritikers zu distanzieren und um herauszustellen, dass die kritische Stimme nicht Sie selbst sind, kann man dem inneren Kritiker einen Namen geben. Das macht es auch leichter, von ihm zu sprechen, z. B. als »Richter« oder »Kritiker« oder »Perfektionist«[12] oder als »Vaterstimme« bzw. »Mutterstimme« usw.

Woher stammt diese innere Stimme?

Wenn die Botschaft der kritischen inneren Stimme klar ist,

kann damit begonnen werden, ihren Ursprung herauszufinden. Weil die Aussagen ihre Wurzeln häufig in der Kindheit haben, hört man etwa das Echo einer Mutter, die sich beklagt, dass »man nie zu etwas taugt«, oder eines Vaters, der behauptet, dass man »der Klassenbeste sein sollte«. Hat man die strenge väterliche Stimme bzw. seinen strengen Blick verinnerlicht oder eher die neidische Stimme eines älteren Geschwisters? Oder handelte es sich um einen hilflosen Vater, der von seiner Tochter erwartete, der depressiven Ehefrau bzw. Mutter beizustehen?

Die Schicksalsraben

Um mehr Information zu erhalten, pflege ich an dieser Stelle eine Übung mit inneren Bildern anzuwenden. Gewöhnlich beginne ich mit einer Erzählung über den alten Asengott Odin, der zwei Raben auf seinen Schultern sitzen hatte. Morgens flogen sie hinaus in die Welt und beobachteten das Weltgeschehen, und dann flüsterten sie in Odins Ohr, was ihnen zu Gesicht gekommen war. Odin war die Gottheit der Weisheit, deshalb flüsterten die Raben kluge Dinge. Wir Menschen haben nicht selten ebenfalls (unsichtbare) Raben, die immerzu Dinge in unsere Ohren flüstern, allerdings nicht immer weise Ratschläge oder kluge Gesichtspunkte. Bei jemandem mit geringem Selbstwertgefühl sind es stets unglücksselige Raben, die dort sitzen und den ganzen Tag hindurch kritische oder entmutigende Botschaften raunen.

Ich bitte den Klienten, sich zu entspannen und die Augen zu schließen. Dann gebe ich folgende Instruktion: »Stellen Sie sich die Vögel vor, die auf Ihren Schultern sitzen. Beschreiben Sie zunächst, wie sie aussehen und woher sie kommen. Versuchen Sie dann, genau hinzuhören, welche Art von Botschaft sie in Ihre Ohren wispern.«

Während die innere Szene abläuft, wird versucht, so viel Information wie möglich über diese Vögel und ihre Mitteilungen zu erhalten. Wenn ich meine, dass der Klient genügend erfahren hat, schlage ich normalerweise vor, dass er/sie versuchen soll, die kritischen Vögel auf eine unbewohnte Insel wegzuschicken oder sie in einen Käfig zu sperren. Danach ersetzt man die Vögel durch einen anderen Vogel, der angenehmere Botschaften überbringt.

Dies ist eine ausgezeichnete Art und Weise, mehr über die kritischen oder fordernden Mitteilungen zu erfahren. Sich die negative Stimme als die eines bösartigen Vogels vorzustellen erleichtert es, sich von der Botschaft zu distanzieren.

Sie können diese Übung alleine ausprobieren, auch wenn es im Rahmen einer Therapie einfacher ist. Es folgt ein Beispiel, wie sich eine innere Szene entwickeln kann:

> Lovisa wurde von ihrem inneren Kritiker derart gehetzt, dass sie erwog, ihren geliebten Arbeitsplatz zu kündigen, weil sie sich nicht tüchtig genug vorkam. Der innere Kritiker lag ihr ständig in den Ohren, sie habe a, b oder c nicht erledigt, und warf ihr vor, dass ihre Leistungen ungenügend seien. Als sie versuchte, sich vor ihrem inneren Auge ihre Variante der Schicksalsraben vorzustellen, saß ihr eine unfreundliche, krächzende Krähe auf einer Schulter. Auf der anderen saß ein kleiner, weißer Singvogel, der jedoch völlig übertönt wurde. Als wir genauer auf die Mitteilung der Krähe achteten, entdeckten wir rasch, dass sie wie das Echo eines unerhört fordernden Vaters klang, der niemals zufrieden war, selbst wenn die Tochter mit den besten Noten heimkam. Im inneren Bild setzten wir die Krähe in einen Käfig und brachten diesen weg. Selbst danach wagte der kleine, weiße Vogel nicht zu zwitschern. Wir ersetzten die Krähe durch eine kluge Eule, die Lovisa unterstützte und bestätigte. Erst da konnte sie sich gestatten, ab und zu auch dem Lied des Singvogels zuzuhören.

Es hört sich möglicherweise seltsam an, auf diese Art mit symbolischen Bildern zu arbeiten. Wenn es jedoch gelingt, dem inneren Geschehen eine so deutliche Gestalt zu geben, wird das Gehirn auf andere Weise verändert als beim bloßen Reden über denselben Umstand. Es wird eine viel größere Wirkung erreicht. Später werde ich ausführen, wie ich diese Art des Arbeitens innerhalb einer Behandlung fortführe.

In der auf die Imagination folgenden Therapiesitzung gelingt es leicht, den Zusammenhang zwischen der Botschaft der Raben und dem Verhalten wichtiger früherer Bezugspersonen des Klienten herzustellen. In Lovisas Fall kann besprochen werden, wie sie die Haltungen anderer so weit verinnerlicht hat, dass diese wie eigene erschienen sind. In einer weiteren Szene kann daran gearbeitet werden, sich von diesen Haltungen zu befreien.

Nicht selten begegne ich Klienten, die von Anfang an genau wissen, wessen Stimme sich in ihnen festgesetzt hat. In diesem Fall arbeite ich mittels innerer Bildersequenzen direkt an der betreffenden Situation (siehe folgenden Abschnitt).

Tragischerweise beeinflussen uns Narben aus Kindheit und Jugend das gesamte Leben hindurch, wenn wir uns nicht von ihnen befreien. Sie werden zu lebensbestimmenden Erinnerungen, weil sie für die gefühlsmäßige Organisation unserer Lebenserfahrungen sorgen.

Oft werden in den Beispielen die Eltern einseitig negativ beleuchtet, was natürlich nicht immer den Tatsachen entsprechen muss. Auch verbessert sich, wenn sich eine Person durch die schwierigen Beziehungsbedingungen hindurchgearbeitet hat, das äußere Verhältnis zu den Eltern häufig beträchtlich. Es geht ja nicht darum, hinzugehen und die realen Eltern anzuklagen. Stattdessen soll der Einfluss der inneren Elternstimmen, die frühzeitig verinnerlicht wurden, vermindert werden.

7. Werfen Sie den inneren Kritiker hinaus

Wenn man so weit vorgedrungen ist, hat man den Ursprung des inneren Kritikers ausfindig gemacht. Anschließend geht es darum, diesen ungebetenen Mieter hinauszuwerfen, was sich als schwieriger Prozess erweisen kann. Wenn erst einmal klar ist, dass sich – gleichsam unbemerkt – eine kritische innere Instanz von früher eingeschlichen hat, die man überhaupt nicht mag, fällt es zumindest leichter, sich zu entscheiden und zu sagen: »Jetzt reicht es. Jetzt möchte ich Herr im eigenen Haus sein.«

Manchmal ist eine Prise »gefühlsmäßiges Dynamit« notwendig, um den Zugriff des inneren Kritikers auf den Betreffenden zu lockern. Ab und zu verwende ich bei meinen Behandlungen in Anlehnung an den amerikanischen Psychotherapeuten Joseph Shorr[13] das Thema einer vorgestellten inneren Gerichtsverhandlung, um diejenigen Verhaltensweisen zu beleuchten, die für das kindliche Selbst so fatale Folgen gehabt haben.

Dazu schlage ich dem Klienten üblicherweise vor, sich vor seinem inneren Auge eine Szene vorzustellen, in der er bzw. sie Staatsanwalt ist. Auf die Anklagebank kommt diejenige Person, die seinerzeit die kindlichen Bedürfnisse nicht wahrgenommen und den Betreffenden durch Forderungen belastet hat. Eine solche Szene eröffnet dem kleinen Kind die Möglichkeit, Gefühlen von Zorn, Trauer und Verzweiflung als Reaktion auf die frühere Behandlung Ausdruck zu geben. Ohne einen Therapeuten an der Seite ist eine solche Szene jedoch schwer zu handhaben. Viele Menschen haben Angst davor, negative Gefühle so deutlich auszudrücken, selbst wenn es nur eine vorgestellte innere Szene ist, und benötigen Unterstützung, um diesen Schritt zu wagen. Die Behandlungsfälle der nachfolgenden Kapitel demonstrieren an mehreren Beispielen die Anwendung dieses Motivs.

Ab und zu verzichte ich auf das Motiv Gerichtsverhandlung und lasse stattdessen das kleine Kind in einem inneren Dialog mit den Eltern ausdrücken, was es eigentlich benötigt hätte. Seinen Bedürfnissen Worte zu verleihen und sie gegenüber den Eltern zu verteidigen stellt einen wichtigen Schritt dar. Um neuen Selbstrespekt zu gewinnen, müssen die kindlichen Bedürfnisse vor den inneren Elternfiguren legitimiert werden.

Sich selbst akzeptieren

Wer mit einem inneren Kritiker lebt, akzeptiert sich selbst nicht so, wie er oder sie ist. Auf dem Weg hin zu neuer Selbstakzeptanz stellt das Entfernen des inneren Kritikers einen entscheidenden Schritt dar. Man muss gar nicht immer die/der Klassenerste sein! Jeder hat einzigartige Fähigkeiten und deshalb muss der ständige Vergleich mit anderen unterbleiben. Sich zu akzeptieren bedeutet immer auch Selbstfürsorge. Dies kommt keinem Verzicht auf Änderung gleich. Das Gegenteil ist vielmehr richtig: Sich zu verändern fällt oft leichter, wenn man sich akzeptiert.

Es ist erstaunlich, mitzuerleben, wie viel Freude als Resultat der therapeutischen Arbeit freigesetzt wird, nachdem eine Befreiung von der inneren kritischen Instanz und den negativen Selbstbildern gelungen ist. Endlich taugt man zu etwas! Endlich kann man sich entspannen. Danach können oft auch andere soziale Situationen wesentlich leichter bewältigt werden. Und man wird keineswegs überheblich oder selbstbezogen. Das Umgekehrte trifft zu: Man hat mehr Energie übrig, um anderen zuzuhören.

Wenn man Angst vor sozialen Situationen hat

Bevor ich dieses Kapitel abschließe, möchte ich kurz eine Form des inneren Terrors beleuchten, die dazu führt, sich nicht zuzutrauen, in der Gemeinschaft mit anderen Menschen gut funktionieren zu können. Verhältnismäßig viele Leute leiden an einer sog. *sozialen Phobie.* Oft handelt es sich um Menschen, die ein niedriges Selbstwertgefühl haben. Sie halten sich nicht für wertvoll. Sie glauben z. B., sie hätten nichts mitzuteilen, und andere hielten sie deshalb für langweilig. Weil sie so viel Angst haben, halten sie sich häufig zurück. Auf diese Weise entsteht ein negativer Rückkopplungsprozess.

Es kann sich auch um Menschen handeln, die eher introvertiert veranlagt sind und sich in öffentlichen Situationen, in denen die Möglichkeit fehlt, in einen persönlichen Dialog zu treten, nicht wohlfühlen. Nicht immer wird eine soziale Phobie von einem negativen Selbstbild begleitet.

Bei sozialer Phobie besteht Angst vor Situationen, an denen andere fremde Personen beteiligt sind, z. B. wenn ein Vortrag vor einer Gruppe gehalten wird oder wenn man zu einer Feier geht und nur wenige andere kennt.

Wenn jemand unsicher und ängstlich ist, reagiert der Körper wie auf ein Gefahrensignal, und körperliche Symptome wie Herzklopfen, Erröten oder Händezittern können auftreten. Das führt dazu, dass die sozial ängstliche Person noch mehr Angst vor der sozialen Situation bekommt, da er bzw. sie befürchtet, sich zu blamieren und die eigene Angst zu offenbaren.

Verschiedene Arten, soziale Unsicherheit anzugehen

Man kann als Erstes versuchen, den Hintergrund für ein negatives Selbstbild zu ergründen, falls dies eine Rolle spielt. Dieser Prozess kann einige Zeit benötigen.

In der Zwischenzeit kann es beruhigend sein, zu erfahren, dass die körperlichen Reaktionen selbst nicht gefährlich sind (man bekommt keinen Herzinfarkt vom Stress) und dass man etwas dagegen unternehmen kann. Gewöhnlich erzähle ich, dass sich die Atmung bei Angst verändert (man hyperventiliert) und dass hierdurch das Säuregleichgewicht des Körpers gestört wird (es entsteht eine sog. respiratorische Alkalose). Man kann lernen, wie man sich entspannt und zur Bauchatmung übergeht. So werden die flache Atmung und die Stressspirale verhindert, die u. a. das Herzklopfen hervorrufen.

Um die Körperreaktionen zu steuern, kann man auch sog. paradoxe Interventionen benutzen. So sage ich meinen Klienten z. B.: »Versuchen Sie, in der Situation, die Ihnen Angst macht, so heftig wie möglich zu erröten« oder »Testen Sie, wie schweißig Ihre Hände werden können«. Wenn man absichtlich versucht, eine solche Reaktion hervorzurufen, bleibt sie oft aus.

Menschen, die sich unsicher fühlen, sind oft intensiv auf sich selbst und das eigene Benehmen konzentriert. Daher schlage ich häufig vor, dass sie z. B. auf ein Fest gehen sollen als eine Art Forscher, der die Meinungen und Gedanken anderer untersucht. Die Energie wird hierdurch auf andere anstatt auf die eigene innere Unsicherheit gerichtet. Auch die Anforderungen an die eigene Person, z. B. etwas sagen zu müssen, können sich so vermindern und der Betreffende kann sich stattdessen auf anderes konzentrieren.

Nicht selten schlage ich danach den »selbstsicheren Zwilling« als eine Art inneres Rollentraining vor. Vor dem inneren Auge stellt man sich dabei seinen eigenen selbstsicheren Zwilling vor und beobachtet, wie dieser mit bestimmten Situationen anders fertig wird.

Der selbstsichere Zwilling

Begonnen wird mit einer Entspannungsphase, die Augen sind geschlossen. Stellen Sie sich nun vor, dass Sie vor sich eine soziale Situation sehen, die Sie normalerweise schwierig finden. Für Ihren selbstsicheren Zwilling ist das jedoch ein Kinderspiel. Nehmen Sie wahr, wie dieser Zwilling spielend leicht mit der

Situation fertig wird. Er oder sie hat alle Fertigkeiten und Eigenschaften, die Sie sich wünschen. Versuchen Sie zu erfassen, was das gewünschte (Zwillings-)Selbstbild an Verhalten mit sich bringt und wie es sich anfühlt. Wenn Sie sich in den selbstsicheren Zwilling hineinversetzen, können Sie spüren, wie andere Personen Sie auf neue Art schätzen und wie Ihre Sicherheit zunimmt.

Dann wenden Sie sich wieder langsam der äußeren Wirklichkeit zu mit der Absicht, sich auch in der realen Welt so zu benehmen, wie Ihr Zwilling es vorgemacht hat.

Ein solches Rollentraining hat Ähnlichkeit mit der Methode, mit welcher viele Sportler verschiedener Sparten versuchen, ihre Leistungen zu steigern. Dort stellt man sich z. B. vor, dass man einen perfekten Sprung oder eine perfekte Golfrunde hinbekommt. Auf diese Weise wird ein positives Gedächtnis im Körper verankert, bevor man sich in die Realsituation hineinbegibt.

04

Sein inneres Kind kennenlernen

Das verletzte innere Kind ist die
Hauptursache dafür, dass
Menschen sich unglücklich fühlen.
John Bradshaw, Psychotherapeut

Wie die Psychologin Maj-Britt Lindahl[14] feststellt, gehen wir für gewöhnlich von einer *einzigen* Wirklichkeit aus, nämlich der äußeren, während sie es bevorzuge, von verschiedenen Wirklichkeiten zu sprechen. Die ganz subjektive innere Wirklichkeit ist eine höchst wirksame, die uns mehr beeinflusst, als wir meinen. Meine langjährige Tätigkeit als Psychotherapeutin hat diese These bestätigt. Oft begegne ich allerdings Menschen, die vor ihrer inneren Realität Angst haben oder deren Existenz anzweifeln. Die Fallberichte in diesem Buch demonstrieren, was der Kontakt mit der inneren Wirklichkeit auslösen kann, und eröffnen hoffentlich eine neue Perspektive.

Um überhaupt auf negative Selbstbilder zugreifen zu können, muss man sich häufig zunächst auf eine Art Forschungsreise in die innere Realität begeben (wie Nina in Kapitel 3, die sich ständig wie eine »Mogelpackung« fühlte). Oft haben gerade solche Menschen, die sich im Alltagsdasein besonders viel Kontrolle wünschen, ausgeprägte Angst vor ihrer inneren Wirklichkeit. Eine grundlegende Voraussetzung für eine verbesserte Steuerung des eigenen Lebens ist jedoch gerade, die innere Welt kennenzulernen, um nicht länger der (unbewussten) inneren Dynamik auf Gedeih und Verderb ausgeliefert zu sein.

Das innere Kind

Zunächst möchte ich hier den Begriff *das innere Kind* einführen. Diese Vorstellung lässt sich hilfreich einsetzen, wenn man mehr von seiner inneren Wirklichkeit erfahren möchte. Zur Illustration soll eine Situation dienen, die der Psychotherapeut John Bradshaw[15] beschrieben hat:

> John erzählt davon, wie der Alkoholmissbrauch seines Vaters sämtliche Weihnachtsfeste seiner Kindheit verdarb. Als Kind konnte er seinen Zorn hierüber nicht äußern, da Zorn als eine der sieben Todsünden galt. Stattdessen breitete sich sein Zorn im Keller seiner Seele aus wie Schimmel und wurde immer größer. Im Erwachsenenalter stellten sich scheinbar grundlose Zornausbrüche ein, jeweils gekoppelt an Urlaube. Ein wütendes, aufgebrachtes inneres Kind übernahm das Kommando über sein Verhalten, wenn ein anderes Familienmitglied zufällig auf eine der »Minen« trat, die in der zugrunde liegenden Problematik verankert waren. Irgendein Kommentar konnte sich dann an der aufgespeicherten Frustration festmachen, nicht gesehen und beachtet worden zu sein.

Die Unverhältnismäßigkeit einer Reaktion hat damit zu tun, dass irgendein Detail aus der aktuellen Wirklichkeit an ein negatives Selbstbild anknüpft oder an Gefühle von Enttäuschung eines verletzten inneren Kindes rührt. Solche Ereignisse nenne ich *Selbstfallen*. Im nächsten Kapitel werde ich mehr darüber berichten, wie derartige Selbstfallen unser Leben beeinträchtigen. Zunächst soll aber das *innere Kind* als Begrifflichkeit und als Phänomen weiter beschrieben werden.

In meinen Behandlungen benutze ich eine Therapiemethode, die mit inneren Bildern arbeitet und als Katathym-Imaginative Psychotherapie bzw. Symboldrama bezeichnet wird (siehe Kapitel 6). Der Klient wird bei meiner spezifischen Vorgehensweise gebeten, sich in die Vergangenheit zu versetzen und dann vor seinem inneren Auge eine Szene aus einer wichtigen, oft schmerzlichen Kindheitsszene auftauchen zu lassen. Dabei begegnet man sich selbst in einer früheren »Version«. Wenn dieses Kind eine Problematik mit sich herumträgt, die verwickelt und unbewusst ist, benutzt man die Bezeichnung »das innere Kind«. Das ist bereits der Hauptgedanke. *Das innere Kind repräsentiert eine bisher ungelöste Konfliktsituation.*

Die meisten von uns haben keine perfekte Kindheit gehabt, deshalb kann es bei allen Menschen verschiedene »innere Kinder« geben. Beispielsweise kann dieses innere Kind einsam und verlassen sein, es kann sich schämen oder auch traurig sein, selbst wenn wir nichts davon ahnen. Ein solches inneres Kind bestimmt mit über unsere gefühlsmäßigen Reaktionen und über unser Benehmen als Erwachsener, und solange wir die Ursache hierfür nicht kennen, sagen wir, dass wir uns »seltsam« oder »unverständlich« benommen haben. Genau das dachte der Psychologe John Bradshaw eine längere Zeit lang über sich selbst. Doch durch den Kontakt mit seinem inneren Kind versteht man plötzlich, was hinter dem eigenen Verhalten liegt. Indem man eine Verbindung zu der ursprünglich verursachenden Situation aufnimmt, erhält man eine Chance zur Korrektur und kann den Kontakt zu einem unverletzten inneren Kind und auch zu dessen Kraft und Freude herstellen.

Das innere Kind als Wegweiser

Was in einer Therapie als Begegnung mit dem inneren Kind – in einer bestimmten Kindheitssituation – Gestalt annimmt, ist ein Kristallisationsphänomen, in das unzählige schmerzliche Alltagsszenen von früher einfließen, die dann in Form eines prägnanten Bildes zusammengefasst und ausgedrückt werden. Die Begegnung mit sich selbst in einer jüngeren Version innerhalb der inneren Szene löst meist starke Emotionen aus.

Wenn man auf diese Weise in einer Therapie einen Klienten eine Kindheitssituation aufsuchen und wiedererleben lässt, nennt man diesen Vorgang *Altersregression*. Wenn man über eine Altersregression an schmerzhafte Situationen anknüpft, wird der Kontakt mit dem verletzten inneren Kind hergestellt, das in irgendeiner Form in allen Menschen vorhanden ist. Oft wird mit Erstaunen entdeckt, welche wichtige Rolle dieses innere Kind in unserem Leben gespielt hat und wie sehr es unsere Handlungen auch aktuell mitbestimmt.

Das Großartige ist nun, dass man durch den Kontakt mit seinem inneren Kind und den früheren schwierigen Situationen die Möglichkeit erhält, mit tief im Innern verborgenen Kindheitsgefühlen wie Trauer, Zorn und Blockierungen besser umzugehen, statt wie bisher unbewusst in seiner Lebenshaltung und dem Verhältnis zu sich selbst von diesen Gefühlen gesteuert zu werden.

Die Vergangenheit ist im Verborgenen, innerhalb unserer Selbststruktur, weiter präsent. Erst über den Kontakt mit dem inneren Kind kann man sich selbst in die Tiefe hinein kennenlernen. Gleichzeitig eröffnet sich dabei ein Weg, sein Schicksal zu verändern.

Als Erwachsene betrachten wir häufig unsere »kindliche« Seite mit einer gewissen Skepsis, um sie nachfolgend »links liegen« zu lassen. Ich behaupte nun, dass wir in solchen Momenten eine Informationsquelle ignorieren, die entscheidendes Wissen über uns selbst enthält. Durch den Kontakt mit dem Kind in uns können wir plötzlich verstehen, warum wir so heftig auf gewisse Signale reagiert haben, und erhalten so die Chance, unser Leben zu ändern.

Die Begleitung eines Klienten bei dem Unternehmen der Begegnung mit dem inneren Kind ist faszinierend, und es ist beeindruckend, mitzuverfolgen, wie jemand sein Selbstbild und sein Gefühl zu sich selbst verändert. Erwachsen sein bedeutet dann, sich um sein inneres Kind zu kümmern und ihm Wachstum zu ermöglichen.

Das innere Kind weist auf das zentrale Problem

In dysfunktionalen Familien gilt oft die Norm, Probleme und Gefühle weder zu sehen noch zu hören noch über sie zu sprechen (genau wie auf der Abbildung mit den drei Affen, die sich Ohren, Augen und Mund zuhalten). In einem solchen Klima aufzuwachsen bedeutet automatisch, als Kind nicht in seinem Erleben wahrgenommen, bei der Benennung von Gefühlszuständen nicht unterstützt und oft sogar noch für seine Emotionen bestraft zu werden. Als Erwachsener hat ein Mensch dann ausgeprägte Probleme mit seinem Selbstbild, seiner Selbstachtung und trägt außerdem unter der Oberfläche ein verletztes Kind. Aber auch minder gravierende Mängel im Familiensystem wie unzureichendes Verständnis für die Situation eines kleinen Kindes im Alltag können eine innere Problematik mit Schwächen im und am Selbstsystem begründen. Man kann hier von einem *Fixierungsmuster* sprechen.

Bei den meisten von uns hat das innere Kind das Wissen um schmerzhafte Erfahrungen während der Entwicklung gespeichert. Es kann sich z. B. um ein schamerfülltes inneres Kind handeln, das seine Wünsche nach Nähe und Wärme für unberechtigt hält. Andere Fixierungen betreffen Unterlegenheitsgefühle oder die Überzeugung, nicht zu genügen.

Indem das innere Kind grundlegende Überzeugungen über die eigene Person festhält, verweist es auf unsere Kernproblematik. Die Begegnung mit dem inneren Kind in der Therapie ist ein Dreh- und Angelpunkt, um die zugrunde liegende Problematik zu erfassen. Die Aufgabe des Therapeuten besteht darin, Lösungswege für solche Fixierungen zu finden und Raum zu geben für einen heilsamen Änderungsprozess am Selbstbild.

Für mich als Therapeutin wurde das Arbeiten mit dem Konzept des inneren Kindes zu einer Selbstverständlichkeit, da das Kind oft spontan bei der Einstellung innerer Szenen in Erscheinung trat (man nennt dies auch spontane Altersregression). In dem Buch *Eine Tür in deine innere Welt (2000)* habe ich dies anhand einer Behandlung dargestellt. Die Begegnung mit dem inneren Kind kann folgendermaßen aussehen:

> Anna kam zu mir wegen depressiver Beschwerden, aber unter der Oberfläche versteckt gab es die innere Überzeugung, keinesfalls liebenswert zu sein. Ich bat Anna, sich vor ihrem inneren Auge ein kleines Kind vorzustellen: Anna befindet sich auf einer Wiese, sie trägt ein schwarzes Kleid und schaut zu einem kleinen Kind, das sich etwas weiter weg auf einer Weide befindet. Es wirkt verlassen, aber Anna wagt nicht, hinzugehen und sich um das Kind zu kümmern. Wie sich zeigt, scheut sie sich auch, das Kind anzufassen. Während der Therapie erhält es die Bezeichnung »das schwarze Baby«. Da Anna sich von ihrer Mutter nicht geliebt fühlte, empfand sie sich selbst (das innere Kind) als höchst verachtenswert und schamerfüllt. Zum Glück hatte es eine Großmutter gegeben, die Anna zugetan war.
> Im Therapieprozess gelang es Anna, sich mithilfe der liebevollen Großmutter dem Baby anzunähern und zu erkennen, dass kein Makel an ihm war, dass es sich im Gegenteil um ein entzückendes Kind handelte. Als sie schließlich ihr inneres Kind annehmen konnte, war dies mit einem inneren Umbruch verbunden.
> »Die Welt fühlt sich einerseits wie sonst an, aber dennoch völlig verändert«, sagte Anna in dieser Stunde. »So, als ob sich die Welt um 180 Grad gedreht hat!«

Wer sich mit dem inneren Kind versöhnt, erlebt oft einen solchen alles umkehrenden Prozess und erschließt sich so den Zugang zu Kräften, die vorher durch innere Konflikte blockiert waren. Dann kann sich auch das Bild von sich als »etwas, das die Katze angeschleppt hat« wandeln zu einem »wertvollen, feinen kleinen Wesen«.

Wie tritt man in Kontakt mit seinem inneren Kind?

Der nach meiner Ansicht beste Weg verläuft über innere Bilder, die auftauchen, wenn man sich in eine frühere Lebensperiode zurückversetzt. Der Kontakt mit dem inneren Kind aus einer Kindheitsszene heraus wird als überaus gegenwärtig empfunden. Dieses Wiedererleben unterscheidet sich von der ursprünglichen Erfahrung jedoch insofern, als der Klient nun den Therapeuten als Verbündeten und als Stütze an seiner Seite hat. Damit entsteht Spielraum, um die frühere Erfahrung zu verändern und umzudefinieren.

Nachdem ich bereits viele Jahre als Therapeutin mit dem Verfahren der imaginativen Therapie (KIP) gearbeitet hatte, entdeckte ich, dass man sich in der Literatur zu Missbrauch von Kindern durch Eltern häufig auf das Konzept des inneren Kindes bezieht.[16] Das ist nicht verwunderlich, denn derartige Erlebnisse beeinträchtigen das kindliche Selbstbild enorm. Auch in Büchern zu Hypnose wird häufig auf die Arbeit mit dem inneren Kind Bezug genommen. Die bekannte Feministin Gloria Steinem berichtete, wie sie während einer Hypnosesitzung Kontakt mit dem unverletzten inneren Kind aufnehmen konnte und welche Kraft diese Erfahrung ihr verlieh.[17] In jüngerer Zeit hat man auch innerhalb eines Zweigs der kognitiven Therapie, der Schematherapie, damit begonnen, die Situation des inneren Kindes mittels Bildern zu erforschen. Das Interessante daran ist, dass man von unterschiedlichen psychotherapeutischen Ansatzpunkten aus zum selben Fokus gelangt ist: dem inneren Kind.

Ein Heilungsprozess

Das Bemühen um einen Kontakt mit dem inneren Kind stellt einen wichtigen Schritt dar, wenn man eine Verbindung zwischen den aktuellen Schwierigkeiten eines Erwachsenen und seinem Selbstbild herstellen möchte. Um fehlerhafte Schlussfolgerungen und Vorstellungen korrigieren zu können, die ein Kind entwickelt hat, ist eine reparative Therapie notwendig, welche gefühlsmäßige Blockierungen auflöst und dem inneren Kind neue Sichtweisen auf sich selbst eröffnet.

Mithilfe von Visualisierungstechniken (wie sie beispielsweise in der KIP angewandt werden) können die meisten Menschen Türen zu ihrer inneren Welt öffnen. Über die sich einstellenden inneren Bilder kann der Kontakt zum kleinen Kind geknüpft werden. Gleichzeitig erfährt man, wie ein Kind die Beziehung zu seinen Eltern erlebt hat. Der Therapeut schlägt z. B. vor, dass der Klient vor seinem inneren Auge eine Szene sieht, in der er in die Zeit als Fünfjähriger zurückgeht, wo die Eltern streiten. Das Kind fühlt sich z. B. ausgeliefert oder verzweifelt oder es nimmt die Schuld auf sich: »Wenn ich ›lieber‹ gewesen wäre, wäre das alles nicht passiert.«

Wenn sich eine gefühlshafte Szene vor dem inneren Auge abspielt, kann man leichter erfassen, was das Kind damals gefühlt und wie es die Situation interpretiert hat. Diesmal jedoch gibt der Therapeut Unterstützung, wo notwendig, und kann dem Kind helfen, mit der Situation umzugehen und das Geschehen in einer für die Selbstachtung weniger destruktiven Weise zu deuten. Der Therapeut hilft auch bei der Veränderung von verinnerlichten ungünstigen Vorstellungen und regt an, das innere Kind zu trösten und zu schützen. So kann die im Kern vorhandene Scham darüber, sich als ungeliebt empfunden zu haben, gemindert werden, und eine schwere Bürde wird leichter.

In den Folgekapiteln werde ich anhand mehrerer Fallbeispiele erläutern, wie die Arbeit mit dem inneren Kind abläuft und wie der Kontakt hergestellt wird. Wenn es gelingt, die aus kritischen Kindheitssituationen stammenden kindlichen Vorstellungen von der eigenen Person im Grunde zu ändern, erhält die Person eine Chance, ihre Geschichte neu zu schreiben. Das Fantastische dabei ist, dass unser Gehirn auch die (neuen) inneren Szenen speichert und zum persönlichen Gedächtnis hinzufügt und so die Korrektur unserer verinnerlichten Selbstbilder unterstützt.

Sich auf die Seite des Kindes stellen

In einer Therapie ist es wichtig, sich mit dem Kind zu verbünden und ein positiveres Selbstbild zu unterstützen. Als Therapeut distanziert man sich von der früheren (elterlichen) Art bzw. der erlebten Art der Behandlung durch die Bezugspersonen. Zunächst wird in der Therapie erarbeitet, wo es durch falsche Deutung zu unrichtigen Auffassungen über die eigene Person gekommen ist.

Sich auf die Seite des Kindes zu stellen bedeutet keinesfalls, dass man hingeht und aktuell die Eltern kritisiert. Die Hypnotherapeutin Nancy Napier betont, dass Elternschaft der schwerste Beruf überhaupt ist. Man wird ins tiefe Wasser geworfen, bevor man die Möglichkeit hatte, im flacheren Teil des Beckens die Schwimmzüge zu üben, die Elternschaft ausmachen.[18] Eine große Rolle dabei kann der häufig anzutreffende Schlafmangel junger Eltern sein – gestörter Schlaf beeinträchtigt oft eine empathische und liebevolle Hinwendung zum Kind. Andere Eltern erkranken an Depression oder anderen Krankheiten und sind so in ihrer Beziehungsfähigkeit eingeschränkt. Es geht also niemals darum, die Eltern schlechtzumachen. Meist haben sie ihre Aufgaben als Eltern erfüllt, so gut sie konnten, und dennoch sind dabei leider Schädigungen aufgetreten.

Therapie handelt stets auch von innerer Befreiung, einem Sichlösen von negativen Bildern, die ein kleines Kind fälschlicherweise verinnerlicht hat. Wenn es viele Male durch die Eltern auf unsensible Weise behandelt wurde, distanziert man sich als Therapeut selbstverständlich davon und fördert in der Therapie den Ausdruck von Trauer, Schmerz und Zorn, die zur damaligen Erfahrung gehören. Später kann man den Gedanken hinzunehmen, dass auch bei den Eltern unbewusste innere Anteile mit dazu führten, dass sie sich in einer bestimmten Weise verhalten haben. Wenn es gelungen ist, den negativen Zirkel zu stoppen, kann man manchmal auch eine über Generationen weitergegebene psychosoziale Erbfolge unterbrechen.

Nicht immer sind die Eltern die kritischen Personen hinter einem negativen Selbstbild. Es kann sich auch um ein älteres Geschwister handeln, welches das jüngere unsensibel behandelt oder stets gereizt und hierdurch ein Gefühl von Wertlosigkeit induziert hat. Auch Mitschüler, die ein anderes Kind drangsaliert haben, oder ein verständnisloser Lehrer kommen als Auslöser infrage. Einige Beispiele hierfür liefern die kommenden Kapitel.

Selbst in Kontakt mit dem inneren Kind treten

Wenn man in der Imagination im Symboldrama die Rückkehr in Kindheitsszenen anregt, ist es ein häufiges und »normales« Geschehen, dort auch den verletzten inneren Kindern zu begegnen.

Auf eigene Faust – ohne therapeutische Begleitung – den Kontakt zu suchen kann wesentlich schwieriger sein. Aber vielleicht haben Sie schon überlegt, welche Art inneres Kind Sie in sich haben? Vielleicht ein trauriges? Oder eines, das sich übersehen und verlassen gefühlt hat? Sie können auch Vermutungen anstellen, welche Überlebensstrategien Ihr inneres Kind eingesetzt hat. Haben Sie z. B. ständig Bestätigung von anderen gesucht? Was braucht Ihr inneres Kind, um sich gut zu fühlen?

Eine andere Möglichkeit wird vom Psychotherapeuten John Bradshaw vorgeschlagen: Sie schreiben Ihrem inneren Kind einen Brief und formulieren Ihre Einsichten darüber, wie es Ihrem inneren Kind ergangen ist.

Sie können auch ein Foto von sich als Kind nehmen, sich damit entspannt in einen Sessel hinsetzen und die Augen schließen. Stellen Sie sich vor Ihrem inneren Auge den kleinen Menschen, der Sie waren, in der damaligen Kindheitssituation vor. Braucht das Kind irgendwelche Hilfe? Wenn ja, können Sie sich vorstellen, dass Sie mit Ihrem erwachsenen Ich in die Szene kommen und das Kleine trösten.

Vielleicht kann dies Ihnen mehr Information darüber liefern, wie die Welt damals für Ihr kleines Kind ausgesehen hat. Um aber solche Erlebnisse wirklich zu bearbeiten, ist es besser, psychotherapeutisch begleitet zu werden. So erhält das innere Kind sowohl Deutungshilfen als auch Unterstützung.

05

Negative Selbstbilder als Ursache von »Selbst-Abstürzen«

Was wir über uns selbst wissen, ist ein ständiger Dialog mit der Dunkelheit.
SAM KEENE, AUTOR

Es ist ein normaler Arbeitstag und das Leben so lange schön – bis Ihr Chef hereinkommt und im Vorbeigehen eine Bemerkung macht. Eigentlich war es nichts Dramatisches, aber innerhalb einer halben Sekunde hat sich Ihre gesamte gefühlsmäßige innere Atmosphäre verändert. Der Tag ist nicht mehr schön. In Ihrem Magen breitet sich Angst aus oder macht sich ein altes Zorngefühl bemerkbar und schon fühlen Sie sich stocksauer. Was ist passiert? Die Gefühle des inneren Kindes haben die Regie auf der inneren Szene übernommen.

Menschen schlagen sich nicht einfach nur mit einem niedrigen Selbstwertgefühl herum und kämpfen darum, sich akzeptiert und wertvoll zu fühlen. Negative Selbstbilder können einem auch in banalen Alltagsbegegnungen mit Mitmenschen in die Quere kommen, ohne dass man diesen Vorgang auch nur ansatzweise registriert. Negative Selbstbilder liegen wie Minen im Inneren und können losgehen, wenn eine alltägliche Situation Ähnlichkeiten mit der ursprünglichen Kränkung oder mit dem zugehörigen Gefühl aufweist. Die Reaktion fällt hierdurch übermäßig aus, und sowohl die Person selbst als auch ihre Umgebung fragen sich dann ratlos, was da eigentlich passiert ist.

Immer wenn wir unmotiviert, ungebremst und unüberlegt reagieren, können wir mit einiger Sicherheit davon ausgehen, dass uns innere negative Selbstbilder in die Quere gekommen sind. Das Phänomen, dass verborgene negative Selbstbilder eine überzogene Reaktion auslösen, bezeichne ich als *Selbstfalle.*[19] Dies kann sich auf vielfältige Weise ausdrücken, wie das folgende Beispiel zeigt:

> Lars hatte ein negatives Selbstbild mit der Vorstellung, fehlerhaft zu sein, verinnerlicht. Seinen »Defekt« verbarg er, indem er Leistungen so perfekt wie irgend möglich erbrachte. Auf seiner Arbeitsstelle kam es zu einem Gefühlsausbruch, als jemand darauf hinwies, Lars habe eine falsche Finanztransaktion getätigt. Diese winzige Bemerkung in der Gegenwart bohrte sich wie ein Angelhaken in das bereits bestehende innere Gefühl, wertos zu sein, und zündete eine Gefühlsmine. Die Reaktion entsprach kaum dem auslösenden Ereignis, was die Umstehenden, gelinde gesagt, irritierte.

Wie schon festgestellt geraten wir immer dann ins Ausagieren, wenn wir auf Unbewältigtes treffen. Wenn wir unverarbeitete innere Probleme mit uns herumtragen, werden diese Probleme unser Handeln in verschiedenen Situationen beeinflussen. Die stärkste Bedeutung haben hierbei verinnerlichte negative Selbstbilder.

Und weil sich eine derart erlernte Sicht auf die Welt und auf unsere engen Beziehungen zu anderen Menschen bei uns so tief eingegraben hat, fühlt sie sich wie ein Teil unserer selbst bzw. ganz selbstverständlich an. Oft dauert es deshalb eine gewisse Zeit, bis man bemerkt, dass es so etwas wie Selbstfallen gibt und wie man hineintappt. Wenn man bei sich ein wiederholtes Muster von starken Gefühlsreaktionen auf relativ kleine auslösende Ereignisse registriert, kann man mit Recht vermuten, dass hier irgendetwas nicht stimmt.

Auch eine depressive Grundtönung im Leben kann in einem negativen Selbstwertgefühl wurzeln, oft in Verbindung mit der Überzeugung, nicht liebenswert zu sein. Die Reaktionen anderer werden im Weiteren so gedeutet, dass sie das innere Selbstbild bestätigen.

Ein mangelhaftes Selbstwertgefühl kann auch die Partnerwahl ungünstig beeinflussen. Bereits Sigmund Freud hat auf den sog. Wiederholungszwang aufmerksam gemacht. Er zeigte auf, dass Menschen, die mit Eltern groß geworden sind, die ihre Zuwendung schlecht zeigen konnten, häufig Partner wählen, von denen sie ähnlich behandelt werden. Das klingt vielleicht seltsam, folgt aber dennoch einer gewissen Logik: Einerseits kann man sich heimischer fühlen bei solchen Menschen, andererseits hofft man darauf, dieses Mal anders behandelt zu werden und eine heilsame Erfahrung zu machen. In der Phase der Verliebtheit lässt sich dieser Glaube leicht aufrechterhalten. Danach aber setzt das alte Spiel ein. Ein solches Muster neigt zur Wiederholung, weil aufgrund des inneren Radars immer wieder Menschen gewählt werden, die dasselbe Problem wie die Eltern haben.

Selbstfallen

Das Unangenehme an Selbstfallen ist, dass sie in diversen sozialen Situationen zu Problemen führen: in Paarbeziehungen, am Arbeitsplatz, in Freundschaften oder ganz generell im Leben. Ein weiteres Beispiel soll veranschaulichen, wie eine Selbstfalle ausgelöst wird:

An einem Freitagabend stand Lisa in der Küche und wollte ein gutes Abendessen kochen. Ihr Partner Per hatte es sich vor dem Fernseher gemütlich gemacht, um ein Fußball-WM-Spiel anzuschauen. Sie kämpfte draußen auf der Terrasse damit, den Grill in Gang zu setzen, konnte jedoch die Brennflüssigkeit nicht finden. Ihre Frustration wurde durch ein sich einstellendes Gefühl von Leere und Sinnlosigkeit verstärkt – ein Gefühl, das ihr aus anderen Situationen vertraut war. Als sie gerade die Pfanne aus dem Schrank geholt hatte, tauchte Per in der Küche auf, um sich zu erkundigen, ob er helfen könne. Als Antwort erhielt er eine ordentliche Standpauke, er würde Lisa sowieso nie unterstützen usw. Der Abend war gelaufen und beide fühlten sich gründlichst missverstanden.

Was war da passiert? Als Lisa wenige Tage später zur Therapiestunde erscheint, biete ich ihr an, sich kurz zu entspannen, die Augen zu schließen und zu eben jenem Gefühl von Leere und Sinnlosigkeit zurückzugehen. Dann bitte ich sie, sich vor ihrem inneren Auge eine Situation vorzustellen, in welcher sie sich genauso gefühlt hat. Sofort taucht eine Szene mit Lisa als fünfjährigem Mädchen auf. (Als sie sechs Jahre alt war, zog die Familie in ein anderes Haus um, deshalb lässt sich die Episode zeitlich gut einordnen.) Sie befindet sich auf der Wiese vor dem Haus, ist allein und schaut aufmerksam hoch zum Küchenfenster im zweiten Stock in der Hoffnung, dass jemand aus der Familie heimkehrt, aber nichts passiert. Sie spürt jene Leere und Verlassenheit, begreift aber gleichzeitig, dass das kleine Mädchen resigniert hat. Nicht zum ersten Mal wurde sie so alleingelassen. Sie weint nicht, denn sie weiß, dass es sich nicht lohnt. Es würde sich trotzdem niemand um sie kümmern. Innerlich existieren eine große Hoffnungslosigkeit und das Gefühl, nicht wertvoll genug zu sein. Die Eltern haben sie ja sich selbst überlassen.

Lisa war Nachkömmling und wuchs mit zwei berufstätigen Eltern auf. Über längere Strecken gab es keine Beaufsichtigung, und das kleine Mädchen wurde ohne einen Erwachsenen, an den es sich hätte wenden können, allein gelassen. So entstand die Vorstellung, »nicht wertvoll zu sein«. Immer wenn – bei diversen Gelegenheiten – diese tiefe Wunde im Selbstwertgefühl aktualisiert wurde, verspürte Lisa wieder die fürchterliche Leere und reagierte zornig. Der Zorn richtete sich jeweils gegen den Menschen, der die Mine gezündet hatte, ohne dass Lisa verstand, was sie so erregt hatte. Nach dem Auffinden der inneren Szene wurde ihr das dahinterliegende Muster klar.

Selbstfallen können nach außen hin ganz verschieden aussehen. Wenn man jedoch an der Oberfläche kratzt, findet sich gewöhnlich ein verletztes inneres Kind mit einem ausgeprägt negativen Selbstwertgefühl.

Mit dem inneren Kind verknüpfte negative Gefühle

Das negative Selbstwertgefühl ist eng verbunden mit Vorstellungen von einem inneren Kind, das keinesfalls liebenswert ist, einem Kind, mit dem etwas Grundlegendes nicht stimmt oder das sich seiner Bedürfnisse eigentlich schämen sollte. Diese Bilder entstanden, indem sich das Kind im Verhältnis zu anderen spiegelte. Wie bereits mehrfach gesagt, handelt es sich dabei um unrichtige Vorstellungen, aber das Feststellen dieses Umstands allein reicht nicht aus. Die Vorstellungen erweisen sich so lange als felsenfest, bis man die zugrunde liegende Lebenssituation, der sie entstammen, auffindet. Erst dann kann man das falsche Bild korrigieren.

Weil wir als Menschen verschieden sind und unterschiedliche Lebensgeschichten haben, lösen gewöhnlich jeweils andere Sachen Selbstfallen aus. Das durchgängige Problem ist ein fundamentales negatives Selbstbild. Dieses zeigt sich in unterschiedlicher Form, der drei Hauptmuster zugrunde liegen:

»Ich kann unmöglich liebenswert sein.«
»Mit mir stimmt etwas nicht.«
»Für meine Bedürfnisse muss ich mich schämen.«

Um die innere Vorstellung, wertlos oder mangelhaft zu sein, zu verbergen, strengen sich viele Menschen bis zum Äußersten an, wollen perfekt sein. Sie möchten beweisen, dass sie ein tüchtiger Mensch sind. Vielleicht täuschen sie damit die anderen, sich selbst aber kann man nicht hinters Licht führen. In der Tiefe lauert ständig das negative Selbstbild, und wenn man keine perfekten Ergebnisse zustande bringt, droht die Aufdeckung des schamvollen Geheimnisses.

Derartige negative innere Selbstbilder sind eine bedeutende Triebfeder hinter unseren Alltagshandlungen. Da Selbstbilder oft nicht bewusst sind, lässt sich die innere Steuerung nur schwer ändern.

Die innere Steuerung

Alle Menschen tragen verschiedene innere Landkarten in sich, die als eine Art psychischer Navigationsmodelle in einer komplexen Welt fungieren. Da die Grundzüge der Landschaft von dem kleinen Kind erzeugt wurden, ist die Landkarte nicht sonderlich korrekt. Weil zudem keine Kenntnis von diesem inneren Steuerungssystem besteht, werden die jeweiligen Muster ständig wiederholt – Situation für Situation und Beziehung für Beziehung. Je öfter nun ein nicht korrektes Muster wiederholt wird, desto problematischer können die Auswirkungen auf das Leben werden.

Der Psychodynamischen Psychotherapie entstammen Kenntnisse über unsere inneren Selbststeuerungsmuster. Frühzeitig wurde hier davon gesprochen, dass wir eine ganze Sammlung falscher Annahmen in uns tragen und unsere Handlungen dadurch gelenkt werden. Es existieren verschiedene Theoriebildungen mit unterschiedlichen Begrifflichkeiten für diese inneren seelischen Landkarten. Der Psychoanalytiker John Bowlby bezeichnet sie als *Arbeitsmodelle*[20], der Psychoanalytiker

Daniel Stern als generalisierte *Repräsentationen von Interaktionen (RIGS)*[21], ein Terminus, der veranschaulicht, um was es sich handelt. Der kognitive Psychotherapeut Jeffrey Young verwendet den Ausdruck *Schema*.[22]

Meine These lautet, dass die zugrunde liegende Triebkraft vieler solcher Steuerungsmuster das innere Selbstbild ist. Daher ist es wichtig, herauszufinden, ob man ein negatives Selbstbild hat und wie es im Alltag Schaden stiftet.

Wie sehen Ihre Selbstfallen aus?

In einer Behandlung, die das Selbstwertgefühl in den Mittelpunkt rückt, werden zunächst kritische Situationen aus der Kindheit beleuchtet, um einen Kontakt zum inneren Kind herzustellen. Hierdurch erhält man bereits ein direktes Bild davon, welche Art von negativem Selbstbild möglicherweise bedeutsam ist. Äußerlich unterscheiden sich diese Muster von Mensch zu Mensch.

Damit Sie als Leser eine Vorstellung von der Ausgestaltung solcher Muster im Alltag erhalten, werde ich jetzt einige unterschiedliche Typen von Selbstfallen beschreiben. Diese Beispielsammlung zeigt auch, dass alle Typen in einem negativen Selbstbild wurzeln. Die Lektüre kann hoffentlich zu einigen Aha-Erlebnissen in Hinblick auf die eigene Lebenssituation beitragen: »Reagiere ich vielleicht deshalb oft so heftig auf dieses oder jenes?«

Es ist wichtig, die Existenz von Selbstfallen zu erkennen, damit sie einem zukünftig nicht mehr in die Quere kommen. Selbstfallen können nämlich leicht zu Lebensfallen werden und wiederkehrende Probleme in unseren Beziehungen erzeugen. Wie heftig solche Probleme ausfallen, hängt natürlich davon ab, wie negativ die inneren Selbstbilder sind bzw. wie streng der innere Kritiker ist.

Verschiedene Arten von Selbstfallen

Nachfolgend werde ich einige klassische Arten von Selbstfallen beschreiben. Ich verwende hierbei ein Konzept, das den frühen Schemamodellen Jeffrey Youngs ähnelt.[23] Während J. Young grundlegende Persönlichkeitsprobleme darstellt, verwende ich diese Modelle, um das eigentliche Problem des negativen Selbstbildes zu illustrieren.

Während der Lektüre können Sie überlegen, ob es bestimmte Dinge gibt, die in Ihrem Leben Selbstfallen auslösen. Vielleicht erkennen Sie irgendein Muster wieder? Oder finden heraus, dass es ein durchgehendes Thema in Ihrem Leben mit nachfolgenden Krisen gibt, die sich wieder und wieder bemerkbar machen.

Die Angst, einsam und verlassen zu sein

Ein Mensch mit diesem Muster wurde bereits als kleines Kind von seinen Eltern alleingelassen und rechnet daher damit, von geliebten Personen verlassen zu werden. Vielleicht handelte es sich um einen Elternteil, der im Krankenhaus lag, früh gestorben ist oder aus anderen Gründen längere Zeit nicht anwesend war. Das Kind hat oft die Schuld für das Verlassenwerden auf sich genommen und glaubt, selbst nicht liebenswert oder wertvoll zu sein. Die Angst, verlassen zu werden, kann so stark sein, dass sie lebensbedrohlich erscheint. Dies kann zur Anklammerung an einen Partner führen oder zum Verlassen des Partners, um dem Verlassenwerden zuvorzukommen.

Als Lena drei Jahre alt war, starb ihre Mutter bei einem Verkehrsunfall. Ihr wurde nicht erklärt, was passiert war, sondern man sagte, die Mutter sei »weit fortgereist«. Bei ihren verzweifelten Versuchen, zu verstehen, nahm das kleine Mädchen die

Schuld auf sich. Lena lebte mit einer inneren Scham darüber, sich nicht liebenswert zu fühlen, wodurch sie in diversen Lebenszusammenhängen ins Stolpern geriet. Es fiel ihr schwer, eine Beziehung zu finden, in der sie sich aufgehoben fühlte. Als es bei der Arbeit zu einer Aktualisierung ihres inneren negativen Selbstbildes gekommen war, fragte sie bei mir wegen einer Therapie nach und wir konnten ihre Problematik entwirren. Es handelte sich um eine späte Krisenintervention, in der Lena endlich Gelegenheit erhielt, ihre Mutter zu betrauern.

Die Schwierigkeit liegt darin, dass es bei ausgeprägt negativem Selbstbild nicht ausreicht, sehr erfolgreich zu sein oder gefeiert zu werden, weil dennoch im Inneren die tiefe Verlassenheit und Trauer weiter empfunden wird. An dieser Stelle beziehe ich mich meist auf Marilyn Monroe, die trotz allen Erfolgs starke Angst hatte, verlassen zu werden, wie seltsam das auch klingen mag. Sie war früh im Leben von ihrer alleinstehenden Mutter, die psychische Probleme hatte, ins Waisenhaus gegeben worden und dann in eine Pflegefamilie gekommen. Bis sie alt genug war, um mit ihrem Gesicht und ihrer Figur die Blicke auf sich zu lenken, erlebte sie sich im Großen und Ganzen als unsichtbar. Schauspielerin zu werden, im Rampenlicht zu stehen und alle Blicke auf sich zu ziehen erfüllte eine wichtige Funktion, heilte die Wunden jedoch nicht. Im Inneren lebte das verlassene und nicht wahrgenommene innere Kind weiter, das in den Männern, die sie heirate, einen Vater suchte.[24]

Wiederholungen wirken nicht heilend. Man kann sich erst dann aus den Selbstfallen befreien, wenn man sich an die verborgene Trauer heranwagt und das negative Selbstbild verändert. Hier erweist sich das Arbeiten mit inneren Bildern, in denen man bis zu der ursprünglichen Situation zurückgeht, als besonders wertvoll. Therapeutische Techniken, die das »Hier und Jetzt« betonen, ermöglichen nicht die Freilegung und Aufarbeitung solcher verzwickten inneren Gefühle.

Das Gefühl, dass mit einem etwas nicht stimmt

Die Vorstellung, unzureichend zu sein und dass »keiner mich lieben wird« entsteht, wenn es Eltern nicht gelingt, einen empathischen Kontakt zu ihrem Kind aufzubauen. So etwas kommt vor, wenn z. B. Vater oder Mutter an einer Depression leidet und auf ihr Kind nicht adäquat reagieren kann, bei Alkoholismus, wobei der Dialog ebenfalls sehr in Mitleidenschaft gezogen wird, oder bei traumatischen Ereignissen in der Familie wie dem Tod eines Geschwisters. Wenn jeder in seiner eigenen Trauer verschwindet, bleibt keiner übrig, um das kleine Kind und seine Bedürfnisse zu spiegeln.

Das zugrunde liegende, aber unbewusste Gefühl, nicht liebenswert zu sein, führt oft zu tragischen Lebenssituationen: Man begreift nicht, warum man nicht die große Liebe findet (oft werden Partner mit dem gleichen abweisenden Muster gewählt) oder warum man depressiv ist. Die Überzeugung, nicht liebenswert zu sein, ist ein sehr verbreitetes Grundproblem bei Menschen, die in ihrem Leben mit einer depressiven Stimmung kämpfen.

Wenn man nicht darauf vertraut, liebenswert zu sein, führt das eventuell zu einem grenzenlosen Bedürfnis nach Liebesbezeugungen durch den Partner. Wie viel Wertschätzung man durch andere auch erfährt, wird doch das innere Mangelgefühl niemals gestillt. Solche Menschen leben mit einem Loch im Löffel, und der Wunsch nach mehr ist unstillbar. Die einzige Chance besteht darin, das früh verinnerlichte falsche Selbstbild und damit auch »das Loch« innerhalb einer Behandlung zu reparieren.

In Kapitel 8 können Sie an Karins Beispiel eine solche Problematik verfolgen. Karin lebte mit eben dieser inneren Vorstellung, nicht liebenswert zu sein. Dieses negative Selbstbild hatte sie das gesamte Leben hindurch angespornt, ein tüchtiges Mädchen zu sein, um sich auf diese Weise ihres Wertes zu versichern. Ihr negatives Selbstbild wurde auf heftige Weise aktualisiert, als sie um die 60 Jahre alt war, und erst da suchte sie eine Therapie auf. Es hatte früher Krankschreibungen wegen Erschöpfung bzw. Burn-out gegeben, die auch mit ihrem negativen Selbstbild in Verbindung standen. Damals hatte sie jedoch keinen Therapeuten aufgesucht, und deshalb blieb ihr das verursachende Problem verborgen. Als sie ein Enkelkind bekam und sich von der Schwiegertochter beiseitegeschoben fühlte, wurde die innere Mine neuerlich gezündet.

Ein schamerfülltes inneres Selbstbild

Ein Kind, das sich nicht wahrgenommen und geliebt fühlt, nimmt leider nicht nur die Schuld hierfür auf sich, sondern es empfindet sogar Scham sich selbst gegenüber. Wer sich als Kind ungeliebt fühlt, schämt sich heftig dafür, »keine Liebe zu verdienen«. Falls eine Mutter zu unreif war, um sich um ihr Kind zu kümmern, oder wenn sie es hauptsächlich als Belastung erlebte, entsteht beim betroffenen Kind zusätzlich das Gefühl, sich seiner natürlichen Bedürfnisse nach Nähe, Zärtlichkeit und Fürsorge schämen zu müssen. Ein solches starkes Schamempfinden ist manchmal schwer aufzulösen – es wirkt von innen her vergiftend.

Anna (der Sie bereits kurz in Kapitel 4 begegnet sind) hatte eine junge Mutter, die noch zu unreif für ein Kind war. Sie wollte weiter für sich selbst Zeit haben, mit ihren Freundinnen am Telefon plaudern und ihre Bücher lesen, genau wie vor Annas Geburt. Sie war nicht gut darin, Anna zu spiegeln, sondern erlebte ihr Kind meist als belastend, später auch als Rivalin um die Aufmerksamkeit des Vaters. Von Anfang an schickte sie Anna im Sommer über längere Zeit zu ihrer eigenen Mutter, um so ihr eigenes Leben führen zu können. Anna wuchs mit einem starken Gefühl der Scham auf, keine Liebe zu verdienen, obwohl sie diese Empfindung niemals in Worte gekleidet hatte. Sie verwendete viel Zeit auf ihr Aussehen und war perfekt in ihrem Beruf, was nicht wirklich half. Das Grundgefühl von Scham trug zu einem anhaltenden depressiven Empfinden bei. Die Depression wurde durch den Umstand verstärkt, dass Anna frühzeitig weggegeben worden war.

Lars, dem Sie in Kapitel 14 begegnen werden, hat eine andere Art von Schamproblematik. Er merkte, dass er bestimmte Selbstanteile verleugnen musste, um akzeptiert zu werden. Er fühlte Scham wegen seiner sexuellen Empfindungen sowie seines Zorns und musste deshalb beides verbergen.

Ein inneres Gefühl des Misstrauens

Menschen, die früh im Leben körperlich oder seelisch misshandelt wurden, leben häufig mit einem ständig eingeschalteten inneren Alarmsystem, das es schwierig macht, anderen zu vertrauen. Vielleicht halten sie andere auf Abstand, um nicht erneut Schaden zu erleiden. Das Misstrauen kann sogar gute Beziehungen zerstören. Wer sexuelle Übergriffe erlebt hat, lässt sich später manchmal – als Teil eines Wiederholungsmusters – auf promiskuitive Beziehungen ein.

Berit war als Kind sexuellen Übergriffen seitens ihres Vaters ausgesetzt gewesen, hatte jedoch die Erinnerung daran verdrängt. Sie kam wegen verschiedener körperlicher Beschwerden und starker Müdigkeit zu mir. Ihr ganzes Leben über hatte Berit versucht, Wertschätzung von anderen zu bekommen. Speziell ihre persönlichen Beziehungen zu Männern erwiesen sich jedoch als kompliziert. Sie war geschieden. Ihr Körperbild war durchdrungen von Schuld und Scham. Eine intensive therapeutische

Arbeit mittels Imaginationen war erforderlich, um Berit aus den Fesseln ihres negativen Selbstbildes zu befreien, die sie davon abhielten, sich um sich und ihr Leben zu kümmern.

Das zugrunde liegende negative Selbstbild beinhaltete natürlich, dass »mit mir etwas nicht stimmt und Vater deshalb so gehandelt hat«. Tragischerweise nehmen Kinder, die Übergriffen ausgesetzt waren, Schuld und Scham auf sich, obwohl hier ausschließlich der Erwachsene die Verantwortung trägt.

Das Gefühl, ohne einen anderen nicht lebensfähig zu sein

Einige Menschen haben ein Abhängigkeitsmuster entwickelt, weil sie nicht gelernt haben, sich auf die eigene Handlungsfähigkeit zu verlassen. Das verinnerlichte Selbstbild signalisiert ihnen: »Ich allein schaffe es nicht.« Derartige Muster entwickeln sich häufig bei Menschen mit autoritären Eltern, die ihr Selbstvertrauen untergraben haben. Im Erwachsenenalter kann sich ein Anklammerungsverhalten entwickeln und die Betreffenden erfahren selten Respekt von ihrer Umgebung. Während sie versuchen, es allen recht zu machen, und sich die ganze Zeit dem Willen anderer unterwerfen, bildet sich oft ein innerer Zorn. Manche Betroffenen verlieren völlig den Kontakt zum eigenen Willen.

Gunilla war mit einem starken Vater und einer ängstlichen Mutter, die all ihre Energie der einzigen Tochter widmete, aufgewachsen. Sie überwachte den leisesten Schritt der Tochter und bestand darauf, alle Hausaufgaben mit ihr durchzugehen. Bevor sie nicht alles auswendig konnte, durfte Gunilla nicht hinausgehen und draußen spielen. Selbst als sie bereits erwachsen war und eine eigene Familie hatte, dirigierten Vater und Mutter weiter das Leben ihrer Tochter. Nachdem der Vater gestorben war, kam Gunilla zu mir, weil sie sich im Beruf nicht wohlfühlte und weil sie deprimiert war. Der Beruf bot keinen Raum für Gunillas Fähigkeiten. Wir mussten ihren Glauben an sich selbst wiederaufrichten und das negative Selbstbild – das ihr vormachte, zu nichts zu taugen – ausräumen, bevor Gunilla wagte, sich etwas Neues zu suchen. Eigentlich war Gunilla ein sehr fähiger Mensch. Als sie später auf eigene Initiative hin eine anspruchsvolle Arbeitsstelle suchte und erhielt, wurde sie zunächst unruhig, konnte dann aber die neue Herausforderung annehmen, nachdem sie neue innere Sicherheit gefunden hatte. Als sie wagte, das eigene Leben in die Hand zu nehmen und sich auf sich zu verlassen, war sie sehr glücklich und auch die Beziehung zum Partner verbessert sich beträchtlich.

Das zugrunde liegende negative Selbstbild bestand natürlich darin, »nichts wert« und »defekt« zu sein. Solange dieses Bild vorherrschte, behinderte es eine tatsächliche Selbstverwirklichung.

Den Teufel an die Wand malen

Wer ständig befürchtet, dass er/sie selbst oder Angehörige von einem Unglück heimgesucht werden könnten, hat bestimmt früh gelernt, dass die Welt kein sicherer Ort ist. Vielleicht ist ein Elternteil gestorben oder war ernsthaft erkrankt. Eventuell wurde dieses Muster auch von einem Elternteil übernommen, der sich über jede Kleinigkeit Sorgen machte. Übersteigerte Sorgen verdüstern das Leben beträchtlich, und eine pessimistische Haltung führt dazu, dass viele Lebenschancen verpasst werden.

Görans Mutter hatte ein negatives Selbstbild und lebte in ständiger starker Sorge und Angst vor möglichen Unglücksfällen. Ihre Schwester war als Jugendliche gestorben und die Mutter gab ihre Angst an den einzigen Sohn weiter. Vom Vater erfuhr Göran wenig Unterstützung, da dieser hart arbeitete und oft erst spätabends heimkam. Göran fühlte sich vom Vater nicht wahrgenommen und wurde in dem Bemühen um Bestätigung selbst zu einem Arbeitssüchtigen. Egal, wie gut seine Leistungen ausfielen, war er aufgrund des negativen inneren Selbstbildes nie zufrieden. Außerdem gab es eine pessimistische Grundtönung, die ihn den Teufel an die Wand malen ließ: Gewiss würde das Flugzeug abstürzen, wenn er verreiste, oder zumindest das Gepäck abhandenkommen. Er verwandte unangemessen viel Lebenszeit auf Organisation und Kontrolle seines Alltags, um sich gegen Katastrophen zu wappnen. Auf allen Fronten strebte er Perfektion an.

Das dahinterliegende negative Selbstbild entspringt hier dem Gefühl, nicht zu genügen, weil es Göran nicht gelungen war, die Mutter zu beruhigen. Außerdem fühlte er sich vom Vater zurückgewiesen.

Wenn man perfekt sein muss

Oft liegen überzogene innere Forderungen hinter der Überzeugung, nicht zu genügen. Als Ursprung findet sich fast immer ein kritischer Elternteil, dessen Aussagen als innere kritische, niemals zufriedene Stimme aufgenommen wurden. Obwohl sämtliche Energie eingesetzt wird, um den absurden Forderungen gerecht zu werden, erlebt sich der betroffene Mensch regelmäßig als gescheitert.

Birgittas Mutter kämpfte mit Depressionen und hatte daher oft nicht viel Energie für die Kinder übrig. Wenn er frei hatte, verbrachte der Vater mehr Zeit mit Birgitta und ihrem Bruder als die Mutter. Die Schwierigkeit lag darin, dass er überhaupt kein

Verständnis dafür hatte, dass Kinder in Ruhe lernen müssen und Anerkennung benötigen. Als sie nicht älter als vier oder fünf Jahre alt waren, verlangte er bereits von ihnen, wie Erwachsene zu funktionieren. Eigentlich war keine Leistung gut genug, um ihm ein Lob zu entlocken. Außerdem bevorzugte er den knapp älteren Bruder. Als Birgitta im Alter von 35 Jahren zu mir kam, war sie von ihrer Arbeitssituation gestresst und befürchtete ständig, nicht zu genügen. Zu ihrem festgezimmerten negativen Selbstbild gehörte die Ansicht, nicht gut genug zu sein, um geliebt zu werden, und zusätzlich hatte sie die unmäßigen Ansprüche ihres Vaters verinnerlicht.

Sie können den Therapieprozess bei der Bearbeitung hoher Selbstansprüche in Kapitel 10 verfolgen. Dort schildere ich, wie sich Jan aus einer Erschöpfungsdepression befreite, in die er aufgrund eines negativen Selbstbildes geraten war. Letzteres beinhaltete, dass er zu nichts tauge, wenn er nicht perfekt war.

Das Gefühl, mangelhaft zu sein

Wenn jemand glaubt, nichts wert zu sein, kann dies in diversen sozialen Situationen zu einem Hindernis werden. Oft existiert ein zugrunde liegendes Gefühl, nicht in Ordnung zu sein, zu nichts zu taugen oder nicht zu genügen. Dieses Gefühl hat seinen Ursprung häufig darin, wie sich das Kind im Verhältnis zu Geschwistern oder Gleichaltrigen erlebt hat. Lina hatte einen sehr unsensiblen Bruder, der ihr die Chance auf ein gutes Selbstbild genommen hatte:

Lina wuchs mit einem älteren Bruder auf. Wenn die Eltern abends ausgehen wollten, bezahlten sie den Bruder dafür, Babysitter zu spielen. Er verschwand jedoch und überließ die kleine Schwester sich selbst. Wenn Lina allein war, hatte sie schreckliche Angst, wagte jedoch nicht, den Bruder zu verpetzen, denn dann würden die Eltern dem Bruder ja kein Geld mehr bezahlen und er würde ihr die Hölle auf Erden bereiten. Sie war ihrem Bruder im Weg, und der war ständig reizbar und herablassend. In Lina entstand das Bild, dass »keiner es angenehm findet, mit mir zusammen zu sein«. Ihr negatives Selbstbild führte später im Leben dazu, dass sie viel zu lange mit einem Mann, der sie misshandelte, zusammenblieb.

Die negative Vergleichsbrille

Es gibt Menschen, die sich immerzu mit Leuten aus ihrer Umgebung vergleichen mit stets demselben Ergebnis, dass sie selbst nichts wert, nicht gut genug sind. Mir ist aufgefallen, dass dieses Muster besonders häufig bei denen vorkommt, die ältere Geschwister haben. Während des Heranwachsens haben sie sich ständig mit den größeren Geschwistern verglichen, die im Unterschied zu ihnen natürlich manche Dinge schon konnten. Das kindliche Vorstellungsvermögen erfasste dabei nicht, dass sie selbst ebenfalls dazu in der Lage wären, wenn sie nur erst dasselbe Alter erreicht hätten.

Marie war jüngstes von drei Mädchen. Sie war eigentlich in ihrer Familie eine geliebte kleine Person, verglich sich jedoch frühzeitig mit den älteren Schwestern mit dem Resultat, nicht so tüchtig wie diese zu sein. Sie baute die Vorstellung auf, nicht gut genug zu sein, was ihr Leben gehörig verpestete. Ihr Selbstwertgefühl erhielt einen zusätzlichen Knacks, als sie in der Mittelstufe gemobbt wurde. Sie glaubte nicht daran, dass sie eine längere Beziehung mit einem Jungen haben würde.
Es war eine ziemlich intensive Bearbeitung anhand innerer Szenen notwendig, um Marie zu vermitteln, dass man sie während des Heranwachsens gemocht hatte und sie wirklich liebenswer-

te Eigenschaften besaß. Als sie als Erwachsene eine längere Beziehung hatte, geriet sie in regelmäßigen Abständen in einen Zustand grauer Trübseligkeit – sie glaubte, nicht genug Liebesbeweise vom Partner zu erhalten, und machte ihm dann eine Szene. Die von dem negativen Selbstbild herrührende Angst brach durch.

Die narzisstische Variante

Ein Mensch mit dem Grundgefühl, nicht wertvoll zu sein – infolge des Heranwachsens mit Eltern, welche die kindlichen Bedürfnisse nicht wahrgenommen haben –, kann dieses Problem verdrängen und nach außen hin als selbstsichere Person erscheinen, speziell wenn die Eltern große Pläne für ihren Sprössling hatten. So jemand hat ein sehr großes Bedürfnis, im Scheinwerferlicht zu stehen und von Menschen seiner Umgebung gesehen zu werden. Sie bzw. er ist derartig beschäftigt mit der eigenen Bedeutung, dass er bzw. sie andere und deren Bedürfnisse nicht sieht, sondern sie vielmehr für eigene Zwecke ausnutzt. Die äußere Selbstsicherheit ist eine zerbrechliche Hülle, die reißen kann, falls die herausragende Position nicht erreicht wird, für die der Betreffende sich prädestiniert fühlt. Auf die Dauer führt diese Problematik zu tiefer Einsamkeit.

Verschiedene Ausgestaltungen innerer Verletzbarkeit

Dies sind nur einige Beispiele dafür, wie Selbstfallen sich äußern können. Es erscheint mir wichtig, festzuhalten, dass eine Reihe Menschen mit einem problematischen inneren Selbstbild selbstsicher und snobistisch auftreten kann. Selbst bei nach außen hin demonstrierter Selbstsicherheit kann unterschwellig sehr wohl ein verleugnetes »verletztes inneres Kind« vorhanden sein. Das Problem besteht darin, dass verleugnete Gefühle nicht einfach verschwinden. Stattdessen verschließt eine äußere Maske die Gefühle und damit steht kein Raum zur Verfügung, zu reifen oder sich zu verändern.

Manche Leute versuchen, das Problem mit dem negativen inneren Selbstbild dadurch zu umgehen, dass sie übermäßig viel Alkohol trinken, wobei sie wiederum schnell von dem Gefühl innerer Wertlosigkeit eingeholt werden.

Auslösende Muster

Ein erster Schritt bei dem Unternehmen, den Zugriff von Selbstfallen auf das eigene Leben zu mindern, ist es, sich der typischen Auslöser für die inneren Minen bewusst zu werden. Diese liegen ja die ganze Zeit unter der Oberfläche und explodieren, wenn jemand auf sie tritt. Wegen der inneren Empfindlichkeit infolge eines verletzten oder negativen Selbstbildes leben viele Menschen mit gefühlsgesteuerten Knöpfen, auf die das normale Leben oftmals drückt. Das äußere Ereignis, das eine Selbstfalle auslöst, kann klein oder banal erscheinen. Es kann sich z. B. um einen bissigen Kommentar handeln oder darum, dass jemand zu spät zu einer Verabredung erscheint. Das sichtbare Ereignis senkt sich wie ein Angelhaken bis in die Schicht des Gefühlsgedächtnisses hinab und fördert die Gefühlsreaktionen des verletzten inneren Kindes zutage.

Karin war in Alltagssituationen dann traurig und aufgewühlt, wenn sie sich abgewiesen oder nicht wertgeschätzt fühlte. Ihre zugrunde liegende Vorstellung, nichts wert und nicht liebenswert zu sein, kam daher, dass die Mutter sich ihr nicht hatte zuwenden können, der kleinen Schwester jedoch viel Aufmerksamkeit gewidmet hatte. Ihr ganzes Leben über hatte Karin sich abgemüht, um Anerkennung von anderen zu bekommen, und im Beruf war ihr das auch gelungen. Im Privatleben geriet sie in eine Krise, als sie sich durch ihre Schwiegertochter in Zusammenhang mit der Geburt eines Enkelkindes zurückgewiesen fühlte. (In Kapitel 8 wird beschrieben, wie sich Karin aus ihren Selbstfallen befreite.)

Die Auslöser für eine Selbstfalle stehen stets in symbolischer Verbindung mit der ursprünglichen gefühlsmäßigen Verletzung. Ist das Muster erst einmal aktiviert, läuft die anschließende Reaktion auf vorprogrammierte und nahezu automatische Art und Weise ab, vergleichbar einem psychischen Nebel, in dem innere Triebkräfte die Steuerung vollständig übernehmen. In gewisser Weise stimmt das, da ja die Gefühle des inneren Kindes nun die Handlungen bestimmen.

Üblicherweise verwende ich das Bild einer Fallgrube, um die Reaktionen in Zusammenhang mit einer Selbstfalle zu illustrieren: Zunächst funktioniert man im Leben wie gewohnt. Dann aber stößt man auf etwas, das einen wie mit einem Aufzug hinunter zu den Gefühlen des kleinen Kindes befördert. Man reagiert dann gemäß den dort vorprogrammierten kindlichen Gefühlsmustern und ist blind für die Realität. Wenn man in eine Fallgrube stürzt, kann man die Situation oberhalb der Grube nicht mehr sehen und tappt folglich im Dunkeln.

So schnell wie möglich hochzuklettern und mit den Augen über die Kante zu sehen ist dann die einzige Möglichkeit, um die Erwachsenenperspektive zurückzugewinnen.

Indem man herausfindet, welche Situationen das ritualisierte Muster auslösen, lässt sich das Problem zum Teil eingrenzen. An diesen Stellen besteht nämlich die Chance, die Gefühlsspirale zu unterbrechen. Um die Situation grundsätzlich zu verändern, muss man zum Ursprungsproblem zurückgehen und das negative Selbstbild loswerden.

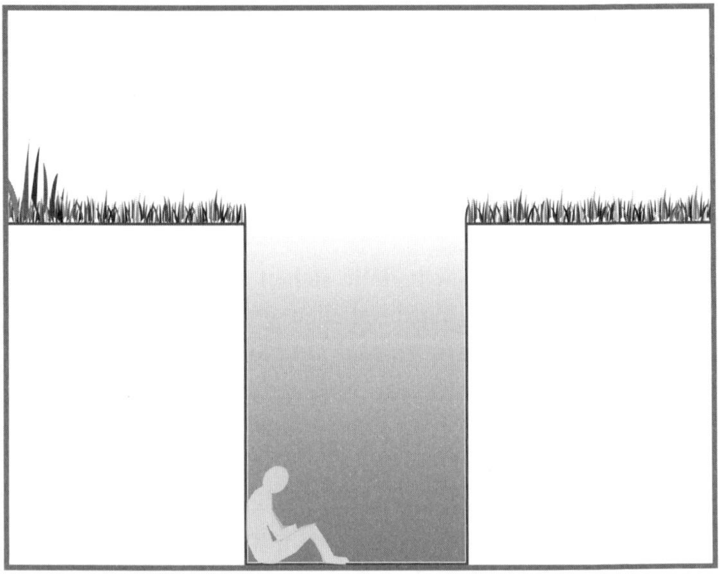

Selbstfallen in Paarbeziehungen

Nicht zuletzt in Paarbeziehungen führen Selbstfallen zu Problemen. Der amerikanische Therapeut Hugh Missildine beschrieb bereits in den 1960er-Jahren, dass es in einer Ehe stets vier Kontrahenten gibt, die beiden Erwachsenen und das jeweilige innere Kind dazu.[25] In einer Liebesbeziehung werden unsere inneren Kinder besonders stark aktiviert, da wir uns erhoffen und erwarten, endlich wahrgenommen und so geliebt zu werden, wie wir es uns bei unseren Eltern gewünscht hätten.

Es kommt daher häufig vor, dass die Ehepartner nach einiger Zeit einander beschuldigen, in der einen oder anderen Hinsicht kindlich zu sein. Das ist völlig korrekt, denn wenn das innere Kind aktiviert wird, benehmen wir uns nicht gerade wie Erwachsene. Es kann sehr problematisch werden, wenn sich beide gleichzeitig wie das gekränkte kleine Kind fühlen.

Man sagt oft, dass die Kontrahenten in einer Beziehung die Schatten der elterlichen Muster mit sich tragen und dass diese Schatten die eheliche Szene verdunkeln. Selbstverständlich hat jeder der beiden Beteiligten seine eigenen Erwartungen und Vorstellungen aus seiner Herkunft im Gepäck, was häufig »kulturelle« Zusammenstöße bedingt.

06

Seine innere Welt besuchen

Die Seele denkt niemals ohne Bilder.
Aristoteles

Wir alle haben eine wenig bekannte innere Sprache. Die meisten Menschen sind erstaunt, wenn ich das behaupte. Ohne daran zu denken, verfügen wir jedoch alle über eine Dimension unserer gedanklichen Welt, die von inneren Bildern beherrscht wird. Wir brauchen nur an unsere Träume zu denken, um zu begreifen, dass Bilder einen wesentlichen Teil unserer inneren Sprache ausmachen. Obwohl eine innere Bilderwelt ständig mitläuft, benutzen wir diese selten in unserer Alltagskommunikation.

Eine innere Bilderwelt

Der Psychoanalytiker Thomas H. Ogden[26] weist darauf hin, dass diejenige Art innerer Kommunikation, die wir Träume nennen, als Prozess nicht auf den Schlaf begrenzt ist – ebenso wenig, wie die Existenz von Sternen nicht auf die Nacht begrenzt ist. Diese innere Bilddimension ist ständig vorhanden. Der Hirnforscher Antonio Damasio stellte schon vor längerer Zeit fest, dass die innere Sprache des Gehirns aus *Bildern* bestehe.[27] In dem Buch *Descartes' Irrtum* liefert er uns eine Erklärung für dieses

Phänomen: »In den Hirnnervenzellen werden Repräsentanzen bzw. innere Vorstellungen erzeugt, die als mentale Bilder abrufbar sind, welche anschließend in einem Prozess, der Denken genannt wird, weiterbearbeitet werden.« Die Entstehung dieser inneren Bilder geschieht ständig, ohne dass unser Bewusstsein das speziell registriert. Beim Träumen treten Menschen in Kontakt zu dieser Bilddimension. Es ist jedoch weiter ein Rätsel, wie diese inneren Bilder überhaupt aus Nervenimpulsen bzw. aus der völlig anderen Kommunikationsweise von Nervenzellen entstehen.

Außer Träumen gibt es noch andere Wege, um Zugang zu inneren Bildern zu erhalten. Man kann z. B. Hypnose oder Imaginationen einsetzen. Der Begründer der Katathym-Imaginativen Psychotherapie, Hanscarl Leuner, war als junger Mann Funkamateur, und deshalb lag für ihn die Ähnlichkeit mit Funkwellen nah. Funkwellen sind ständig da, um aber Signale auffangen zu können, müssen wir einen Empfänger auf die richtige Frequenz einstellen. Genauso verhält es sich mit der inneren Bilderwelt.[28] Um diese inneren Bilder überhaupt empfangen zu können, muss man lernen, die »richtige Frequenz« zu finden. Das lernt man bei der Ausbildung in Therapieverfahren, die bei inneren Bildern ansetzen. Leuner benutzte die bewusstseinsverändernde Wirkung von Entspannung, und er gab dem Klienten ein Thema als Ausgangspunkt für die innere Bilderarbeit. Dabei passierte etwas Seltsames: Der Klient konnte vor seinem inneren Auge dynamische Szenen sehen, und diese vermittelten zusätzliche wichtige Information über seinen inneren Zustand.

Das Arbeiten mit inneren Bildern kann natürlich auch mit der Welt des Theaters verknüpft werden – was wir vor unserem inneren Auge sehen, läuft auf einer Art innerer Leinwand ab. Wenn ein Dramaturg ein Theaterstück schreibt, setzt er oft eine eigene oder eine allgemein menschliche innere Problematik in Szene. In seiner Nobelpreisrede beschrieb Harold Pinter 2005, wie die Personen eines Dramas, mit denen er arbeitete, sich aus den Schatten lösten und vor seiner inneren Sicht Gestalt annahmen: »Die meisten Stücke entstehen aus einem Bild, einigen Worten oder sonst etwas. Ein Wort zieht immer sofort ein Bild nach sich.« Durch die Ausgestaltung wird die innere Problematik handhabbar. Hier zeigt sich eine direkte Verbindung zur therapeutischen Funktion innerer Bilder.

Bei uns allen spielt sich ständig ein inneres Schauspiel ab, ohne dass uns dieser Vorgang bewusst ist. Beim Prozess des Imaginierens in der KIP-Therapie bekommt das Drama eine sichtbare Gestalt. Es handelt sich um ein mehrdimensionales Drama mit Umgebung, Düften, Emotionen und handelnden Personen. Außerdem kommt es zu einem natürlichen, aber therapeutisch unverzichtbaren Kontakt mit Gefühlen. Eine zuvor nicht sprachliche Botschaft erhält so einen prägnanten Ausdruck und kann danach auch eine sprachliche Gestalt bekommen. Weiterhin gibt es die Möglichkeit, in die Szene zu gehen, das Stück zu ändern und hier und da einen Abschnitt umzuschreiben. Hierdurch ergeben sich große therapeutische Möglichkeiten.

Weil es sich um eine kraftvolle therapeutische Methode handelt, die heftige Gefühle hervorrufen kann, ist es besonders wichtig, dass der Therapeut große Erfahrung mit der inneren Bilderwelt hat und in möglicherweise ablaufende dramatische Prozesse eingreifen kann.

So läuft eine Imagination in der KIP-Therapie ab

Das katathyme Bilderleben bedient sich einer Visualisierungstechnik, die auf psychodynamischen Grundlagen aufbaut. Ich beschränke mich an dieser Stelle auf eine kurze Einführung.

Um leichter in Kontakt mit der inneren Bilderwelt zu treten, wird die Imagination mit einer Entspannungsphase eingeleitet. Dann schlägt der Therapeut vor, dass sich der Klient vor seinem inneren Auge ein alltägliches Motiv oder eine Situation aus dem eigenen Leben vorstellt, die man für geeignet hält, um wichtige Aspekte des betreffenden Menschen zu vermitteln.

Als erstes Motiv lässt man den Klienten vor seinem inneren Auge eine *Blume* sehen. Einerseits handelt es sich dabei um ein diagnostisches Bild, andererseits erhält der Klient die Möglichkeit, mit seiner inneren Bilderwelt Bekanntschaft zu schließen. Viele glauben zunächst, dass es ihnen schwerfallen werde, eine Blume zu sehen. Sie sind nicht wenig erstaunt, wenn dann in der inneren Szene rasch eine Blume auftaucht. Diese Erfahrung bestärkt sie in ihrem Zutrauen zur eigenen Fähigkeit, die Methode nutzen zu können.

Die Übung wird beendet, indem man den Betreffenden bittet, bis zur nächsten Sitzung ein Bild zu malen. Das gezeichnete Bild vermittelt dem Therapeuten andere und ergänzende Informationen als der bloße Bericht des Klienten über seine innere Bilderwelt. Außerdem gibt die Aufgabe des Zeichnens dem Klienten die Möglichkeit, die Situation in seinem Inneren einer weiteren Bearbeitung zu unterziehen. Beim nächsten Mal bespricht man, ausgehend von dem gemalten Bild, die innere Szene gemeinsam. Oft entdeckt man dabei neue Dimensionen, die beim ersten Durchgang noch nicht bewusst waren.

Warum eine Blume, werden Sie vielleicht fragen? Sehen denn nicht alle Leute dieselbe Blume? Nein, das Seltsame ist, dass beinahe alle Blumenbilder höchst individuell sind. Sie spiegeln häufig den spezifischen Menschen und seine momentane Situation. Das Blumenbild liefert dem Therapeuten wichtige Information über die innere Situation des Klienten und das Nachgespräch über die Blume führt beim Klienten, häufig zu einem Aha-Erlebnis bezogen auf die eigene Situation. Hierdurch wird die Blume ein produktiver Ausgangspunkt bei der Suche nach neuen Selbsteinsichten.

Die späteren Fallbeschreibungen sollen die vielfachen Möglichkeiten darstellen, mittels der Blume ein Augenblicksbild der jeweiligen inneren Situation zu erhalten. Einige Beispiele sollen jedoch bereits hier die Kraft des Blumenbildes illustrieren.

Die Blume spiegelt das Selbstbild

Ein Leberblümchen, das in einem Wäldchen scheu aus dem Laub hervorlugt, hat eine andere Ausstrahlung als eine Sonnenblume oder eine Pfingstrose, welche die Sonne bejahen, was symbolisch als eine offenere Lebenseinstellung verstanden werden kann. Manchmal passiert es, dass das Unbewusste sich bereits beim Blumennamen bemerkbar macht, um so direkt eine Botschaft mitzuteilen. So klang bei einer Frau, die ein Vergissmeinnicht sah (Kapitel 12), bereits in dem Blumennamen die flehentliche Bitte an, selbst nicht vergessen zu werden.

Wenn einer Blume die Wurzeln fehlen, kann das ein Hinweis für einen Bruch in der psychologischen Selbstentwicklung des betreffenden Menschen sein. Bei einer abgeschnittenen Gerbera, deren Stängel mittels eines Stahldrahtes gestützt wird, kann ein akutes Bedürfnis nach Unterstützung vermutet werden, wie es z. B. bei Karin der Fall war, der Sie in Kapitel 8 begegnen werden.

Man vergewissert sich auch, ob es grüne Blätter gibt, die Nahrungsstoffe speichern können. Allzu viele Menschen befinden sich in einer Lage, in der sie nicht die notwendige emotionale Nahrung bekommen. Als Folge kränkelt dann die ganze Pflanze. Positive psychische Nahrung besteht oft in empathischer Zuwendung durch wichtige Menschen aus dem näheren Umfeld. Sich selbst auf angemessene Weise auszuruhen oder stimulierende und bereichernde Freizeitaktivitäten auszuüben kann jedoch dieselbe nährende Funktion erfüllen.

Gegen verborgene innere Programme angehen

Das nächste Thema, das ein Therapeut für die Imagination vorschlägt, ist häufig eine *Wiese*. Dieses Motiv präsentiert sich gewöhnlich als ein sicherer Ort, an den der Klient zurückkehren kann, wenn sie/er auf Probleme stößt. Häufig spiegelt die Wiese auch auf interessante Weise den inneren Zustand wider. Wenn sich z. B. ein bloßer Schotterplatz ohne irgendwelches Grün einstellt, kann man sich fragen, wie viele Möglichkeiten zum Ausruhen und Auftanken es im Leben des Betreffenden gibt. Bei einer Umzäunung mit Stacheldraht liegt es nahe, über begrenzende Faktoren im Inneren des betreffenden Menschen nachzudenken. Falls es sich um ein Sumpfgebiet ohne jede Möglichkeit, sich hinzusetzen und zu verweilen handelt, weist das auf eine anstrengende innere Lage hin.

Bereits beim Wiesenthema führe ich mittlerweile oft die Begegnung mit einem anderen Menschen ein. Während der Klient sich innerlich auf der Wiese befindet, schlage ich vor, einen Weg vorzustellen, auf dem sich eine Person nähert. Um wen handelt es sich dabei? Wenn sich spontan kein Dialog ergibt, schlage ich vor, ein Gespräch zu beginnen, um mehr darüber zu erfahren, welche Art Botschaft die andere Person mitbringt. Hier lassen sich nicht selten wichtige Gespräche führen – auch mit Menschen, die nicht mehr leben, aber auf der inneren Szene erscheinen.

Die Variante der Katathym-Imaginativen Therapie, die ich in diesem Buch vorstelle, unterscheidet sich in einigen Teilen von der klassischen Methode. Statt einer Betonung von Motiven aus dem Naturbereich, deren Symbolgehalt dann entschlüsselt wird[29], lege ich nach den einleitenden Motiven das Schwergewicht bald auf Themen, die sich aus der spezifischen Lebensgeschichte und Problematik des jeweiligen Patienten ergeben. So wird es möglich, frühere Lebensverhältnisse genauer zu untersuchen, die für die kindliche Selbstbild- und Selbstwertentwicklung prägend waren. Ich kann z. B. vorschlagen, dass sich der Klient in ein bestimmtes Lebensalter zurückversetzt, das ich aufgrund der vorausgehenden Gespräche als problematisch ansehe. Die betreffende Person geht dann in der inneren Szene in die Atmosphäre der damaligen Zeit zurück und verspürt wieder die dazugehörigen Düfte, Schattierungen und andere Einzelheiten des damaligen Ortes. Bei einem anderen Vorgehen wird der Klient gebeten, sich in eine schmerzhafte Situation zurückzuversetzen, die sie/er in der Beziehung zu Mutter, Vater oder den Geschwistern erlebt hat. Das Alter des Kindes bestimmt sich aus dem jeweiligen Ereignis.

Sich zurückversetzen

Jedes Mal, wenn sich ein Klient innerlich in die Kindheit zurückversetzt, erlebt er/sie auf intensive Weise Szenen aus der Vergangenheit, die oft stark gefühlsmäßig aufgeladen sind. Wenn das Kind auf der inneren Szene erscheint, versucht der Therapeut durch Fragen ein möglichst detailliertes Bild der kindlichen Situation zu erhalten. Er ist dabei bemüht, den Klienten so viele Einzelheiten wie möglich sehen und erleben zu lassen. In Kapitel 14 erinnert sich z. B. Lars genau daran, wie der Küchenfußboden aussah, als er ca. 4–5 Jahre alt war. Indem man sich in den inneren Szenen buchstäblich in das ursprüngliche Milieu zurückversetzt fühlt, entsteht eine einzigartige Möglichkeit, Auswirkungen der damaligen Situation zu verändern.

Nicht selten trifft man auf ein verletztes Kind, das nicht die Liebe und Aufmerksamkeit erhalten hat, die es so verzweifelt gebraucht hätte. Im Verlauf der Szenen erhält das Kind die Chance, seine wirklichen Gefühle auszudrücken. Der Therapeut versucht dabei, das kleine Kind auf vielfältige Weise zu unterstützen, und hebt besonders hervor, dass nicht der Betreffende das Problem war, sondern dass er/sie als Kind die Situation aus seiner Perspektive fehlgedeutet hat, während es vielleicht ganz andere Erklärungen gab.

Für den Klienten ist es ein beeindruckendes Erlebnis, seinem inneren Kind von Angesicht zu Angesicht gegenüberzustehen und sich als Erwachsener in das Haus seiner Kindheit zurückzuversetzen. Die einzigartige Erfahrung, sich einerseits in der inneren Kindheitsszene zu befinden und sie gleichzeitig aus Sicht des Erwachsenen zu beobachten, eröffnet neue Perspektiven. Das (erlebende) kindliche Ich und das beobachtende (erwachsene) Ich sind nebeneinander vorhanden. Zusätzlich ist noch der Therapeut als Begleiter und Unterstützung anwesend. Die Fertigkeiten und Kenntnisse des Therapeuten bei der Unterstützung des inneren Kindes sind entscheidend für die Entwicklung des gesamten Prozesses.

Die Geschichte neu schreiben

Wichtig beim Erkunden schmerzhafter Situationen ist, dass diese so umgeschrieben werden können, dass das kleine Kind sich nicht länger wertlos oder liebensunwert fühlt. Der Therapeut unterstützt das Kind, indem er aufzeigt, dass es Schuld für Probleme übernommen hat, die eigentlich die Eltern/die Umgebung hatten. Als Therapeut wird man hier durch empathisches Verhalten dem inneren Kind gegenüber zum Rollenmodell.

Wenn ein kleines Kind in der inneren Szene in eine bedrängte Lage gerät, schlage ich häufig vor, dass das erwachsene Ich des Klienten in die Szene mit hineingeht, dort eingreift und stützt. Auf diese Weise einen Helfer in das Drama einzuführen ist oft eine sehr wirksame therapeutische Maßnahme. Sobald das innere Kind derart Zugang zu einem verständnisvollen Erwachsenen bekommt, kann sich die gesamte Situation verändern. Das kleine Kind ist nicht mehr verlassen und einsam.

Den Klienten als Erwachsenen zur Unterstützung des kleinen Kindes heranzuziehen klappt jedoch dann nicht, wenn der Erwachsene sich des inneren Kindes schämt und weiterhin das (erlebte) negative Bild seiner Eltern teilt. Anna, der Sie in Kapitel 4 begegneten, distanzierte sich von ihrem inneren Kind und fand es unangenehm und nicht liebenswert. Sie konnte daher ihrem inneren Kind kein Helfer sein. In Annas Fall gab es jedoch eine Großmutter, deren Liebe zum Kind eine sichere Erfahrung darstellte. Falls ein solcher Mensch fehlt, kann man eventuell fragen, ob man als Therapeut dazukommen und das kleine Kind unterstützen darf. Das langfristige Ziel besteht darin, eine empathische Verbindung zwischen dem Klienten und ihrem/seinem inneren Kind herzustellen.

Wenn jemand daran arbeitet, sich von den Lasten zu befreien, die zu einem negativen Selbstbild geführt haben, ist es häufig angezeigt, die (verinnerlichten) Elternbilder für ihren Einfühlungsmangel in die kindlichen Bedürfnisse zur Rechenschaft zu ziehen. Falls der Betreffende einen strengen inneren Richter verinnerlicht hat, lasse ich hierzu eine Szene ausgestalten, in der das Kind mit Unterstützung eines Erwachsenen die Chance erhält, eine andere Bewertung sich selbst gegenüber zu formulieren und Respekt für seine natürlichen Bedürfnisse einzufordern.

Da das negative Selbstbild lange Zeit im Inneren des Betreffenden existiert hat, ist häufig eine Menge Energie nötig, um sich wieder davon zu befreien. Gewöhnlich setzte ich als Szene eine Gerichtsverhandlung ein, wie sie Joseph Shorr benutzt[30]. Damit bezwecke ich eine Befreiung von gefühlsmäßigen Blockierungen, die einen Klienten sein ganzes Leben hindurch begleitet haben. Wie bereits herausgestellt wurde, geht es dabei um eine Arbeit im Inneren und nicht darum, die richtigen Eltern (die inzwischen älter sind) in der Realität zu konfrontieren.

Verspätet geführte Auseinandersetzungen mit den Eltern um Dinge, die damals passiert sind, liefern nur selten gute Ergebnisse, sondern erzeugen eher Verwirrung und Schuldgefühle. Was nicht heißt, Stillschweigen zu bewahren. Bei passender Gelegenheit und wenn es sinnvoll erscheint, kann man durchaus in Ruhe darlegen, wie man damals als Kind die Situation erlebt hat. So etwas lässt sich durchführen, wenn man sich mit dem Vergangenen ausgesöhnt hat und sich hierzu als Erwachsener frei fühlt.

Innere Unterstützung

Die Begegnung mit einem verständnisvollen Helfer in den inneren Szenen wird zu einem wichtigen Schritt beim Aufbau einer tröstenden Instanz in der eigenen Persönlichkeit. Wer über eine solche Trostfunktion verfügt, wird auf alltägliche Herausforderungen weniger heftig reagieren müssen. Man kann besser mit Gefühlen von Unzulänglichkeit, Machtlosigkeit oder Kleinheit, denen wir alle im Leben von Zeit zu Zeit begegnen, umgehen. Auch die Hypnosetherapeutin Nancy Napier[31] betont die Wichtigkeit einer tröstenden Instanz für das zukünftige Wohlbefinden des Klienten.

Gemeinsam mit dem Therapeuten kann der Klient ein Handbuch für die Bewältigung von Situationen erarbeiten, die zuvor starke Reaktionen ausgelöst haben. Dabei geht es u. a. darum, Reaktionsweisen gegenüber Menschen zu finden, die eine verletzbare Seite in einem provozieren, um nicht erneut in alte Fallgruben gestoßen zu werden.

Ein individueller Prozess

Selbstverständlich geht es in einer Therapie niemals bloß um *eine* kritische Szene im Leben eines Menschen, sondern es wird mit einer Reihe verschiedener Szenen gearbeitet. Mit welchen verschiedenen Themen man im Laufe einer Therapie arbeitet, hängt ganz vom einzelnen Patienten und der Entwicklung des Prozesses ab. Eine große Bedeutung hat hierbei das aus dem Unbewussten stammende Material, das in inneren Szenen bearbeitet werden muss. Es ist interessant, zu beobachten, wie der Therapeut mit dem Unbewussten des Klienten zusammenarbeiten kann.

Die großen individuellen Unterschiede bei der Ausgestaltung eines solchen therapeutischen Prozesses werden bei den Fallbeschreibungen deutlicher hervortreten. Sie werden Karin begegnen, die mich wegen einer Krise nach Geburt ihres Enkels aufsuchte, von Jan hören, der aufgrund einer Erschöpfungsdepression kam, dann Lena kennenlernen, die unter einer äußerlich gut polierten Oberfläche eine tiefe Schuldproblematik verbarg, und schließlich von Lars hören, der gelernt hatte, Gefühle von sich fernzuhalten.

Selbsteinsicht

Während ein Klient daran arbeitet, sich von seinem negativen Selbstbild zu befreien, bekommt sie/er eine beachtliche Selbsteinsicht und die Chance, zu begreifen, wie innere Vorgänge ständig unsere alltäglichen Verhaltensweisen beeinflussen. Dass man dabei auch Zugang zur eigenen Geschichte und deren Einfluss auf das weitere Leben bekommt, ist offensichtlich.

Gleichzeitig erhält man einen Zugangsweg zu einer inneren Dimension (der inneren Bilderwelt), die vorher gänzlich unbewusst war. Bereits beim Probe-Imaginieren mit dem ersten Motiv wundern sich viele Menschen, wie schnell eine innere Szene auftaucht und dass sie überhaupt eine innere Bilderwelt in sich tragen, der sie zuvor nie begegnet sind. Menschen, die sich vorher innerlich leer fühlten, begreifen, dass das Gegenteil stimmt. Sie entdecken im Laufe des Prozesses eine Quelle von

Reichtum in ihrem Inneren, von der sie nichts ahnten – eine kreative innere Welt von ungeahnten Dimensionen.

Im Unterschied zu Nachtträumen sind die inneren Bilder nicht flüchtig. Noch nach Jahren und manchmal ein Leben lang kann man diese erinnern. Auf diese Weise können diese Bilder als wichtige Orientierung dienen und einem helfen, zentrale Aspekte der während einer Therapie erreichten Selbsteinsicht nicht zu vergessen.

Sie sind niemals allein

Ein sonderbarer Nebeneffekt der Arbeit an der Situation des inneren Kindes in diesen Szenen betrifft die Erkenntnis, nicht länger einsam zu sein, selbst wenn man augenscheinlich allein ist. Man steht ja in fortwährender Verbindung zu seinem inneren Kind – und hat damit eine selbstverständliche Beziehung, auch wenn gerade keine Menschen um einen herum sind. Die einzige hiermit vergleichbare Situation ist die Schwangerschaft, wo ständig eine Beziehung zum ungeborenen Kind besteht. Für Menschen, die schwere Trennungen durchgemacht und starke Trennungsangst entwickelt haben, kann die Beziehung zu ihrem inneren Kind auf einer tiefen Ebene heilende Wirkung besitzen.

Mit dem Gehirn in der Gehirnsprache kommunizieren

Am Beginn dieses Kapitels habe ich darauf hingewiesen, dass der herausragende Hirnforscher Antonio Damasio festgestellt hat, dass die innere Sprache des Gehirns aus einer Art innerer Bilder (images) besteht.[32] Wenn man demnach mit dem Gehirn mithilfe von Bildern kommuniziert, öffnet man einen sehr einflussreichen Kanal. Sobald das Hirn solche inneren Vorstellungen, die einen Teil der Imaginationen ausmachen, registriert, begreift es die inneren Bilder als ebenso wirklich wie Sinneseindrücke, die aus der äußeren Welt stammen. Innere Bilder werden so zu einem Werkzeug, die eigene Geschichte sehr konkret umzuschreiben.

Der Psychoanalytiker Thomas H. Ogden stellt in seinem Buch *Conversations at the Frontier of Dreaming*[33] Überlegungen an über die Tatsache, dass wir sowohl in der inneren Bilderwelt als auch im Nachttraum einen Zwischenbereich haben, um mit verschiedenen Vorstellungselementen zu jonglieren. Er begreift dies als einen metaphorischen Raum für das innere Gespräch. Er versteht diese Aktivität als das Kernstück des Menschseins. In einer katathymen Imagination kann dieses innere Jonglieren formuliert werden, Gestalt annehmen und bedeutungsstiftend werden. Hiermit ist auch ein Verwandlungsprozess verbunden.

07

Wie eine Therapie abläuft

Ich schließe meine Augen,
um sehen zu können.
Paul Gauguin

Nachfolgend werde ich Schritt für Schritt darstellen, wie eine Therapie mit dem Fokus auf der Änderung negativer Selbstbilder abläuft. Dieses Grundgerüst kann als Hintergrund beim Lesen der Fallbeschreibungen dienen. Manchmal weiche ich auch von dem beschriebenen Prozess ab, wie z.B. bei Karin (siehe Kapitel 8), die unter akutem psychischem Stress litt, als sie zur Behandlung kam. In diesem Fall muss man mit einer Krisenintervention beginnen.

Ein Therapeut benötig gute psychodynamische Kenntnisse über die innerseelische Welt und breite Erfahrung mit Visualisierungstechniken, um mit diesem Verfahren arbeiten zu können. Das augenscheinlich einfache Modell besitzt eine große Durchschlagskraft, sodass hohe Ansprüche an die Kompetenz des Therapeuten zu stellen sind.

Einführung

Wenn mich jemand wegen eines Selbstwertproblems aufsucht oder ich das für ein zentrales Thema halte, führe ich sofort *den inneren Monolog* ein, weiterhin *den inneren Kritiker* und natürlich die *Selbstfallen*. Es ist wichtig, dass dem Klienten klar wird, wie ihm bzw. ihr Selbstwertprobleme in die Quere kommen. Zu Beginn geht es meist darum, das dem bewussten Denken zugängliche Material zu identifizieren. Ich helfe dem Klienten auf die Spur, indem ich den inneren Monolog beobachten lasse und indem ich versuche, verschiedene Methoden aufzudecken, mit denen der innere Kritiker das Leben verdirbt.

Da Selbstbilder zeitig im Leben aufgebaut werden, versuche ich, so viel Information wie möglich über die Situation während der frühen Kindheitsjahre des Klienten zu erhalten.

Bereits während der ersten Sitzung führe ich in die Arbeit mit inneren Bildern ein und bitte den Klienten, sich probeweise eine Blume bildlich vorzustellen. Dieses Bild mündet häufig in einen interessanten Dialog über das eigene Selbstbild. Der Klient erhält die Aufgabe, die Blume bis zum nächsten Mal zu zeichnen.

Die Arbeit beginnt

Beim nächsten Mal untersuchen wir oft gemeinsam die Aufzeichnungen des Klienten zum inneren kritischen Dialog. Bereits an dieser Stelle lässt sich ein innerer Kritiker identifizieren, falls ein solches Problem besteht. Wir besprechen auch, wie der innere Monolog in positivere Bahnen gelenkt werden kann. Außerdem beginne ich, genauer hinzuschauen, welche Situationen gewöhnlich Selbstfallen-Reaktionen auslösen. Möglicherweise kann der Klient vermeiden, erneut in solche Gruben zu fallen. Wenn das Muster bewusster ist, kann man vielleicht bis zehn zählen und daran denken, dass es sich um eine praktische Sache im Hier und Jetzt handelt, falls der Partner vom ungespülten Geschirr redet – und nicht um den eigenen Wert als Mensch.

Das Arbeiten an einer Änderung der Gedankengänge verläuft also parallel zur inneren Arbeit. Man kann nun das Blumenbild besprechen, und der Klient erhält dann die Möglichkeit, eine weitere innere Szene zu erforschen, oft wird die Wiese oder eine Begegnung als Motiv vorgeschlagen. Ich führe nun Überlegungen zum inneren Kind ein und erläutere, wie negative Selbstbilder entstehen. Häufig bitte ich den Klienten, ein Kindheitsfoto mitzubringen.

Der innere Prozess kommt in Gang

Wenn der Klient mit dem Foto von sich als Kind zur Therapiestunde erscheint, können die meisten Menschen schon jetzt erkennen, dass es sich um einen feinen kleinen Menschen handelt. Aufgrund der Problematik, deretwegen der Betreffende kommt, wird jedoch ersichtlich, dass es unter der Oberfläche ein anderes, negativeres Bild gibt. Dieses Bild gerät nun in den Fokus.

Der Prozess, mittels innerer Bilder die innere Situation darzulegen, kommt jetzt richtig in Gang. Nach einem oder mehreren eher neutralen Themen, in denen sich der Klient an die Technik mit inneren Bildern gewöhnen kann, ist es dann an der Zeit, diejenigen Situationen aufzusuchen, die den Aufbau des negativen Selbstbildes maßgeblich gesteuert haben. Notwendigerweise sind das sehr persönliche Themen.

Der Kontakt mit Situationen aus der Kindheit

Während dieser Phase beginnt die Arbeit mit der Methode, die in der KIP *Altersregression* genannt wird. Der Therapeut bittet den Klienten, sich innerlich in eine Szene aus der Kindheit, die problematisch war, zurückzuversetzen, um auf diese Weise einen Kontakt mit dem innern Kind herzustellen. Ich lasse den Klienten in verschiedenen inneren Szenen in diejenigen Kindheitssituationen zurückgehen, die im Verhältnis zu Mutter, Vater, Geschwistern usw. schwierig waren. In diesen inneren Szenen erlangt man üblicherweise ziemlich rasch Einblick in negative Selbstbildmuster.

Wenn jemand starkem Leistungsdruck durch den Vater ausgesetzt war, kann die Einführung in eine innere Szene so aussehen: »Stellen Sie sich bitte vor Ihrem innere Auge vor, dass Sie zurückgekehrt sind in die Wohnung Ihrer Kindheit und dass Sie und Ihr Vater an etwas arbeiten. Wie alt sind Sie und was geschieht?«

Oft entstehen stark emotionsgeladene Situationen, die verdeutlichen, wie die negativen Selbstbilder entstanden sind. Das Faszinierende an diesen inneren Szenen ist, dass sich Klienten oft buchstäblich in die Atmosphäre ihrer Kindheit zurückversetzt fühlen. Sie sehen oft Einzelheiten der Einrichtung aus der früheren Wohnung, nehmen häufig Gerüche und Stimmungen sehr deutlich wahr. Ich spreche hier von inneren Bildern, obwohl es sich um viel mehr handelt – um ein mehrdimensionales Wiedererleben.

Die Veränderungsarbeit in den inneren Szenen

Der Therapeut kann mit der Veränderungsarbeit direkt in den auftauchenden Kindheitsszenen beginnen. Ein Problem besteht darin, dass das kleine Kind sich häufig mit dem negativen Bild, das es von den Eltern übernommen hat, identifiziert hat, selbst wenn das nicht Absicht der Eltern war. In einer Behandlung versucht man gleich zu Beginn, dem negativen Bild entgegenzuwirken. In der inneren Szene gibt es für den Therapeuten die Möglichkeit, einzugreifen und kritische Momente der Situation zu verändern.

Oft befindet sich das kleine Kind in einer unterlegenen Position, und es ist angebracht, dem kleinen Menschen auf verschiedene Weise zu Hilfe zu kommen. Häufig lasse ich das erwachsene Ich des Klienten in die Szene hineinkommen, um dort das kleine Kind zu unterstützen. Die Unterstützung durch den Erwachsenen kann zum entscheidenden Faktor werden. Diese Intervention führt oft dazu, dass eine empathische Verbindung zwischen dem Erwachsenen und dem inneren Kind entsteht.

Ein wichtiger Schritt besteht darin, sich gefühlsmäßig von der Behandlung, der das Kind ausgesetzt war und die das Problem ausgelöst hat, zu distanzieren. Deshalb müssen die natürlichen kindlichen Bedürfnisse anerkannt werden. Hier kann der Erwachsene in den Imaginationen eine wichtige Rolle als Helfer des kleinen Kindes einnehmen. Der Therapeut fungiert als Regisseur und macht immer wieder Vorschläge, wie der Erwachsene vorgehen kann, um auf günstige Weise zu unterstützen.

Um das Selbstwertgefühl des Kindes wiederherzustellen ,ist es wichtig, dem kleinen Kind zu ermöglichen, die Berechtigung seiner Bedürfnisse zu entdecken. Ein kleines Kind muss häufig in Worte kleiden, was es gebraucht hätte. Hier kann der Erwachsene als Helfer fungieren, damit das kleine Kind wagt, gegenüber den (inneren) Elterngestalten für seine Bedürfnisse einzutreten.

Wie ich bereits herausgestellt habe, muss man oft die (inneren) Eltern zur Rede stellen, um die Verantwortung von dem kleinen Kind (das ein negatives Selbstbild auf sich genommen hat) auf die Eltern zu übertragen. Die unterschiedlichen Gestaltungsmöglichkeiten hierzu erstrecken sich von einer »Gerichtsverhandlung« bis zu Gesprächssituationen am Kaffeetisch. Wesentlich dabei ist, dass das kleine Kind diejenigen Gefühle ausdrücken kann, die so tief und lange vergraben waren. Der Klient benötigt an dieser Stelle häufig Anstöße und Unterstützung seitens des Therapeuten, um sich für die eigenen Belange starkmachen zu können.

Wenn man das kleine Kind rehabilitiert, muss man auch darauf achten, den inneren Kritiker durch einen inneren Mentor, der das Kind fördert, zu unterstützen. Manchmal kann es sich um den erwachsenen Klienten handeln, manchmal um eine Großmutter und gelegentlich muss der Therapeut selbst diese Rolle einnehmen. Um sich selbst Trost spenden zu können, ist die Existenz eines inneren Helfers bedeutsam.

Angesichts der Herausforderungen des Lebens benötigen wir alle einen Zugang zu inneren Trostmöglichkeiten.

Gefühlsmäßige Bearbeitung

Wenn man während der Imagination Verbindung zu dem verletzten inneren Kind aufnimmt, verspürt man oft alte Gefühle von Verlassenheit, Traurigkeit und Schmerz. Nun besteht Gelegenheit, mit der Bearbeitung all dieser verdrängten Gefühle zu beginnen. Diese Arbeit begleitet die gesamte Behandlung, allerdings setze ich den Schwerpunkt auf besonders heftige Emotionen aus einer oder mehreren Szenen. Nicht selten schlage ich dem Klienten dazu vor, eine Tür mit einer Gefühlsaufschrift zu öffnen und herauszufinden, was sich hinter der verschlossenen Tür verbirgt. Es ist frappierend, wie stark sich die jeweils entstehenden Situationen unterscheiden.

Während des therapeutischen Prozesses muss darauf geachtet werden, dass ein Trauerprozess in Gang kommt und dem Klienten ermöglicht wird, alle Mängel und Versäumnisse der eigenen Kindheit zu betrauern. Wenn man sich durch die Zeit der Trauer hindurchgearbeitet hat, ist man wirklich bereit, seine neu gewonnene Stärke anzuwenden.

Integrieren

Die Behandlung widmet sich dem Problem negativer Selbstbilder unter verschiedenen Blickwinkeln bzw. in einer Reihe von Szenen. Oft kommt es zu einer spontanen inneren Integration dieser unterschiedlichen Aspekte. Manchmal lasse ich abschließend eine Szene einstellen, in der sich die verschiedenen inneren Kinder und andere Selbstanteile begegnen. Als Motiv benutze ich gelegentlich ein entspanntes Picknick – manchmal wird daraus eher ein Vorstandstreffen, auf dem entschieden wird, wer welche Aufgaben übernimmt. In Kapitel 12 wird ein solches integrierendes Picknick, das Lena am Ende der Behandlung zu einem positiven Gefühl verhalf, geschildert.

Ein Befreiungsprozess

Es kann eine geraume Zeit dauern, bis man sich aus den eingefleischten Mustern der Selbstfallen befreit hat. Während des Therapieprozesses fällt eine Reihe alter einengender Verhaltensweisen weg – wie Kleider, aus denen man herausgewachsen ist und die man nicht länger brauchen kann. Die Behandlung verknüpft ständig Vergangenheit und Gegenwart, indem verdeutlicht wird, wie alte Muster das aktuelle Verhalten eines Menschen infiltriert und gesteuert haben.

Der wichtigste Schritt während der Behandlung ist die Möglichkeit, sein Selbstbild neu zu bewerten und die Berechtigung der eigenen Bedürfnisse anzuerkennen. Mit einem positiveren Selbstbild kann man den diversen Wechselfällen des Lebens zuversichtlicher begegnen. Die meisten Klienten sprechen davon, dass sie anders in sich selbst ruhen.

Indem eine neue innere Sicherheit entsteht, entwickelt sich automatisch eine stärkere Fähigkeit der Grenzziehung nach außen in den Bereichen, in denen man sich zuvor hat ausbeuten lassen. Oft bin ich erstaunt, wie rasch diese Veränderung ablaufen kann. Manchmal passiert es auch, dass der Betreffende erneut in alte Muster hineingerät. Wer dann seine Muster kennt, kann sich wesentlich leichter aus der Fallgrube befreien.

Es ist ein faszinierender Vorgang, wenn sich während der Therapie ein verletztes inneres Kind von fest verankerten destruktiven inneren Vorstellungen befreien kann. In den folgenden Kapiteln können Sie verfolgen, wie ähnlich und doch unterschiedlich sich die Arbeit mit den inneren Szenen gestaltet hat, um ein negatives Selbstbild hin zu einem positiveren zu verändern.

Auf jedes Therapiebeispiel lasse ich ein Kapitel folgen, das einige der bereits genannten zentralen theoretischen Begriffe aufgreift und weiter erläutert. Durch die Verbindung zwischen Theorie und Praxis lässt sich besser verstehen, wie der gesamte Prozess funktioniert.

08

Sich ungeliebt fühlen – eine Frau in der Krise

Sie konnte gar nicht rasch genug laufen, denn das, vor dem sie davonlief, lag in ihrem Inneren.
Karin Alvtegen (in »Skam«)

Krisen werden manchmal ausgelöst, weil zugrunde liegende »Schwachstellen« berührt und dadurch aktualisiert werden. Bei ihrem ersten Besuch befindet sich Karin offensichtlich in einer Krise und sie weint fast die ganze Zeit. Sie ist qualifiziert und funktioniert bei der Arbeit gut, zerbricht aber allmählich an ihrem Privatleben. Daheim wechseln sich Weinattacken mit Tobsuchtsanfällen ab. Das innere Gefühlschaos wurde ausgelöst, als sie ihr neugeborenes Enkelkind nicht so oft treffen konnte wie gewünscht. Nach außen hin hatte Karin mit einem scheinbar guten Selbstwertgefühl gelebt, das ein lebenslanges, verborgenes negatives inneres Selbstbild bisher wirkungsvoll verdeckte. Es wurde nun auf heftige Art aktualisiert.

Die Schwiegertochter hatte die Enkeltochter zu ihren eigenen, weit entfernt lebenden Eltern mitgenommen. Karin verspürt eine rasende Wut, weil sie daran gehindert wird, ihr Enkelkind häufiger zu treffen. Sie fühlt sich »wie ein Mauerblümchen, das nur zurückgewiesen wird«. Ihre heftige Reaktion hat inzwischen auch zu Konflikten mit dem Sohn geführt, und das macht sie traurig und verzweifelt.

Als Behandlerin gehe ich an dieser Stelle davon aus, dass Karins Reaktion »überdeterminiert« ist, d.h., dass die Ursachen und Hintergründe hierfür weit ins Leben zurückreichen. Als Großmutter zurückgewiesen zu werden wirkt wie ein Angelhaken, der sich abgesenkt und an einer frühen Problematik festgehakt hat. Als Therapeutin erkläre ich Karin, dass die intensiven Gefühlsreaktionen als eine Art Gedächtnis verstanden werden können, als eine Möglichkeit, sich an Ereignisse und Gefühle zu erinnern, die sich so früh in ihrer Kindheit ereigneten, dass Karin damals keine Worte dafür hatte. Alle Menschen tragen Erinnerungsspuren in sich, die der Psychoanalytiker Christopher Bollas »das ungedachte Bekannte« nennt, etwas, das man fühlt, *ohne Begriffe* dafür gespeichert zu haben. Karin wird bei meinen Worten nachdenklich. Die Tränen versiegen, und sie berichtet, was sich früh in ihrem Leben ereignete.

Frühe Wunden

Als Karin sechs Wochen alt war, wurde sie zu den Großeltern mütterlicherseits nach Dalarna*** gebracht. Die unverheiratete Mutter ging weg, um in Südschweden Arbeit zu suchen. Karin wuchs bei ihren Großeltern auf, und für das kleine Mädchen waren diese natürlich die »richtigen« Eltern. Inzwischen hatte die Mutter Karins Vater geheiratet, kam aber wegen Geldknappheit niemals auf Besuch. Als Karin drei Jahre alt war, zogen ihre Eltern in ein kleines Haus ein, das der Vater selbst gebaut hatte. Zu dieser Zeit war die Mutter erneut schwanger. Jetzt wollten die Eltern Karin zu sich holen. Gesagt, getan. Erwartungsvoll machten sie sich auf den Weg, um ihr kleines Mädchen heimzuholen. Für Karin waren die Eltern, die plötzlich in der Stube auftauchten, jedoch zwei Unbekannte. Sie redeten begeistert

*** Eine Region in Mittelschweden (Anm. d. Ü.)

von der Zugreise, und nach wenigen Tagen reisten sie mit Karin ab. Diese verstand nicht, was geschah. Sie vermisste ihre Großeltern sehr und fand es seltsam, dass sie die »fremde Frau« mit Mama anreden sollte.

Karins Mutter hatte keine Kenntnisse von Kinderpsychologie und deshalb keine Ahnung, welchem Trauma sie ihre kleine Tochter aussetzte. Die Mutter war enttäuscht, dass Karin sie nicht umarmte, und konnte ihrerseits keine gute Verbindung zu ihrer Tochter herstellen.

Als die Dreijährige in ihrem neuen Heim angekommen war, schaute sie verzweifelt aus dem Fenster in die flache Landschaft. Sie sah nicht mehr die bekannten Berge. »Hier gibt es ja gar nichts!«, brach es aus Karin heraus. Dieser Ausruf wurde in der Verwandtschaft wie eine lustige Bemerkung, eine Anekdote, erzählt, während er doch Karins tiefe Verzweiflung enthielt. Hier gab es weder Dalarnas blaue Berge als Synonym für Heimat noch die beiden Menschen, mit denen das Mädchen Sicherheit und Liebe verknüpfte. Die Mutter ertrug Karins Trauer nicht und konnte – im Gegensatz zur zweiten Tochter, die einige Monate später geboren wurde – keine innere Nähe zu ihrer älteren Tochter herstellen. Oft sprach die Mutter davon, wie süß die kleine Schwester sei, und ging zärtlich mit ihr um. Karin wurde nicht umarmt und ihr wurde auch nicht gesagt, dass sie süß sei. Karin bemühte sich sehr darum, akzeptiert zu werden, indem sie freundlich und gehorsam auftrat, jedoch ohne damit Erfolg zu haben. Zum Vater gelang der Kontakt etwas besser. Er nahm Karin oft auf den Arm, konnte aber den Schmerz nur teilweise mildern.

Karin hatte zwei schwierige Trennungen in ihrem Gepäck – eine ganz frühe von ihrer Mutter und eine von den Großeltern im Alter von drei Jahren. Weggeschickt bzw. verlassen zu werden wurde natürlich als Zurückweisung erlebt und hat im Kern eine Verletzbarkeit zurückgelassen. Aufgrund der als abweisend erlebten Art ihrer Mutter ist bei Karin ein negatives

Selbstbild entstanden mit dem Gefühl, nicht liebenswert zu sein. Die Trennungstraumata und das negative Selbstbild wurden aktualisiert, als sie sich in ihrem Kontakt zum Enkelkind abgewiesen fühlte. Die aktuelle Abweisung verband sich in ihrem Gefühlsgedächtnis mit der heftigen Trennungsangst, als sie dreijährig von den Großeltern getrennt wurde.

Karin ist inzwischen um die 60 Jahre alt, aber in Selbstfallen kann man unabhängig vom Lebensalter hineintappen. Das Gefühlsgedächtnis aus der Zeit der damaligen Trennung wurde aktiviert und hatte jegliche Rationalität verdrängt. Während der Therapie kam heraus, dass die Schwiegertochter ähnliche Züge wie die Mutter besitzt. Das verstärkte die Problematik.

Bereits im ersten Gespräch wird die erste Zuordnung der inneren Bilder zu den vorher »unbegreiflichen« Reaktionen als hilfreich erlebt. Als Therapeutin unterstütze ich bei der Vermittlung von Zusammenhängen durch Erläuterungen und Erklärungen. Am Thema einer Blume wird das bildhafte Vorstellen (Visualisieren) ausprobiert. Karin ist aufgewühlt, als rasch und deutlich eine Blume vor ihrem inneren Auge auftaucht.

Die Blume erzählt vom inneren Befinden

Es handelt sich um eine orangefarbene Gerbera!
Vor ein paar Tagen habe ich so eine für eine Bekannte gekauft … intensiv und farbstark … Sie sieht aus wie eine riesige Margarite … Sie hat keine Blätter am Stiel, nur einen langen Stängel, der mit Draht umwickelt ist.

Die Blume vermittelt eine Momentaufnahme von Karins innerer Situation (siehe die Illustration S. 119). Karin ist eine Frau mit intensiven Gefühlen (Färbung). Von einer Margarite werden häufig die Blütenblätter abgepflückt mit der spielerischen Frage: »Liebt er mich? Liebt er mich nicht? …«

Karin ist sich unsicher, ob sie geliebt werden kann. Wie die Blume ist sie von ihren Wurzeln abgeschnitten. Hiermit kann der frühe Bruch ihrer Bindung gemeint sein, d.h. die Trennung von den Großeltern. Das Blattlose kann ein Hinweis darauf sein, dass derzeit keine Nahrung aufgenommen werden kann. Auf einem langen, zarten Stängel streckt sich die Blume dem Licht entgegen, aber um aufrecht zu bleiben, ist ein Draht nötig. Momentan benötigt Karin Unterstützung von außen, um nicht umzufallen.

Als ich mit Karin darüber spreche, was ihr Blumenbild signalisiert, hat sie Tränen in den Augen und bestätigt die vorsichtigen Deutungen. Zu Hause malt sie ihre Gerbera, fügt aber im Unterschied zum Ausgangsbild eine Vase hinzu, sodass die Blume nun Nahrung erhält.

Sich wiederaufbauen

In der ersten Behandlungsphase hält sich Karin nur mühsam stabil. Jeweils nach einer Sitzung geht es ihr ein paar Tage einigermaßen gut, aber danach wird sie erneut von Angstgefühlen überschwemmt, denen sie wenig entgegensetzen kann. Wir beginnen daher mit der Etablierung eines *sicheren inneren Ortes* plus einer Mauer, um die intensiven Gefühle von Verlassenheit und Zurückweisung zu begrenzen. Zusätzlich wird ein »schützendes Gewand« eingeführt, das Karin bei der Begegnung mit der Schwiegertochter benutzen kann. Man kann die inneren Bilder auf verschiedene Art anwenden. Das Schutzgewand ist deshalb von Bedeutung, weil Interaktionen mit der Schwiegertochter starke Gefühle von Trauer und Zorn auslösen, die sich vor Weihnachten verstärken.

Um Karin in Kontakt mit guten, frühen Selbstbildern zu bringen, bitte ich sie, in einer inneren Szene den Kontakt zu Großmutter und Großvater wiederherzustellen. Das waren ja ihre »richtigen« Eltern im psychologischen Sinn. In der Stube auf dem Hof in Dalarna findet Karin Sicherheit. In einer Bildersequenz sitzt sie zu Füßen der Großmutter, während diese am Webstuhl arbeitet. Sicherheit als Gefühlserfahrung bildet einen »Anker«, den sie bei den aktuellen Stürmen nutzen kann.

Intensive Gefühle

In einer Reihe innerer Szenen beginnen wir dann, Karins Situation nach dem Umzug in das neue Heim in Südschweden im

Anschluss an die traumatisierende Trennung von den Großeltern zu erforschen. Als Karin – nun als Kleinkind – in einer inneren Szene die Wohnung in der flachen Landschaft aufsucht, ist sie plötzlich wie gelähmt. Innerlich wird sie völlig stumm. Damals war es im realen Leben zu solcher Verzweiflung und Resignation gekommen, dass Karin lebensgefährlich erkrankte. Gerade in solchen Momenten des Wiedererlebens ist es wichtig, einen erfahrenen Therapeuten zu haben, der einem bei auftauchenden, gefühlsmäßig belastenden Situationen beisteht.

Wichtig ist außerdem, dass das kleine Kind Gelegenheit erhält, seine Gefühle auszudrücken. Da ein Kind seine Gefühlsreaktionen oft selbst nicht benennen kann, hilft der Therapeut ihm dabei, zu formulieren, was es erlebt. Wenn man eine Vorstellung davon gewonnen hat, wie das Kind die Situation ursprünglich erlebt hat, ist es von großer Bedeutung, dass dem (inneren) Kind die Möglichkeit gegeben wird, sich nun in einer inneren Szene direkt an einen Elternteil zu wenden und mitzuteilen, was es damals eigentlich an Stützung und Spiegelung benötigt hätte. An solchen Stellen im Therapieverlauf schlage ich meist vor, das erwachsene Ich des Klienten mit in die Szene hineinzunehmen. Dieser erwachsene Teil hilft dann dem kleinen Mädchen dabei, auszusprechen, was es eigentlich früher benötigt hätte, um sich wahrgenommen und geliebt zu fühlen.

Um die Berechtigung der kindlichen Bedürfnisse zu unterstreichen, wird das erwachsene Ich ermutigt, die Mutter für ihre Unsensibilität gegenüber dem kleinen Mädchen zur Rede zu stellen. Oft hat sich das innere Kind mit der elterlichen Haltung (oder mit der wahrgenommenen Haltung) solidarisiert, und deshalb ist es wichtig, diese Distanz zu sich selbst aufzuheben. Es folgt jetzt ein Ausschnitt aus einer Szene, nachdem Karin als kleines Mädchen in das Haus ihrer Eltern in Südschweden zurückgekehrt ist. Um ihr bei der Aufgabe zu helfen, sich gegen die Mutter zu stellen, schlägt der Therapeut vor, die erwachsene Karin als Unterstützung in die innere Szene hineinzuholen.

Die kleine Karin: »Mama hat nie mit mir geschmust, aber meine kleine Schwester hat sie jeden Tag in den Arm genommen!«
Therapeut: »Vielleicht kann dir die erwachsene Karin helfen und der Mutter Bescheid sagen, wie es sich angefühlt hat, so von der Mutter behandelt zu werden?«
Die erwachsene Karin zur Mutter: »Warum hast du bloß niemals versucht, mit der Kleinen zu schmusen? Du hattest ja keine Ahnung, wie sich das angefühlt hat! Als Mutter der kleinen Karin warst du unfähig!«
Die Therapeutin hört jedoch, dass in der Aussage des kleinen Mädchens noch eine weitere Dimension enthalten ist, und sagt deshalb: »Kleine Karin, du musst wohl auf deine kleine Schwester sehr eifersüchtig gewesen sein?«

Die kleine Karin: »Ja, rasend eifersüchtig! Die ganze Zeit habe ich versucht, genauso tüchtig zu sein wie sie, damit Mama mich genauso lieb haben sollte, aber immer kamen nur Vorwürfe … ich kann den vorwurfsvollen Ton noch immer hören. Ich fühlte mich dann zu nichts nutze. Mehrere Male heulte ich schließlich los und brüllte: ›Nie kümmerst du dich um mich! Du kümmerst dich immer nur um Britta!‹«
Therapeutin: »Sage deiner Mutter jetzt, wie du dich damals gefühlt hast. Schau ihr in die Augen, während du sprichst.«
Karin (deren Augen feucht werden): »Immer habe ich geglaubt, dass mit mir irgend etwas nicht stimmt, denn du hast dich nur um die Kleine gekümmert, nie um mich! Du warst ständig mit dem neuen Baby beschäftigt, völlig davon beansprucht. Für mich blieb nichts mehr übrig! Du hast überhaupt nicht begriffen, wie es mir dabei ging! Nicht ich habe dich enttäuscht, sondern du mich! Immer habe ich mich so wahnsinnig angestrengt, damit du mich wahrnimmst, aber vergebens.«

Im kleinen Kind war das Selbstbild entstanden, nicht zu genügen, verbunden mit der Vorstellung, mit ihr stimme etwas nicht.

Mit Unterstützung der Therapeutin kann Karin allmählich dieses nachteilige Bild revidieren. Vom Verstand her »wusste« sie, dass der Fehler nicht bei ihr gelegen hatte, sondern dass die Uneinfühlsamkeit der Mutter auslösend war, aber diese intellektuelle Einsicht half ihr nicht wirklich. Jetzt gelang es ihr jedoch, die Situation umzuwerten. Sie konnte die Kindheitsbilder in die Therapie einbringen und als erwachsene Karin begreifen, dass hier ein niedliches Kind auftauchte, und sich in dessen Ausgeliefertsein einfühlen.

Das negative Selbstbild hatte bei Karin die ganze Zeit über unter der Oberfläche auf der Lauer gelegen. Stets hatte sie sich bemüht das »liebe Mädchen« zu sein, um so gemocht zu werden und die Bestätigung zu erhalten, nach der sie sich das ganze Leben hindurch gesehnt hatte. Sie hatte eine besondere Begabung entwickelt, mit schwierigen Frauen in ihrem Job umzugehen.

In ihrem aktuellen Leben gewinnt Karin allmählich eine etwas bessere Kontrolle über ihre Gefühle, muss sich aber oft heftig auf die Zunge beißen, wenn sie die Familie des Sohnes besucht.

Eine Brücke zum kleinen Kind schlagen

Um einen empathischen Kontakt zum kleinen Kind herzustellen, lasse ich in der Imagination wiederholt die erwachsene Frau die »kleine Karin« zu Hause besuchen. Hierdurch soll die angeschlagene Selbstachtung gestärkt und die Möglichkeit eröffnet werden, intensive Gefühle, die zuvor unterdrückt werden mussten, wahrzunehmen und auszusprechen. Schon damals war auch anderen Verwandten die ungleiche Behandlung der beiden Töchter durch die Mutter aufgefallen.

In einer Imagination nimmt die erwachsene die kleine Karin mit an den Strand. Die Kleine buddelt ein Loch und legt eine Puppe hinein, welche die erwachsene Karin dabei hat, und schaufelt Sand darüber. Die kleine Schwester wird also begraben, und Klein-Karin kann ihre Frustration darüber ausdrücken, dass die Mutter sich ständig um das jüngere Geschwister kümmert. Mittels Unterstützung durch die erwachsene Karin fühlt das kleine Mädchen sich wahrgenommen und anerkannt.

Nach und nach verändert sich das im Inneren verankerte negative Selbstbild. Die erwachsene Karin begreift nun in aller Deutlichkeit, dass sie ein ganz normales, ein feines Mädchen war, das nur das Pech hatte, dass die Mutter sich nach der langen Trennung nicht hinreichend um eine Annäherung an das Kind bemüht hat. In der jetzigen Außenrealität macht Karin große Fortschritte. Es kommt zu mehreren recht entspannten Begegnungen mit der Schwiegertochter, und Karin übernimmt an einem Abend die Versorgung ihrer Enkeltochter. Die schlimmste Phase scheint überwunden, aber die Selbstfallen können weiter gelegentlich zuschnappen. Auf ihrer Arbeitsstelle reagiert Karin manchmal impulsiv auf eine bestimmte distanziert wirkende Kollegin – was sie nun mit der Art ihrer Mutter in Verbindung bringen kann. Noch immer können kleine Alltagssituationen gelegentlich heftige kindliche Gefühle von »damals« hervorrufen, und Karins Reaktionen werden dann mehr von dem kleinen Kind gesteuert als von der Erwachsenen.

Die weitere Arbeit am Selbstbild

Ein negatives Selbstbild ist in der Regel tief verwurzelt, und deshalb reicht eine einzelne Imagination nicht aus, um das innere Bild dauerhaft zu verändern. In einer weiteren Szene ist Karin ca. elf bis zwölf Jahre alt.

Sie geht zurück in eine Situation, in der die Mutter ihr ein Festkleid hatte nähen lassen, das Karin nicht steht. Als sie darin gekleidet unglücklich in den Spiegel schaut, sagt die Mutter: »Nein, was siehst du bloß hässlich aus!« Diese Kränkung brannte sich tief ein. Nach diesem niederschmetternden Kommentar erreichen die Bemerkungen ihres Vaters, sie sei ein hübsches junges Mädchen, Karin nicht mehr und sie will nicht mehr auf das Fest gehen.

Als Erwachsene hat Karin kein Selbstvertrauen bezüglich ihres Aussehens. Es bedarf harter Arbeit, um die negative Selbstsicht an dieser Stelle zu ändern. In einer inneren Szene lassen wir die Mutter auf eine bessere Lösung kommen, aber dieser Ansatz reicht nicht aus. Erst als die Großmutter mit in die Szene hineingenommen wird, löst sich das negative Bild auf. Von ihr weiß sich Karin vorbehaltlos geliebt. Zum Schluss kann Karin der Mutter in die Augen sehen und sagen: »Ich bin nicht dumm und hässlich! Du betrachtest mich nur mit falschen Augen! Du hast es nicht geschafft, mich anzunehmen, als ich damals zu euch kam! Jetzt ist mir deine Meinung egal, denn du hast ein schlechtes Urteilsvermögen.«

Nach der Imagination sprechen wir über das Schamgefühl, welches aus dem Gefühl, nicht geliebt zu werden, entspringt und eine überaus zerstörerische Wirkung entfaltet. Starke Schamgefühle beschädigen das Lebensgefühl. Außerdem schämt sich Karin, dass sie so heftig auf die Situation mit ihrer Enkelin reagiert hat. Hier erinnere ich sie daran, dass diese Krise dazu geführt hat, dass sich Karin jetzt dem tief verankerten Problem überhaupt stellt.

Noch immer gibt es Wutanfälle

Das Verhältnis zur Schwiegertochter hat sich deutlich gebessert, aber nun wird Karin über längere Zeit von Kopfschmerzen geplagt. Wir erforschen in einer speziellen Imagination das Körperinnere. Dabei zeigt sich, dass der Kopfbereich psychologisch völlig blockiert ist. Im Kopf ist ein enormer Zorn eingeschlossen, vor dessen (zerstörerischer) Stärke Karin große Angst hat.

Ich erkläre, dass ein dosiertes Zulassen des Zornes möglich und notwendig ist, um den Druck im Kopf zu mindern.

Ich schlage vor, in einer neuen Imagination einen Korridor aufzusuchen, von dem verschiedene beschilderte Türen abgehen. Karin wird ermuntert, herauszufinden, was sich hinter der Tür mit der Aufschrift »Wut« befindet.

Als Karin diese Tür öffnet, begegnet sie in einer Abfolge diversen sehr zornigen Gestalten, die aus unterschiedlichen Altersstufen herstammen. Diese Wesen können jeweils ihre Wut äußern, um dann wieder zu verschwinden. Hier ein Auszug:

> Eine gewaltige Zorngestalt tritt an die Stelle der vorangegangenen und bekommt einen Wutausbruch! Die Figur brüllt und schreit – dann tritt sie wieder zurück.
> Eine Dreijährige schreit die Mutter an: »Du bist dumm! Ich will heim zu Oma und Opa!«
> Die Vierjährige schiebt sich hervor, kneift die kleine Schwester und wird dafür von der Mutter ausgeschimpft und geschlagen.
> Die Neunjährige wiederum ist rasend vor Wut über alle Vorhaltungen, nicht gemacht zu haben, was man von ihr erwartete.
> Die Wut trifft auch einen Jungen, der sie in der Schule immer geärgert hat, und natürlich bekommt auch die Schwiegertochter ihren Teil ab.

Erst nach einer Vielzahl aneinandergereihter Wutsituationen verlässt Karin den Raum und schließt etwas erschöpft die Tür hinter sich. Ihr fällt ein, dass sie in der Schulzeit eine Vorkämpferrolle einnahm für andere, die ungerecht behandelt wurden: »Natürlich ging es dabei eigentlich um die Ungerechtigkeit, die ich selbst daheim erlebte, aber damals haben die anderen das nicht verstanden. Noch nicht einmal ich selbst habe das früher kapiert!«

Mit Trauer und Schmerz umgehen

Das auslösende Ereignis für die aktuelle Krise, die Karin zu mir führte, war ein Besuch des Sohnes und seiner Familie am Ferienort, wo sich auch die Eltern der Schwiegertochter aufhielten. Karin fühlte sich als fünftes Rad am Wagen und wurde vermutlich durch Trauer und Schmerz wie gelähmt. Das Gefühl des Ausgeschlossenseins im Hier und Jetzt beförderte all den alten Schmerz von damals an die Oberfläche, als sie von den Großeltern zu ihren Eltern kam und sich nicht angenommen fühlte. Karin verstand damals nicht, warum sie am Ferienort so heftig reagiert hatte, aber allmählich begriff sie das Muster ihrer inneren Fallgruben.

Außer dem Zorn gab es jedoch auch einen großen inneren Schmerz. Es war notwendig, sich auch damit zu beschäftigen, und ich schlug Karin deshalb vor, erneut den Flur mit den verschiedenen Türen aufzusuchen.

In der imaginierten inneren Szene erhält Karin den Auftrag, den Raum mit der Aufschrift »Schmerz« zu betreten. Sie öffnet diese Tür und berichtet:

> Da sitzt ein kleines Mädchen und weint und weint. Es ist einsam und verzweifelt. Karin kann sich nur mühsam dem kleinen Mädchen nähern, in dem Raum kann man kaum atmen. Schließlich setzt sie sich hinter das Kind und umarmt es vorsichtig.
> Die erwachsene Karin: »Sprechen hat jetzt keinen Zweck. Ich wickle das Kind in eine Decke, um es zu wärmen und damit es sich gehalten fühlt, denn ihm ist auch kalt.«
> Das ist eine heikle Situation für das kleine Mädchen, weiß die erwachsene Karin, denn es ist an Berührungen und Schmusen nicht gewöhnt.
> »Man muss einen Weg finden, sie zu trösten, ohne das so zu bezeichnen, indem man etwa Märchen vorliest oder sich neben sie legt und sie hält.«

Im Anschluss an diese Szene überlegt Karin, ob die Trauer vielleicht dazu beigetragen hat, dass sie an Asthma erkrankte – dass der Schmerz ihr die Kehle zusammenschnürte. Im Schmerz-Raum hatte sie ja kaum Luft bekommen. Hierzu fällt ihr ein, dass ihre Mutter Gefühle kaum jemals aussprach und dass sie dieses Muster vermutlich übernommen hat. Karins Kommentar:

> Durch die Jahre begleitet mich eine seltsame Stummheit … das rührt vom Herunterschlucken der Tränen her. Nie gab es jemanden, bei dem man sich ausweinen konnte. Deshalb habe ich meine Traurigkeit eingesperrt und nur noch mit mir selbst ausgemacht. Das Schnappen nach Luft war wohl eine Folge davon. Wenn ich Asthma bekomme, verkrampft sich mein Hals. Dann bitte ich meinen Mann, mich zu umarmen. Das hilft für gewöhnlich.

Weinen konnte sie lange Zeit nicht, weil der Schmerz so abgekapselt war; »das hängt wohl miteinander zusammen«, vermutet Karin.

Wichtig ist jetzt, dass Karin lernt, sich zukünftig selbst zu trösten, um mit Schmerzen besser umzugehen, wenn etwas von der alten Trauer aktiviert wird. Die Mutter war hierfür kein geeignetes Vorbild. Karin fühlte sich als Kind ihrer Trauer und ihrem Schmerz völlig ausgeliefert und bekam Panik und Asthma-Anfälle. In einigen weiteren Szenen rege ich an, Trost im Schoß der Großmutter zu suchen. Nach und nach wird Karin zuversichtlicher und glaubt, dass sie Trost wirklich erhalten darf.

Dazugehören

Für den Sommer ist seit Längerem ein Familientreffen auf dem Hof in Dalarna geplant. Karin fährt hin und erlebt ein starkes Gefühl von Zugehörigkeit. Hierdurch wird sie gestärkt in ihrem Gefühl des Verwurzeltseins. In einer anschließenden Imagination tritt sie in Kontakt mit der kleinen starken und selbstsicheren Dreijährigen, die Dialekt redet und sich heimisch fühlt unter Ziegen und Kühen und auch unter den Kusinen auf dem Hof. Karin hat die Verbindung zu dem starken, unverletzten inneren Kind hergestellt, das sich spontan seiner selbst sicher ist. Von jetzt an übernimmt dieses Kind die Funktion einer inneren Kraftquelle.

Karin geht es nach einem guten halben Jahr Behandlung deutlich besser, und wir vermindern die Anzahl der Sitzungen, um den angestoßenen Prozess weiter zu begleiten. Ihre Beziehung zu Schwiegertochter und Enkelkind hat sich eindeutig verbessert. Wegen ihrer Arbeitssituation braucht die Schwiegertochter Hilfe bei der Kinderbetreuung, und Karin holt ihre Enkelin nun vom Kindergarten ab – für alle Beteiligten ein gutes Arrangement. Karin wird gebraucht und erhält Anerkennung für ihren Umgang mit dem Kind.

Abschluss

Das Leben verläuft nun wieder in seinen gewohnten Bahnen. Es gibt eine Erklärung für Karins Gefühlsausbrüche, nämlich ihr Gefühl von Ausgestoßensein und Abweisung. In der gemeinsamen Arbeit hat sie sich mit einer Reihe von zugrunde liegenden Problemen und Konflikten beschäftigt, die schon lange zuvor ihr Leben beschwert hatten, ohne dass sie sich dessen bewusst war. Sie muss nicht mehr das »liebe Mädchen« sein, um Anerkennung zu bekommen. Wie lange die Haltung des »lieben

Mädchens« zeitlich zurückreichte, war ihr vor einigen Jahren noch unverständlich gewesen, als sie bereits einmal einen Burn-out erlitten hatte und längere Zeit krankgeschrieben war. Damals war ihre Fähigkeit, sich um sich selbst zu kümmern, deutlich unterentwickelt gewesen.

Karin hat in einem ständigen Gefühl der Angst gelebt, ihr Mann könne sie verlassen. Diese Angst lässt sich ebenfalls auf ihre frühen Trennungserlebnisse in Verbindung mit einem negativen Selbstbild zurückführen. Diese Sorge hat nun nachgelassen. Sie erkennt jetzt auch, dass sie sich einen Partner gewählt hat, dessen gefühlsmäßige Reaktionen eher gering waren, eine Wiederholung der Erfahrung mit der Mutter. Der Partner hat sich allerdings im Lauf der Jahre verändert.

In der Therapie bekam Karin Gelegenheit, ihr negatives Selbstbild von Grund auf zu ändern. Sie muss es nicht länger jedem recht machen, sondern kann auch auf eigene Bedürfnisse hören. Sie stürzt nicht mehr so rasch in depressive Stimmungen und Angst, wenn sie sich einmal abgewiesen fühlt. Sie erkennt nun rascher, um was es sich eigentlich handelt, und kann dann anders mit der Situation umgehen. Wie an Karins Beispiel deutlich wird, ist es nicht zu spät für eine Auseinandersetzung mit Selbstbild- und Selbstwertproblemen, selbst wenn man schon ein gewisses Alter erreicht hat.

Karin konnte während der Therapie an eine alte Stärke wieder anknüpfen, die es stets als Fundament gegeben hatte. Es ist jedesmal eine Freude, Begleiterin auf einer solchen inneren Reise zu sein.

… und so lebten sie glücklich und zufrieden

Na ja, so wie im Märchen geht es im Leben nicht immer zu. Nach Abschluss der Behandlung ging es Karin ein Jahr lang sehr gut. Dann aber kam es wieder zu einer Krise. Der andere Sohn wollte sich scheiden lassen und verweigerte Karin das Gespräch hierüber. Karin identifizierte sich mit seinen Kindern und der Schwiegertochter und erlebte sich erneut abgewiesen. Wieder stürzte sie ab in die dunkle Fallgrube aus Zorn, Angst und Weinen. Diesmal wusste sie jedoch bereits um die Gründe, und nach zwei Therapiegesprächen gelangte sie wieder auf die Stufe ihres klugen, handlungsfähigen Erwachsenen-Ichs. Sie habe jetzt eingesehen, dass »man trotz allem nicht völlig immun ist« gegenüber unvorhersagbaren Ereignissen im Leben.

09

Die heilende Wirkung des Kontakts mit dem inneren Kind

Wirklich erwachsen zu sein bedeutet,
stets ein wenig Kind zu bleiben.
JEWGENI JEWTUSCHENKO, RUSSISCHER POET

Der Kontakt mit dem inneren Kind eröffnete ein Verständnis für Karins heftige Reaktionen, die zuvor schwer begreiflich waren. Die Folge der Begegnungen mit ihrem inneren Kind führte zu einem intensiven Selbsterfahrungsprozess. Im Kontakt mit ihrem inneren Kind konnte Karin erstmals begreifen, welche intensiven Gefühle sie ihr ganzes Leben hindurch hatte unterdrücken müssen. Das Allerwichtigste war jedoch, dass Karin ein negatives Selbstbild hinter sich lassen konnte und stattdessen ein starkes, sicheres inneres Kind zum Vorschein kam. Durch den Kontakt zum inneren Kind in den inneren Szenen wird eine umwälzende Befreiung ermöglicht. Das »liebe Mädchen«, das so verzweifelt auf Anerkennung durch die Umgebung gehofft hatte, auf die Bestätigung, liebenswert zu sein, wurde durch eine Frau ersetzt, die innere Sicherheit besitzt und weiß, dass sie wertvoll ist.

Die verborgene steuernde Kraft

Weil negative Selbstbilder oft tief verborgen sind, ist es schwierig, sie im Alltag aufzuspüren. Bestimmte Zeichen sieht man jedoch häufig, vergleichbar einer Boje, die auf der Oberfläche schaukelt, um eine Untiefe zu markieren. Die Ausmaße dieser Untiefe ermisst man jedoch erst während einer Behandlung oder wenn eine Krise eine Selbstbildmine auslöst.

Karins Leben wurde – ohne dass ihr dies bewusst war – durch schädigende Einflüsse negativer innerer Selbstbilder beherrscht. Während sie im Beruf um Bestätigung kämpfte, schwelte innerlich stets der Zweifel an ihrem Wert. Es ist kein Wunder, dass sich Erschöpfungssymptome einstellten. Da sie auch noch einen Partner mit vielen Ähnlichkeiten zur Mutter gewählt hatte, musste sie bei ihm ebenfalls um die schon früher entbehrte Liebe kämpfen. Das verinnerlichte negative Selbstbild untergrub ihre Bemühungen und sie stürzte häufig in Selbstfallen. Karin hatte früher keinerlei Möglichkeit gehabt, Trauer und Zorn über die mütterliche Behandlung auszudrücken, und deshalb erzeugten die weggesperrten Gefühle inneren Stress, der vermutlich auch an der Entstehung ihres Asthmas beteiligt war.

Da Karin ihr negatives Selbstbild nicht hatte in Worte fassen können, konnte sie sich von dessen Tyrannei nicht befreien. Das ist nicht nur bei Karin, sondern bei den meisten Menschen mit negativen Selbstbildern der Fall – als Resultat von Beziehungsproblemen mit nahestehenden Menschen während der Kindheit. Karins Leben veranschaulicht, dass man noch im Alter von 60 Jahren mit einer derartigen schädigenden Problematik leben kann und glaubt, dass es im Leben halt so zugeht.

Das wahre innere Kind aufspüren

Durch den Kontakt mit dem inneren Kind gelang es Karin, sich durch diverse Schichten von Trauer, Zorn und Verlassenheit, die sie während ihres Aufwachsens erlebt hatte, hindurchzuarbeiten. In inneren Szenen erhielt sie Gelegenheit, sich vom Unvermögen ihrer Mutter zu Spiegelung zu distanzieren und mit dem Erlebten abzuschließen. Karin hat begriffen, dass es nicht an ihr lag – stattdessen hatte ihre Mutter Probleme damit, nach einer dreijährigen Trennung Nähe zu ihrer Tochter aufzubauen. Dies bedeutet auch eine Auflösung der heftigen Scham, die jedes Kind mit negativem Selbstbild empfindet.

Im Therapieprozess erhielt Karin die Möglichkeit, in Kontakt mit ihrem »wahren inneren Kind« zu treten – einem fröhlichen und selbstsicheren drei- bis vierjährigen Mädchen aus Dalarna, das in sich selbst ruht und das Landleben liebt. Diesem kleinen Mädchen begegnet Karin in einer inneren Szene und zieht munter plaudernd mit ihr los in Richtung Ziegenstall. Es besitzt Selbstsicherheit und eine ausgeprägte Kraft. Für Karin war es eine gute Entdeckung, einem so starken und großartigen Kind in sich zu begegnen. Die Verbindung mit diesem inneren Kind trägt zu größerer Sicherheit in diversen Lebenslagen bei.

Das negative Selbstbild ist ein falsches Selbstbild. Dass es auf unrichtigen Prämissen beruhte, wurde in dem Treffen mit dem großartigen kleinen Mädchen klar. An dieser kleinen Karin war nichts falsch, negativ oder schlecht, dennoch hatte das kleine Kind die Schuld für das Unvermögen seiner Mutter auf sich genommen. Wenn es gelingt, das negative Selbstbild zu lockern, erscheint stets ein wahres inneres kleines Kind mit positiven Eigenschaften. Der Weg dorthin verläuft immer über das Betrauern dessen, was man nicht bekommen hat. Dies ist jedoch eine heilsame Trauer.

Dabei ist es gut, zu wissen, dass man in jedem Fall zuletzt ein großartiges kleines Kind unter allem Schutt finden wird, selbst wenn man längs des gewundenen Therapiewegs traurigen Kindern oder wütenden Teenagern begegnet, mit denen der Umgang zu Beginn schwierig sein kann.

Das Wiedererleben ist der Schlüssel

Die Möglichkeit, sich über innere Bilder buchstäblich in die Kindheitswelt zurückzuversetzen, ist die Voraussetzung für die heilsame Arbeit und das, was der Methode ihre Kraft verleiht. Innerhalb der inneren Szenen erlebt man aufs Neue die Küche (oder einen anderen Ort) der Kindheit mit all seinen Einzelheiten, Gerüchen, Geräuschen und Farben. Wenn man sich auf diese Art zurückversetzt, ergibt sich auch die Chance, die Geschichte zu ändern und neu zu schreiben. Zumindest kann man Fehler teilweise ausradieren und von vorn anfangen.

Die heftigen gefühlsmäßigen Bilder, mit denen jemand in den inneren Szenen in Kontakt kommt, sind für das Gehirn identisch mit realen Gedächtnisinhalten, realen Ereignissen. Das selbstsichere kleine Mädchen, dem Karin begegnet, wird daher zu einem Teil des neuen inneren Regelsystems.

Damit die magische Kraft des Wiedererlebens ihre volle Wirksamkeit entfalten kann, muss es für den Betreffenden möglich sein, seiner Fantasie in den inneren Szenen vollen Spielraum zu geben. Dies setzt auch voraus, dass es einen guten Kontakt zwischen dem Klienten und dem Therapeuten gibt und Zutrauen zum Können des Therapeuten, den Weg durch den Gefühlsdschungel zu finden.

Das Wiederaufsuchen der Vergangenheit heilt

Nachdem ich den Bericht über Karins Therapie niedergeschrieben hatte, trafen wir uns, damit sie Stellung zum Text nehmen konnte. Es war sehr schön, ihre Entwicklung zu sehen. Im Verhältnis zur Schwiegertochter gab es keine Probleme mehr. Karin hatte sich im Großen und Ganzen unentbehrlich für die junge Familie gemacht. Sie engagierte sich auch sehr für ihre anderen Enkel. Sie war zu einem Fels in der Brandung im größeren familiären Netz geworden.

In einem Interview mit der Journalistin Agneta Lagercrantz (Svenska Dagbladet, 16. Nov. 2005) einige Zeit nach Behandlungsende schildert Karin ihre Version des Therapieprozesses. Sie schließt mit Überlegungen zur Technik: »Das Wiederaufsuchen der Vergangenheit ist das Zentrale. Sich dort aufzuhalten, sich zurückzuversetzen und ein neues Bild zu erschaffen kann wirklich ein neues Bild über die Person, die man ist, erzeugen. Und es heilt. (…) Das Wiedererleben ist das Wichtigste, und das geschieht durch die Möglichkeit, die eigene Vorstellungswelt aufzusuchen. Auch wenn ich selbst diese neuen Bilder erschaffe, stellen sie wirkliche Alternativen dar. Mir war nicht klar, wie real solche Vorstellungen werden können, bevor ich sie erlebte und als Werkzeuge benutzte.«

Wenn sie Angst bekommt oder düstere Gedanken aufscheinen, nimmt sie Zuflucht zu den neuen inneren Bildern: »Dann schließe ich die Augen und sitze auf Großmutters Knien … oder hole mir die selbstsichere Dreijährige vor Augen und finde es selbstverständlich, dass alle mich lieben werden.«

10

Sich aus dem Hamsterrad des Selbstanspruchs befreien

Arbeiten ist gewiss gut, aber das verbraucht so schrecklich viel Zeit.
Ur Strix

Für viele Menschen ist das Leben zu einem Hamsterrad geworden, das sich immer schneller dreht. Als Folge sind viele vom sog. Burn-out betroffen. Als Jan, ein junger Mann um die dreißig, zu mir kommt, hat er schon eine längere Krankschreibungsphase wegen Erschöpfungsdepression hinter sich. Er ist ein geschätzter Projektleiter, hat jedoch nach und nach immer mehr Aufgaben übernommen, bis er seine Freizeitaktivitäten immer weiter einschränken musste, um die Arbeit noch schaffen zu können. Jan hat zudem außerordentlich hohe Selbstansprüche – auch hinsichtlich seiner Arbeitsleistung. Dass er eine Erschöpfungsdepression bekam, war daher nicht verwunderlich. Nach längerer Krankschreibung erhielt er Antidepressiva und sein Zustand besserte sich deutlich. Im Anschluss an einen Stressbewältigungskurs kehrte er schrittweise an seinen Arbeitsplatz zurück. Er trat jedoch von seinem Posten als Projektleiter zurück. Während der Zeit seiner Krankschreibung lernte er Lisa kennen, die ebenfalls Erfahrung mit Burn-out hat. Sie leben nun seit einem halben Jahr zusammen und die Beziehung ist von gegenseitiger Unterstützung geprägt, wenn es auch wie in allen Beziehungen eine Reihe von Schwierigkeiten gibt.

Leider wurde an Jans Arbeitsstelle versäumt, genauer zu definieren, was nach seiner Rückkehr zu seinem Aufgabenfeld gehören sollte, und so verschlimmerte sich seine Arbeitssituation erneut. Jan hatte gehofft, sich in den Weihnachtsferien erholen zu können, aber das hat nicht geklappt, weil er die ganze Zeit über wegen des Jobs unruhig war. Als Jan Anfang Februar zu mir kommt, um es mit einer Therapie zu versuchen, ist die Erschöpfungssymptomatik vom letzten Mal zurückgekommen. Er wirkt sehr gestresst durch die Situation und muss schnell weinen.

Jan möchte keine erneute Krankschreibung, obwohl er schlecht schläft und sein kreatives Potenzial am Arbeitsplatz nicht zur Geltung bringen kann. Während dieser Krise ist es wichtig, schlafen zu können, und daher kommen wir zu dem Ergebnis, dass er seine antidepressiven Mittel wieder eine gewisse Zeit lang einnehmen muss. Wir planen ein Therapiegespräch pro Woche, um das Problem mit seinem überhöhten Selbstanspruch anzugehen.

Eine abgeschnittene Osterglocke

Während des Blumenbildes zur Einleitung des Arbeitens mit Imaginationen sieht Jan eine abgeschnittene Osterglocke in einer Vase. »Sie ist abgeschnitten … sie wächst nicht mehr, sieht aber sehr lebendig aus.«

Das Bild hinterlässt einen starken Eindruck bei ihm, als ich Parallelen aufzeige zwischen der Blume und wie sich in ihr seine aktuelle Lebenssituation widerspiegelt. Die Blume weist darauf hin, dass Jan im Augenblick nur unter Schwierigkeiten irgendwelche Nahrung aufnehmen kann – sie hat keine Blätter und ist zudem von ihren Wurzeln abgetrennt.

Das Gespräch über die Osterglocke fördert auch andere wichtige Informationen zutage. Jan hat eine Lese-Rechtschreib-

Schwäche (LRS), was ihm während der Schulzeit starke Schwierigkeiten bereitete. Erst als er erwachsen war, wurde die Diagnose gestellt. Im Beruf hat das inzwischen kaum mehr eine Bedeutung, es gibt ja auf jedem Computer Rechtschreibprogramme. Wenn er jedoch während einer Präsentation etwas auf eine Magnettafel schreiben muss, bekommt er Angst. Auch im Selbstwerterleben ist die LRS noch als Stachel vorhanden und hat zu einem tief verankerten Gefühl, unfähig und nichts wert zu sein, beigetragen.

Jan berichtet vom Rat eines LRS-Experten, verschiedene Wörter auf die Blütenblätter einer Blume zu schreiben als einen Weg, sich die Rechtschreibung zu merken – eine Methode, die nicht besonders gut funktionierte. Damals hatte er eine Osterglocke gewählt, weshalb sein jetziges Blumenmotiv unmittelbar seine Selbstbildproblematik zeigte, als wir erstmals die Visualisierungsmethode ausprobierten.

Die väterlichen Forderungen haben abgefärbt

Jan beginnt seinen Bericht damit, dass er verzweifelt nach einer Lösung für *alle* Probleme seiner Arbeitssituation sucht. Es stellt sich heraus, dass sich Jan nicht nur im Job mit hohen Ansprüchen unter Druck setzt. Er übernimmt auch die Probleme seiner Partnerin und meint, diese lösen zu müssen, selbst wenn er dabei eigene Interessen verletzt. Auch in die Freizeit haben sich Forderungen eingeschlichen. Als Jan im vergangenen Jahr für den Stockholm-Marathon trainierte, war er sehr zufrieden, die Strecke in einer annehmbaren Zeit geschafft zu haben. Jetzt bemerkt er jedoch, wie er sich allmählich unter Druck setzt, um in diesem Jahr eine deutlich bessere Zeit zu erzielen. Auf der Jagd nach weiterer Leistungssteigerung droht die gesamte mit dem Sport verbundene Freude verloren zu gehen. Jan begreift, dass er in verschiedenen Lebensbereichen dazu neigt, in einem

Hamsterrad von Forderungen zu landen. Als wir nach Ursachen suchen, stoßen wir rasch auf den Vater.

Jans Vater war Unternehmer und arbeitete unablässig. Dennoch meint Jan, eine schöne Kindheit gehabt zu haben. Er idealisiert seinen Vater und beschreibt ihn als einen Menschen mit viel Wissen auf diversen Sachgebieten. Jan bedauert allerdings, als Kind nicht mehr Zeit mit dem Vater verbracht zu haben, und begreift, dass er das väterliche Arbeitsmuster übernommen hat. Gefühlsmäßig steht er dem Vater näher als der Mutter.

Die Mutter war Krankenschwester und kümmerte sich um die Familie, zu der noch ein vier Jahre jüngerer Bruder gehörte. Als Jan neun Jahre alt war, ließen sich die Eltern scheiden. Die Mutter war nach der Scheidung über lange Zeit wegen Rückenbeschwerden und Depression krankgeschrieben. Der Vater dagegen hatte seither seine Lebensweise geändert: Er unternahm Reisen und andere Dinge, für die früher kein Platz war.

In einer der ersten inneren Szenen lasse ich Jan auf einer Wiese laufen und einer Person begegnen. Dabei kommt ihm sein Vater entgegen.
Jan: »Er wirkt froh, mich zu treffen, trotzdem liegt etwas Forderndes in der Luft … als ob er möchte, dass ich etwas mache, ihm bei etwas helfe.«
Es zeigt sich, dass die Zusammenkünfte zwischen Jan und seinem Vater stets davon bestimmt waren, dass Jan die Hilfskraft des Vaters war. Dieser hatte immer irgendein Bauprojekt laufen, bei dem der Sohn assistierte. Jan konnte niemals selbst etwas tun und spüren, dass er etwas konnte. Stets war der Vater der »Projektleiter«. Jan versteht allmählich, dass die Haltung des Vaters, immerzu alles am besten zu können, sein eigenes Selbstvertrauen untergraben hat.
Bei dieser Begegnung erhält Jan die Möglichkeit, seinem Vater mitzuteilen, dass er endlich einmal Dinge selbstständig machen will. Er denkt auch über die väterliche Haltung nach.

Jan: »Ich überlege, ob es ihm um das Bedürfnis ging, sein Können zu demonstrieren, oder ob er wollte, dass die Dinge gut ausgeführt wurden. Bei mir entstand jedenfalls das Gefühl, nicht ausreichend gut zu sein.«

In der inneren Szene unterstütze ich Jan dabei, dem Vater entschieden mitzuteilen, dass er Sachen alleine hinbekommt. Nach dieser Erklärung spürt Jan beim Verlassen der Szene seine aufrechte Haltung.

Er ist fasziniert, wie deutlich sich sein Problem in den inneren Szenen ausdrückt. Nach nur zwei Terminen geht es Jan bereits erkennbar besser. Bei der Arbeit gelingt ihm die Präsentation eines schwierigen Vorhabens, was noch vor kurzer Zeit unmöglich gewesen wäre. Er ist froh, so schnell an sein früheres Können, das er für verloren hielt, anknüpfen zu können.

Wir arbeiten als Nächstes an dem hohen Anspruchsniveau, das Jan dem Vater abgeschaut hat. Ich führe die »Von-unten-Perspektive« ein, die jedes Kind im Verhältnis zu seinen Eltern hat. Jan erblickt den fünfjährigen kleinen Jungen vor sich, der zu dem auf einem Sockel stehenden Vater hochschaut. Aus der kindlichen Perspektive erscheint der Vater unglaublich tüchtig und groß wie ein Riese. In dieser Von-unten-Perspektive fühlt sich das Kind winzig.

Diese Perspektive ist noch immer in Jan vorhanden und beeinflusst sein Selbstwertgefühl. Er glaubt nicht, jemals das väterliche Niveau erreichen zu können. Im Übrigen meint er, perfekte Leistungen erbringen zu müssen.

Der Heiligenschein verblasst

Im nächsten Bild kehren wir zu einer Kindheitssituation zurück, wo Jan Handlanger des Vaters ist. Wir finden ein Haus im Chaos vor, das vom Vater über einen Zeitraum von drei bis vier

Jahren vollständig umgebaut wurde. Er hatte darauf bestanden, dieses Haus zu kaufen, um es dann zu einem Zweifamilienhaus umzubauen. Es war ein gigantisches Projekt, das er nach seiner regulären Arbeit eigenhändig durchführte. Weit in die Nacht hinein wurde gearbeitet. Die Familie lebte die gesamte Zeit hindurch im Arbeitsstaub und bekam den Vater nur bei einem späten Abendessen zu Gesicht. Zeit zum Spielen gab es nicht. Jan begreift, dass die einzigen Erinnerungen an gemeinsames Spielen mit dem Vater aus der Zeit vor seinem fünften Geburtstag stammen. Für Jan ist es ein erschütterndes Erlebnis, in dieser inneren Szene so deutlich zu sehen, was der Vater der Familie antat. Jan ist auch erschüttert, dass die Mutter sich damit abfand. Er versteht jetzt, dass der Vater stets seine Vorhaben durchsetzte, egal welchen Preis die Familie dafür bezahlte.

Jan erinnert sich daran, wie die Mutter, der Bruder und er selbst stundenlang dasaßen und mit dem fertigen Essen auf den Vater warteten. Die Mutter rief ihn immer wieder, aber der Vater erschien nicht. Er schob ein schlechtes Zeitgefühl vor. Erst jetzt begreift Jan, dass es sich eigentlich um Respektlosigkeit handelte, dass der Vater die Beziehungen vernachlässigte und anderes an erste Stelle rückte. Jan selbst hält sich deshalb stets sehr genau an Termine. Der Glorienschein des Vaters verblasst.

Jan fällt nun auch eine Situation lange Zeit später ein, als die Familie Zelturlaub in Deutschland machte. Der Vater zwang sie dort, in jedes einzelne Museum, an dem sie vorbeikamen, hineinzugehen. Der Urlaub wurde zu einer Plage, weil man sich immer nur bilden sollte.

Als Jan nun mit den Augen des Erwachsenen die Szenen aus der Kindheit anschaut, ist er entsetzt. Er begreift, dass er das Gefühl hatte, »gnadenhalber« dabei sein zu dürfen, sich die väterliche Zeit »verdienen« zu müssen. Er sieht auch, dass die Mutter zu unselbstständig und zu unsicher war, um dem Verhältnis zum Vater etwas entgegensetzen zu können. Sie hoffte, geliebt zu werden, indem sie nicht protestierte.

Im folgenden Drama erhält Jan Gelegenheit, sich bei der Begegnung mit dem Vater anders zu verhalten.

Das Treffen findet im Restaurant statt. Jan erzählt dem Vater, dass er ihn als Spielkamerad verloren habe und wie sehr er diese Beziehung vermisst habe.
Jan: »Wir haben kaum etwas Schönes unternommen. Wir sind nie ins Kino gegangen, weil du das für Zeitverschwendung gehalten hast. Wir machten nur das, was du für wichtig hieltest! Zu Hause hast du mich nur als Handlanger benutzt. Die ganze Zeit musste ich danebenstehen. Alles, was wir machten, waren *deine* Dinge, die ich gar nicht schaffen konnte. Viele davon erscheinen mir noch heute überwältigend.«
Jan begreift, dass ihm der Vater die Freude am Handwerklichen genommen hat, und sagt, dass »es sich immer noch wie eine Forderung anfühlt«. Dann fragt er seinen Vater, wieso er nie einen Fehler zugeben konnte und warum er immer so tüchtig sein musste.
Jan: »Was genau und wem eigentlich wolltest du etwas beweisen?«
Mit therapeutischer Unterstützung erklärt Jan: »Ich bin völlig in Ordnung, so wie ich bin! Ich brauche nichts zu beweisen. Das sind eigentlich deine Bedürfnisse und nicht meine. Ich werde meine Familie nicht einem Verhalten wie deinem aussetzen. So etwas macht mehr zunichte, als es nützt. Du hast immer mit anderen Menschen gearbeitet, hast dich aber um deine eigene Familie ganz schlecht gekümmert. Immer hatte sich alles nach deinen Regeln zu richten.«
Danach beginnt Jan, den Perfektionismus des Vaters infrage zu stellen: »Ich begreife jetzt, wie ich durch deine Ansprüche gebremst wurde. Das Risiko einzugehen, nicht immer nur in allem sehr gut zu sein, ist entschieden besser, als so zu tun, als ob man alles beherrscht. In Zukunft werde ich mein Leben nicht mehr an deinen Perfektheitsidealen ausrichten. Ich werde es so gut

machen, wie es mir passt. Die Freude, etwas selbst gemacht zu haben, wird aufwiegen, dass nicht alles fachmännisch ausfallen wird. Es wird Spaß machen, Dinge herzustellen!«
Jan beendet die Begegnung mit seinem Vater mit einer Ankündigung: »Ich werde in Zukunft danach leben, was mir liegt, und nicht so, wie du es verlangst. Ich mache die Dinge jetzt auf meine Weise!«

Nach dem Bild verspürt Jan ein Freiheitsgefühl, in dem jedoch auch Trauer mitschwingt, das idealisierte Vaterbild aufzugeben. Er bemerkt mit aufsteigenden Tränen, dass sein Vater »wie eine graue, leere Hülle … nur eine Hülle« aussah, als er ihn im Restaurant verließ. Das idealisierte Vaterbild hatte Risse bekommen. Jans Schmerz enthält jedoch auch Trauer darüber, so lange mit einer Illusion gelebt zu haben. Ein erschütterter Jan verlässt nach dieser Imagination meine Praxis, er fühlt sich aber auch befreit.

Grenzsetzungen wagen

Jan ist jedoch in größerem Ausmaß, als er bisher begriffen hat, auch der Sohn seiner Mutter. Bei der Arbeit und in der Beziehung zu seiner Partnerin fällt es ihm schwer, Grenzen zu setzen. Die Mutter war selbstaufopfernd und hat hierfür einen hohen Preis bezahlt. Sie fühlt sich nun – im Alter von 55 Jahren – abgearbeitet und verbraucht und ist seit Langem krankgeschrieben. Manchmal hatte die Mutter versucht, dem Vater zu widersprechen, mit der Folge, dass dieser sich verschloss und tagelang schwieg. Jan glaubt, dass seine Mutter sich im elterlichen Verhältnis stets unterlegen gefühlt hat. Am besten war die Zeit, als die Mutter an einem anderen Ort arbeitete und wochenlang fort war. Wenn sie dann freitags heimkam, war Festtag. Die Mutter erhielt Anerkennung von außen, weil sie etwas konnte, und der Vater vermisste sie und war gleichzeitig gezwungen, etwas mehr Verantwortung für die Kinder zu übernehmen.

> Während einer inneren Szene sagt der erwachsene Jan jetzt zu seiner Mutter, dass sie den Vater früher hätte verlassen sollen – dass er ihr nicht guttat. Die Mutter antwortet jedoch, dass sie den Vater liebte und deshalb so viel gegeben hat. Der erwachsene Jan kann die Stärke der Mutter erkennen, indem sie sich die ganzen Jahre über um die Familie gekümmert hat, während sie in Bezug auf den Vater schwach war: »Ich sehe und verstehe ihre hoffnungslose Situation. Von ihr habe ich gelernt, anderen Menschen Respekt zu erweisen. Ich glaube, dass ich vieles übernommen habe, was Rücksichtnahme und Sichkümmern betrifft. Aber ich habe nicht gelernt, Grenzen zu setzen.«

Jan ist traurig über die Lage seiner Mutter und stellt fest, dass er besser darin werden muss, Grenzen zu setzten, wenn er nicht in einer vergleichbaren Situation enden möchte. Das betrifft nicht nur den Arbeitsplatz, sondern auch seine Partnerin Lisa. Sie versteht es gut, Forderungen zu stellen, und er beugt sich oft ihren Wünschen, während er innerlich Trauer und Wut spürt.

Am folgenden Wochenende haben Jan und Lisa unterschiedliche Pläne für die Tagesgestaltung. Jan versucht zu fragen, was sie am Abend machen wollen. Daraufhin stellt Lisa ihre Stacheln auf und fühlt sich kontrolliert. Als unmittelbare Folge zieht sich Jan zurück, fühlt sich dabei sehr traurig. Dieses Mal lässt er seine Gefühle zu und fasst den Entschluss, die Sache mit Lisa durchzusprechen. Er nimmt sich zusammen und berichtet ihr von seiner Reaktion. Beide erkennen ihre jeweilige Verletzbarkeit und können das Wochenende vernünftig gestalten. Ihr gefühlsmäßiger Kontakt verbessert sich und es geht ihnen mit dem offeneren Austausch wesentlich besser. Jan begreift jetzt, wie wichtig es ist, sich nicht bloß den Wünschen der Partnerin zu fügen, wie die Mutter es tat. Anstatt seine Gefühle zu unterdrücken, muss er für seine Bedürfnisse und Gefühlsreaktionen einstehen.

»Ich werde sorgsamer werden, indem ich meinen Wünschen nachspüre, und Zeit einfordern, um herauszufinden, was ich möchte, selbst wenn ich keine unmittelbare Vorstellung davon habe«, meint er.

Lehrer haben Jans Selbstwertgefühl untergraben

Jan erzählt, dass sein Lehrer in der ersten Schulklasse bei einem Elterngespräch ihm und seinen Eltern erklärte, dass Jan »nicht lernfähig« sei. Einige Jahre darauf quälte ihn eine Englischlehrerin, indem sie ihn zwang, in *jeder* Stunde englische Vokabeln vor der Klasse an die schwarze Tafel zu schreiben. Jan entwickelte Angst vor den Englischstunden, weil er die Rechtschreibung nicht beherrschte, soviel er auch las und übte.

Das unpädagogische Vorgehen der Lehrerin hat tiefe Spuren in Jans Selbstbild hinterlassen – er hielt sich für »defekt«. Zum Glück kümmerten sich die Mitschüler nicht um das Urteil der Lehrer – mit ihnen hatte Jan guten Kontakt. Er ist hochgewachsen und ein guter Basketballspieler, sodass er hierfür entsprechende Bewunderung von seinen Kameraden erntete.

Weil die Lese-Rechtschreib-Schwäche Jans Selbstbild in der Schulzeit so stark beeinträchtigt hat, beschließe ich, in einer inneren Szene einige der Spuren der während der Schulzeit erlittenen Kränkungen zu analysieren und zu verändern:

In seinem inneren Bild ist Jan froh und erwartungsvoll angesichts des bevorstehenden Schulbeginns. Schnell konzentrieren wir uns auf die Lehrerin aus dem 1. Schuljahr. Jan erhält ein berichtigtes Schreibheft zurück, das völlig mit Rot übersät ist. Jan fühlt sich wertlos, weil die Mitschüler Goldsterne bekommen, während er einen mürrischen Kommentar erhält. Er schämt sich, ist traurig und fühlt sich als Versager. Dass er alles richtig hat, als er seine Rechenhefte zurückbekommt, reicht nicht aus, um die mit dem Schreiben verbundene Kränkung wiedergutzumachen.

Ich lasse den erwachsenen Jan mit in die Szene kommen, sich des Kleinen annehmen und ihn trösten. In der Imagination wendet sich der erwachsene Jan an die Lehrerin und sagt ihr, was sie mit ihrem Unverstand angerichtet hat. Die Therapeutin hilft Jan, seinen Zorn über die Behandlung in Worte zu kleiden und die falsche Beurteilung zurückzuweisen.

Wir setzen die Arbeit an der inneren Szene mittels einer Konfrontation mit der Englischlehrerin und ihrer Entwertung aller Kinder, die schlecht in Rechtschreibung waren, fort. Jan begreift jetzt, dass sie ihn durchgängig gemobbt hat, weil er nicht aus einer der »besseren« Familien stammte. In dieser Imagination erlebt Jan nach, wie er vorne an der Tafel stand und ihm der kalte Schweiß ausbrach. Er fühlte sich völlig wertlos und schämte sich riesig.

Der erwachsene Jan erhält in der Imaginationsszene Gelegenheit, dieser Frau die Leviten zu lesen und ihr von der Angst zu berichten, die sie Stunde um Stunde bei dem kleinen Jungen auslöste. Nachdem Jan in einem zentralen Englischtest gut abgeschnitten hatte, weil Rechtschreibung dabei nicht im Zentrum stand, deutete die Lehrerin sogar an, dass er gemogelt habe. Jan beendet die Begegnung mit ihr, indem er sagt: »Es hat gar keinen Zweck, dass Sie sich entschuldigen. Ihr Verhalten lässt sich niemals verzeihen! Es hat gewaltige Narben in mir hinterlassen. Ihnen wünsche ich nichts Gutes im Leben!«

Als Abschluss der Imagination erklärt Jan seinen Mitschülern, dass er an Lese-Rechtschreib-Schwäche leidet und was das bedeutet. Der erwachsene Jan rät dem kleinen noch, sich aufzurichten und stolz auf das zu sein, was er ist – er ist gut in vielem außer Rechtschreibung. Wenn er erwachsen ist, werde er begreifen, dass Rechtschreibung überhaupt nicht wichtig ist.

Nach der Imagination reden wir darüber, wie tragisch und empörend die Misshandlung Jans durch die Lehrer war. In der heutigen Computerwelt ist Jan vom Joch der Rechtschreibung befreit und besitzt ein gutes Selbstvertrauen, was sein Arbeitsvermögen betrifft. Es gibt jedoch ein verstecktes negatives, durch die Lehrer nachdrücklich eingeimpftes Bild, »defekt zu sein«. Wir haben deshalb versucht, eben diesem verborgenen Bild entgegenzuarbeiten. Es hat Jan diverse Male in verschiedenen Situationen behindert und ihn dazu gebracht, überdurchschnittlich viel zu leisten, um das Gefühl, zu genügen, zu haben.

Die Falle schnappt zu

Zur nächsten Therapiestunde erscheint Jan mit einem Druckgefühl in der Brust, das er auf die häusliche Situation bezieht. Der Druck lässt nämlich üblicherweise nach, wenn er zur Arbeit radelt. Es stellt sich heraus, dass seine Freundin Lisa ihre eigenen Forderungen im Grunde genauso gut verteidigen kann wie Jans Vater. Aus Angst vor ihrem Zorn ist Jan in die Mutterrolle geschlüpft und hat Konflikte unter den Teppich gekehrt. Der Brustdruck ist entstanden, weil Jan seinen Gefühlen keinen Ausdruck gegeben hat.

Damit Jan dieses Muster besser erkennen kann, betrachten wir zunächst eine Situation, die am Morgen des betreffenden Tages aufgetreten war. Jan war zeitig aufgewacht, hatte still dagelegen und nachgedacht, als Lisa ihn plötzlich anraunzte, weil er sie aufgeweckt habe. In der Therapie bagatellisierte Jan zunächst seine Traurigkeit, woraufhin ich ihn darauf hinweise, dass er anstelle der Gefühle Schmerzen in der Brust bekommen hat. Ich erkläre ihm, dass es sich hier nur scheinbar um einen belanglosen Vorgang handle und dass dieses eher unscheinbare Ereignis wie ein Angelhaken funktioniere, der sich in seine frühen Erinnerungen hinuntergesenkt hat, um sich dort in Gefühlen zu verhaken, die früheren Situationen entstammen. Ich fordere Jan deshalb auf, die Augen zu schließen, das traurige Gefühl vom Morgen wieder in sich wachzurufen und zu schauen, wann er sich früher im Leben ähnlich gefühlt hat. Es zeigt sich, dass sich die Angel an Gefühlen aus der Schulzeit festgehakt hatte, die in Situationen entstanden waren, wo er sich zu Unrecht beschuldigt und wertlos gefühlt hatte.

Jan geht schnell ein Licht auf und er ist erschüttert, als er begreift, welche großen Gefühlswallungen der Haken an die Oberfläche befördern kann. Er erzählt von anderen Gelegenheiten, wo er und die Partnerin planten, etwas Schönes zu unternehmen. Er hatte Lisa die Entscheidungen überlassen, selbst wenn er eigentlich wusste, worauf er selbst Lust hatte. Es zeigt sich, dass er zu Beginn ihrer Beziehung seine Wünsche noch ausdrückte, was bei Lisa, die sich aufgrund ihrer Vorgeschichte leicht überfahren fühlte, zu heftigen negativen Reaktionen führte. Nicht an offene Konfliktaustragung gewöhnt, gab Jan rasch nach. Er versteht jetzt die Folgen dieser Nachgiebigkeit und des mangelnden Respekts den eigenen Gefühlen gegenüber. Er ist deshalb entschlossen, die häusliche Situation auf neue Weise anzugehen.

Jan berichtet, dass er nun auch daheim ein Übungsfeld hat, das nicht auf die wenigen Gelegenheiten beschränkt ist, wo er seinen Vater trifft. Dabei überrascht mich die positive Einstellung, die Jan – wie sich später herausstellt – aus dem Elternhaus übernommen hat. In allen möglichen Situationen hatte der Vater verkündet: »Was können wir daraus lernen?« Eine solche Einstellung im Gepäck zu haben ist keine schlechte Ausstattung.

Jan geht sofort heim und übt, sich auf neue Art zu verhalten. Dabei findet er Zugang zu seiner Energie. Die belastenden depressiven Wolken lockern sich allmählich auf.

Im Clinch mit den Leistungsansprüchen

Da Jans Leben von ständigen hohen Leistungsansprüchen überschattet ist, schlage ich ihm in der Imagination vor, sich dieser inneren Seite zu stellen. Die Aufgabe lautet, ein Gespräch mit dem Perfektionsanspruch der ihm zugehörigen inneren Person zu führen.

Diese beginnt mit einer langen Tirade, welche mit den Worten endet: »Wenn du nicht perfekt bist, dann taugst du zu nichts!«
Jan fragt bescheiden nach, wem gegenüber er nichts tauge. Das verwirrt seine »perfekte Seite«, die ihm zur Antwort gibt: »Das ist einfach so. Das war schon immer so.«
Die perfektionistische Seite geht demnach davon aus, dass es gilt, die Erwartungen anderer zu erfassen, um diese dann als Forderungen an Jan weiterzureichen.
Therapeutin: »Das klingt, als ob Sie einen inneren Sklaventreiber haben, der dort ungebremst sein Unwesen treibt.«
Jan stimmt zu, sagt aber auch, dass der Sklaventreiber stark und glatt wie ein Aal und daher schwer zu greifen sei.
Dennoch versucht Jan herauszufinden, warum sich das Perfektionistische in sein Leben eingeschlichen hat. Er stellt fest, dass er alle Dinge stets besser als sein kleiner Bruder bewältigt hat und früher, als ihm lieb war, die Rolle eines Erwachsenen aufgebürdet bekam. Die Eltern meinten immer, dass er ordentlich und tüchtig sei, und Jan hat deshalb versucht, ihre Erwartungen zu erfüllen. Schließlich hörte er nur noch diese Stimme.
Therapeutin: »Kein Wunder, dass Sie sich ausgebrannt fühlen, wenn Sie all diesen Anforderungen gerecht werden sollen.«
Jan fordert den Perfektionsteil auf, ihn in Ruhe zu lassen. Schließlich hat er die ganzen Jahre über gekämpft. Nun muss Schluss sein damit!
Therapeutin: »Was ist aus dem verspielten kleinen Jungen in Ihnen geworden?«

Jan stellt fest, dass er diesen inneren Anteil nur mit Mühe hervorlocken kann, hofft aber, daheim, wo es sicher ist, mehr von ihm zu finden. Er begreift, dass die spielerische Seite ihm noch nützlich sein kann:
»Dieser Anteil öffnet Türen zu Ressourcen, die ich anders nicht finden könnte. Wenn ich nur freier zu denken wage – wenn ich bloß von diesen hohen Anforderungen an mich runterkomme, dann – peng! – eröffnen sich mir neue Handlungsmöglichkeiten!«

Diesen Weg müssen wir natürlich weiterverfolgen, weshalb ich in einer nachfolgenden Imagination vorschlage, dass Jan als »wahres inneres Ich« dem »falschen Ich« im Café begegnet. Das falsche Ich repräsentiert diejenige Seite seines Selbst, die Forderungen anderer aufnimmt und andere zufriedenzustellen versucht, ohne auf die eigene Stimme zu hören. Die Szene entwickelt sich folgendermaßen:

Die fordernde Gestalt (das falsche Ich) erweist sich als eine deutlich sichtbare düstere Person, die mit einen dunklen Anzug bekleidet am Kaffeetisch Platz genommen hat.
Die wahre innere Figur ist dagegen fast durchsichtig, eher wie eine Kontur. Jan hat sich in seinem Leben nicht viel Zeit gegeben, darüber nachzudenken, wer er im tiefsten Inneren ist, und er hat sich nicht gestattet, den eigenen gefühlsmäßigen Kurs einzuschlagen.
Die beiden Figuren schauen sich über den Tisch hinweg an, haben aber wenig gemein und einander nur wenig zu sagen. Ich schlage Jan vor, die transparente Gestalt etwas deutlicher werden zu lassen, deren Kontur möglichst etwas mehr auszufüllen. Das ergibt eine neue Sicht:
Jan: »Doch, er ist tatsächlich neugierig! Er ist ein fröhlicher Typ, nicht so düster. Er gefällt sich besser in abgenutzten Jeans als in der Welt der Anzüge. Er verfügt über den Willen, etwas ganz

alleine zu bewirken … etwas, das nichts mit Leistung zu tun hat. Eigentlich möchte er ganz alleine für sich arbeiten, an einer eigenen Idee, etwas selbst bestimmen. Er liebt Herausforderungen, er macht gerne Sachen, die er noch nicht beherrscht, an deren Lösung er herumwerkelt, um dann zu genießen, wenn er sieht, dass es funktioniert.«

Jan fährt fort: »Der Rahmen darf nicht zu eng gesteckt sein und es darf keine anderen geben, die festlegen, was geht und was nicht. Beziehungen sind zwar wichtig, aber er muss auch allein sein, sich ab und zu zurückziehen können und nicht ständig von anderen umgeben sein.«

Therapeutin: »Wie sieht denn die durchsichtige Figur jetzt aus? Hat sie mehr Kontur bekommen?«

Jan: »Doch, sie hat jetzt immerhin einen Unterkörper, der Rest ist aber weiter undeutlich!«

Auf diese Weise geht es weiter mit der Untersuchung der zwei Selbstanteile: »Wenn sich beiden eine Frage oder ein Problem stellt, würde sich die dunkle Gestalt normativ äußern. Sie würde feststellen, was geht und was nicht, und wäre frustriert, wenn sie nicht gleich eine Lösung parat hätte.

Der andere Jan würde ganz einfach anfangen, erfindungsreich herumzuprobieren, so lange, bis er eine Lösung gefunden hat. Das ist nicht notwendigerweise der schnellste Weg, macht aber enorm Freude, wenn es gelingt, die Nuss zu knacken!

Der große Bruder, der dunkle Kerl, ist feiger und vorsichtiger. Er passt sich an die Ansichten anderer Menschen an. Eigentlich ist er ziemlich unselbstständig … und ziemlich müde. Sieht jedenfalls müde aus!«

Therapeutin: »Na ja, er hat ja auch all die Jahre über schwer geackert. Vielleicht sollte er sich einmal ausruhen. Das würde auch dem anderen Burschen mehr Platz verschaffen.«

Jan bemerkt, dass die hellere Figur anfangs kleiner war, jetzt aber zu wachsen beginnt. Auch ist sie viel deutlicher als vorher geworden.

Als wir die Szene im Nachhinein besprechen, vergleichen wir den Prozess mit einer Fotoentwicklung. In der Imagination kam Jan mit einer kreativen Selbstseite in Kontakt, zu der er vorher keinen Zugang hatte. Wir waren förmlich gezwungen, diese Seite zu entwickeln und Gestalt annehmen zu lassen.

Jetzt sitze ich am Steuer

Als wir die innere Szene weiter nachbesprechen, fällt Jan plötzlich ein, wie es zuging, nachdem der Vater Tandemräder für die Familie angeschafft hatte. Natürlich saßen Mutter und Vater vorne, solange die Kinder klein waren, behielten diese Positionen aber über die Jahre hinweg bei. Auf symbolischer Ebene zeigt sich hier die Neigung des Vaters, Aktivitäten zu leiten, eine Situation, der Jan inzwischen definitiv entwachsen ist.

»Jetzt sitze ich vorne«, sagt Jan triumphierend.

Dieser Ausruf fasst auch den Prozess zusammen, der während der Therapie stattgefunden hat. Jan hat auf neue Weise die Steuerung seines Lebens übernommen. Er ist sich gefühlsmäßig mehr dessen bewusst, was er selbst möchte, und ist bereit, sich dafür einzusetzen. Als Folge hat er neue Kraft und Lebensfreude gewonnen. Er fühlt sich nicht mehr ausgebrannt. Seiner Meinung nach bedeutete es einen entscheidenden Schritt hin zur Bewältigung seiner Probleme, dass er die Perspektive des kleinen Kindes einnehmen konnte und die alles steuernde Dynamik des inneren Kritikers erfasste.

Noch während der Therapie kehrte Jan ganztags an seinen Arbeitsplatz zurück, ohne erneut krank zu werden. Gleichzeitig plant er inzwischen, irgendwann etwas Eigenes zu beginnen.

Es war schön und anregend, Jans Entwicklung während der Behandlung mitverfolgen zu können – es war buchstäblich zu sehen, wie er sich aufrichtete und sein Leben auf neue Weise in die Hand nahm.

Die weitere Entwicklung

Als wir nach circa einem Jahr die weitere Entwicklung besprechen, geht es Jan weiter gut, und wir reden angeregt über die Therapie und seine Lebenssituation. Er hat sich weiterentwickelt. Er bemerkt inzwischen genau, wenn sich irgendein Haken in einem sensiblen Gebiet verfängt, und kann dann das Problem direkt angehen. Auch hat er entdeckt, dass seine Selbstansprüche steigen, wenn er gestresst ist, worauf er achtgeben will. Die Beziehung zur Freundin hat sich intensiviert und stabilisiert. Beiden ist inzwischen bewusst, dass sie sich Bedürfnisse mitteilen müssen, um einander erreichen zu können.

Jan ist es wichtig, herauszustellen, dass das Benehmen seines Vaters von dessen Gepäck – dessen eigenem Kind – herrührte und nicht von dessen Böswilligkeit. Damit ist ein wichtiger Gesichtspunkt erfasst, der für Eltern im Allgemeinen gilt. Hinzuzufügen ist auch, dass Jan während seiner Kindheit und Jugend auf verschiedenen Ebenen eine positive Beziehung zu seinem Vater hatte. Während der Behandlung kam das nicht so viel zur Sprache, weil man sich dort mehr mit dem Problematischen befasst. Heutzutage hat Jan einen entspannten und guten Kontakt sowohl mit dem Vater als auch mit der Mutter. Auch die Mutter hat inzwischen durch eine Therapie ihr Leben verändert, und es geht ihr besser.

Jan besaß eine sichtbar gute Fähigkeit, die Behandlung für sich zu nutzen. Wir sahen uns insgesamt fünfzehnmal. Nicht immer ist es für jemanden so leicht wie hier, sich von inneren Ansprüchen zu befreien. Als Therapeut ist es sehr schön, mitzuerleben, wenn die ausgestreuten Samen aufgehen, Wurzeln bekommen und so rasch und konkret Früchte tragen.[34]

Gut ein Jahr nach Therapieende schreibt Jan Folgendes:

> Meine Therapie gab mir unglaublich viel, und das sehr rasch. Bereits beim ersten Besuch merkte ich, dass meine Probleme lösbar sein würden, weil wir da schon eine Bilderübung machten. Ich »begegnete« dabei meinem Vater bei einem Haus auf einer Wiese und konnte beginnen, ihm meine Gefühle mitzuteilen. Auch wenn dieses erste Mal anstrengend war, vermittelte sich mir das Gefühl, dass es eine Lösung gab, und außerdem eine Erklärung, warum ich mich so fühlte wie damals. Diese schnelle Gewissheit, dass die Behandlung funktionieren würde, machte – zusammen mit der Zuversicht der Therapeutin – den ganzen Prozess einfacher.
>
> Ein Jahr nach dem Abschluss der Behandlung habe ich ein viel engeres und besseres Verhältnis sowohl zu meinem Vater als auch zu meiner Mutter. Anstatt mich mit ihnen zu vergleichen und ihre Lebens- und Verhaltensweisen auf mich selbst als Forderungen zu übertragen, denke ich jetzt oft: »Das ist ihre Art, mit Dingen umzugehen, ihr Leben, das sind ihre Normen – Ich habe mein Leben und ich bestimme, was ich damit machen möchte.«
>
> Ich empfinde es so, dass ich ein realistischeres Bild davon habe, wie besonders mein Vater ist, und kann inzwischen seine Mängel anders als früher betrachten. Bis zu einem gewissen Maß habe ich sogar Verständnis dafür, welche Triebkräfte hinter seiner Lebensweise stecken, warum er zu dem wurde, der er ist. Diese Einsicht hat es auch einfacher für mich gemacht, weiterzumachen und herauszuarbeiten, wer ich selbst bin.

11

Sich von Perfektionsforderungen lösen – Erschöpfungssyndrom/Burn-out

Jetzt sitze ich vorne. Jetzt lenke ich!
JAN

Hinter vielen Erschöpfungszuständen gibt es eine tiefe Tragik – unter der Oberfläche verbergen sich häufig ein inneres Kind, das sich nicht wertvoll fühlt, sowie ein innerer Kritiker, der den Erwachsenen zu übermenschlichen Leistungen antreibt. Man versucht zu beweisen, dass man zu etwas taugt – ohne damit Erfolg zu haben. Wie groß auch die Bestätigung von außen wird, sie heilt niemals das innere Leck, durch das jedes Lob rasch hindurchrinnt, solange das Loch im Löffel nicht repariert ist.

Hinter der Erschöpfungssymptomatik

Jan war lange Zeit wegen einer Erschöpfungsdepression krankgeschrieben, kam aber erst zu mir, als sein Wiedereinstiegsversuch in den Job zu scheitern drohte. Das könnte erklären, wieso es so rasch gelang, die negative Spirale in eine positive Richtung zu wenden.

Trotzdem ist Jan in vieler Hinsicht ein typischer Burn-out-Klient. Für gewöhnlich findet man nämlich als ursächliches Problem ein negatives Selbstwertgefühl. Der Betreffende ist tief im Inneren nicht überzeugt, etwas wert zu sein, und müht sich deshalb über Gebühr, diesen für ihn schändlichen Zustand zuzudecken. In Kapitel 8 konnten Sie dies an Karins Beispiel sehen, die als Folge ihrer Versuche, das tüchtige Mädchen zu sein und Bestätigung bei der Arbeit zu bekommen, eine schwere Erschöpfungssymptomatik entwickelt hatte.

Bei vielen Menschen mit Erschöpfungssymptomen spielt das Unvermögen, sich abzugrenzen, eine zentrale Rolle, – sowohl in Bezug auf die Umgebung als auch im Verhältnis zum oft vorhandenen inneren Sklaventreiber. Im Zustand des Ausgebranntseins ist man in dasselbe Gefühl von Machtlosigkeit zurückgekehrt, das man vor langer Zeit bei seinen Versuchen erlebt hat, die Zuneigung der Eltern und in Jans Fall auch die der Lehrer zu gewinnen. Diese Machtlosigkeit löst oft aus Kindertagen stammende starke Schamgefühle über den abgeleiteten Gedanken, wertlos zu sein, aus.

Selbstverständlich gibt es auch einen anderen Typus von Burn-out, bei dem der Arbeitsplatz das Kernproblem darstellt und man z. B. wegen eines verständnislosen Chefs oder einer Umorganisation des Arbeitsverhältnisses in eine Situation der Machtlosigkeit geraten ist. Hier ist kein negatives Selbstbild beteiligt, sondern eher eine äußere Belastung.

Klienten mit Erschöpfungssymptomatik haben oder bekommen oft Probleme in ihrer Paarbeziehung. Die Psychotherapeutin Margareta Rosendahl zeigt auf, dass neben der Einzelbehandlung einige Paargespräche angezeigt sein können, um die Situation zu klären.[35] Für Jan war es z. B. wichtig, zu lernen, sich besser für die eigenen Belange gegenüber der Partnerin einzusetzen und zu wagen, seine Gefühle auszudrücken. Danach konnte er Beziehungsprobleme besser bewältigen.

Den inneren Sklaventreiber entmachten

Um sich aus der Tyrannei seiner Anforderungen zu befreien, muss man sich den verinnerlichten Sklaventreibern und sonstigen fordernden Instanzen stellen. In Jans Beispiel war klar, welche Vorbilder es für seine Leistungsansprüche gab, sodass wir gleich begannen, die Beziehung zum Vater zu bearbeiten. Anfänglich sollte Jan dem Vater in einem Restaurant begegnen und ihm widersprechen, während er ihm in die Augen sah (es ist ein wichtiges Element, nicht die Augen niederzuschlagen). Jan beendete seine Rede mit den Worten: »Jetzt ist Schluss! In Zukunft werde ich meinem eigenen Weg folgen.«

Das war eindeutig eine mündige Reaktion. Nachdem Jan jedoch das Restaurant verlassen hat, ist die Vaterfigur zu »einer leeren, grauen Hülle« geworden. Die idealisierte Elternfigur ist zusammengeschrumpft. Die Auseinandersetzung mit dem Vater war notwendig, weil Jan seinen Vater und dessen Lebensweise idealisiert hatte. Die Kehrseite dieser Medaille war eine Abwertung von Jan selbst. Nachdem die Idealisierung beseitigt war, konnte Jan sich selbst gegenüber eine erwachsenere Rolle einnehmen. Wie aus der Fallbeschreibung hervorgeht, führte das in der wirklichen Beziehung zum Vater eher zu einer Verbesserung.

Wir nahmen dann die destruktiven Beziehungen zu zwei Lehrern ins Visier, die das Schulleben für den lese- und rechtschreibschwachen Jan über viele Jahre versauert hatten. Jan ist inzwischen um die dreißig, und es ist erschütternd, sich klarzumachen, dass es während seiner gesamten Schulzeit keinerlei Verständnis für seine Leseschwäche gab. Jan war demnach purem Lehrermobbing ausgesetzt, bei der Englischlehrerin in einer ungewöhnlich sadistischen Variante. Es kommt zu einer etwas heftigeren Interaktion, als Jan während einer inneren Gerichtsszene von beiden Lehrern Rechenschaft fordert. Wichtig war es in der Szene, Jans Gefühle wiederzubeleben, damit er die während der Schulzeit verinnerlichte Vorstellung, unfähig oder »defekt« zu sein, abwerfen konnte.

Nach meiner Einschätzung war es notwendig, Jans Perfektionsansprüche weiter zu bearbeiten. Oft muss man sich einem Problem aus verschiedenen Blickwinkeln nähern. In einer Imagination traf Jan seinen »Perfektionsanteil«, der seinem »verspielten Selbst« gegenübergestellt wurde. Er begriff nach und nach, dass seine verspielte Seite eine Kreativität enthielt, die eine wichtige Ressource darstellte. Um die Situation weiter zu verdeutlichen, ließ ich das »fordernde Selbst« seinem »wahren Ich« in Form eines Gesprächs in einem Café begegnen. Die mit einem dunklen Anzug bekleidete fordernde Seite war sehr dogmatisch, während das wahre Ich beinahe durchscheinend, nur als Umriss erschien. Im Verlauf der Imagination werden dessen Konturen immer mehr ausgefüllt. Jan versteht, dass es sich um einen Selbstanteil handelt, den er mag und respektieren kann. Er denkt daran, wie er in Zukunft seine Arbeit gestalten möchte. Hier deuten sich weitere Möglichkeiten an, die Kontur weiter auszufüllen, auch wenn die Gestalt im Verlauf der Imagination bereits deutlicher wurde.

Der Prozess veranschaulicht, dass es notwendig sein kann, sich den inneren Sklaventreiber aus verschiedenen Einfallswinkeln vorzunehmen, um den Klienten aus dessen Umklammerung zu befreien. Das ist für jeden einzelnen ein individueller Prozess, in welchem man daran arbeitet, sich vom steuernden Einfluss der inneren fordernden Instanzen zu lösen.

Den inneren Elternteil in die Verantwortung nehmen

Für viele Klienten mit einem inneren Sklaventreiber ist es bedeutsam, mit ihrem Zorn in Verbindung zu gelangen, während sie erfassen, dass sie während ihrer Kindheit von übermäßigen Forderungen geprägt wurden. In der Imagination müssen sie das dem verinnerlichten Elternbild gegenüber formulieren können und dabei auch mitteilen, was sie stattdessen gebraucht hätten. Bei der Befreiung von dem prägenden Einfluss der inneren Elternstimme, die sowohl kritisch als auch fordernd sein kann, stellt dies einen wichtigen Schritt dar.

Für das innere Kind ist es keineswegs leicht, während der inneren Szene seine eigenen Bedürfnisse auszudrücken, während man den Eltern in die Augen sieht. Häufig ist dabei Unterstützung seitens des Therapeuten notwendig. Auch nehme ich als weitere Hilfe regelmäßig das erwachsene Ich des Klienten mit in die Situation hinein. Um sich aus den beengenden Anspruchsmustern zu befreien, ist der Zugang zu einem gesunden Zorn erforderlich, den man unsinnigen Ansprüchen und den fordernden inneren Elternfiguren entgegensetzen kann. Es ist schwierig, diesen Zorn auszudrücken, und man sollte damit warten, bis man ein gutes therapeutisches Bündnis aufgebaut hat.

Wozu soll die Anklage der »inneren Eltern« dienen? Ich glaube, dass es sich um einen notwendigen Schritt bei der Befreiung von einem inneren Joch und um einen Schritt hin zu einem positiveren Selbstbild handelt. Wie ich bereits mehrfach hervorgehoben habe, zielt dieses Therapieelement nicht darauf ab, hinzugehen und die realen Eltern zu konfrontieren. Es geht um die Rehabilitierung des inneren Kindes, und das geschieht naturgemäß in der inneren Szenerie. Außerdem handelt es sich immer um die *Vorstellung* des kleinen Kindes, nicht geliebt zu werden und nichts wert zu sein – manchmal kann das auch eine reine Konstruktion durch das Kind sein.

Nicht für alle Klienten sind derartige konfrontative Imaginationen angebracht. Manche Menschen sind so stark mit dem inneren Kritiker identifiziert, dass sie die kritische innere Instanz für einen notwendigen Bestandteil ihrer Persönlichkeit halten. Hieran muss man dann zuerst arbeiten. Anderen fällt es schwer, sich von einer fordernden inneren Elternfigur abzugrenzen, und sie benötigen viel Hilfe vom Therapeuten. Dieser muss auch darauf eingestellt sein, mit irrationalen Schuldgefühlen umzugehen, die auftauchen können, nachdem man auf diese Weise protestiert hat, wenn auch nur einer *inneren* Elternfigur gegenüber.

Den inneren Kritiker loszuwerden ist nicht selten ein umfassendes Arbeitsprojekt. Die Anstrengung ist jedoch die Mühe wert. Der Betreffende erhält dadurch die Chance, freier zu leben und seine Ressourcen kreativer zu nutzen.

Schließlich möchte ich daran erinnern, dass das Arbeiten an der Befreiung von inneren Antreibern vielgestaltig sein kann. Für Karin (Kapitel 8) wurde die Begegnung mit der Mutter zu einem Befreiungsakt. Karin stellte dabei fest, als kleines Kind ganz reizend, liebenswert und völlig in Ordnung gewesen zu sein. Nachdem das innere Kind rehabilitiert und Karin sicherer geworden war, liebenswert zu sein, verflüchtigte sich die ausgeprägte Tendenz, bei der Arbeit ständig ihren Wert unter Beweis stellen zu müssen. In Karins Fall (und bei vielen anderen) ging das Leistenmüssen weniger zulasten eines verinnerlichten Sklaventreibers. Der Kampf galt vielmehr einem ursächlichen Gefühl von Wertlosigkeit. Es war ganz einfach ein Kampf um Existenzberechtigung.

12

Den Kontakt zu sich selbst knüpfen – ein schuld- und schamerfülltes inneres Kind

Du konntest nichts für das,
was passiert ist!
ERWACHSENE LENA ZUR KLEINEN LENA

Ein negatives Selbstwertgefühl kann oft tief begraben sein. Nicht immer fühlt sich die betreffende Person von solchen Problemen überhaupt belastet. So war es bei Lena, die mich in der Hoffnung aufsuchte, eventuelle psychische Hindernisse für eine Schwangerschaft aus dem Wege zu räumen. Sie hatte über Psychotherapie mit Imaginationen gelesen und war interessiert daran, den Dingen mehr auf den Grund zu gehen. Deshalb werden Sie in diesem Kapitel einen längeren und vertieften Therapieprozess verfolgen können.[36] Er enthält unglaublich spannende Entwicklungsschritte. Indem Lena während der Imaginationen einen anderen Kontakt zu ihren Gefühlen bekam, konnte sie ihre verdeckte Schuldproblematik freilegen.

Lena ist gerade vierzig geworden, als sie zur Behandlung kommt. Sie hat einen siebenjährigen Sohn, ist jedoch nach seiner Geburt nicht erneut schwanger geworden. Rasch stellt sich heraus, dass sie eine schwere Schuldproblematik hat und eigentlich glaubt, dass ihre Unfähigkeit, weitere Kinder zu bekommen, eine Strafe darstellt. Außerdem wird deutlich, dass diese angenehme, kompetente Frau ein negatives Selbstbild besitzt, das wie ein Mühlstein um ihren Hals wirkt. Auch gibt es bezogen auf den eigenen Wert unter der ruhig und sicher wirkenden Oberfläche eine untergründige Unsicherheit. Vor einiger Zeit hat Lena eine Gesprächstherapie gemacht. Jetzt erhält sie Gelegenheit, sich mit den gefühlsmäßigen Seiten ihrer inneren Konflikte zu befassen.

Ein komplizierter Hintergrund und eine schwere Schuld

Lenas Mutter stammt aus Deutschland und erlebte in jungen Jahren die Schrecken des Krieges. Da sie selbst wenig liebevoll betreut wurde, fiel es ihr schwer, zu ihrer Tochter Nähe und liebevolles Spiegeln herzustellen. Außerdem hatte eine neidische ältere Halbschwester die Mutter in Beschlag genommen. Ersatzweise suchte Lena bei ihrem Vater, der leider oft verreist war, und bei Nachbarfamilien nach Zuneigung.

Zur großen Katastrophe in Lenas Leben kam es, als sie sieben Jahre alt war. Sie spielte mit einer Kerze und setzte dabei die Gardinen in Brand. Nach kurzer Zeit stand das ganze Haus in Flammen und brannte vollständig nieder. Die Mutter erlitt einen Schock und musste auf Kur geschickt werden. Der Vater verarbeitete seine Traurigkeit, indem er sich dem Bau eines Hauses widmete. Keiner sprach von dem, was passiert war.

In Lena entstanden wegen dieses Ereignisses tiefe Scham- und Schuldgefühle. Um den Schaden wiedergutzumachen, hat sie u. a. verzweifelt versucht, ihre Familie, in der sich die Probleme häuften, zusammenzuhalten. Ein Jahr nach dem Brand entwickelte die Mutter im Anschluss an die Geburt der kleinen Schwester eine Depression. Als Lena im späten Teenageralter war, entwickelte die Mutter eine Psychose, wobei es schon zuvor Tendenzen in diese Richtung gegeben hatte. Ab diesem Zeitpunkt wurde die Mutter wiederholt stationär psychiatrisch behandelt.

Das Blumenbild enthüllt viel

> Lena: »Ich sehe ein Vergissmeinnicht auf einer Wiese, es steht da allein, obwohl es ein bisschen weiter weg noch mehr davon gibt … auf der Wiese sind Spuren von Pfaden, wo Menschen entlanggegangen sind. Es gibt da eine große Eiche, ich möchte mich da hinsetzen, die sieht sicher und stabil aus … Ein wenig weiter weg sehe ich eine Steinmauer.« (Eine Skizze zu diesem Motiv finden Sie auf der nächsten Seite).

Wir erkennen hier, welcher trickreichen Mechanismen sich das Unbewusste bedient, um Botschaften zu vermitteln. Der Name der Blume, *Vergissmeinnicht*, enthält als direkte Anspielung, dass wir es mit einem Menschen zu tun haben, der starke Beziehungswünsche hat und nicht vergessen werden möchte.

Als Lena mit ihrem gemalten Blumenbild kommt, reden wir natürlich über diese kleine, leuchtend blaue Blume (Blau gilt als Farbe der Hoffnung) und deren Appell. Wir sprechen von der Unfähigkeit der Mutter, fürsorglich zu sein und auf die Gefühle des kleinen Mädchens einzugehen, jedoch auch von der Sehnsucht nach dem Vater, der viel reiste und Lena dabei »hoffentlich nicht vergisst«. Die Blume enthält auch eine an den Therapeuten gerichtete Bitte, sie wahrzunehmen und nicht zu vergessen. Auf dem gemalten Bild hat die Blume keine Blätter, d. h., die Versorgung mit Nahrung ist unzureichend. Aufgrund der verinnerlichten Schuldgefühle ist Lena von einer Reihe von Möglichkeiten zur Nahrungsbeschaffung abgeschnitten. Dennoch ist die Blume in der Erde verankert. Die Zeichnung wird von einer kräftigen Eiche dominiert, einem Symbol für Sicherheit, das am ehesten für den idealisierten Vater steht. Lena konnte sich ihren Vater als Kopie von Pippi Langstrumpfs Vater vorstellen – der war ja auch immerzu draußen auf dem Meer.

Meine Blicke werden jedoch von einem Steinhaufen angezogen, der mich auf dem gemalten Bild noch am ehesten an ein

Grabmal erinnert. Es ist noch zu früh für eine sofortige Auseinandersetzung damit, aber ich deute Lena gegenüber an, dass es den Anschein macht, als ob sich hinter dem Steinhaufen etwas verbergen könnte.

Wir nähern uns dem inneren Kind

Beim nächsten inneren Bild schlage ich Lena vor, ein kleines Kind auf einer Wiese zu treffen. Es erscheint ein hellhaariges, ca. vier bis fünf Jahre altes Mädchen. Es wirkt traurig, gleichzeitig aber auch vertraut mit seinen Spielkameraden auf der Wiese. Bei ihm zeigt sich ein interessanter Wechsel zwischen einer aktiven, außen sichtbaren Seite und einer nach innen gerichteten, niedergeschlagenen Ausstrahlung. Innerlich fühlt sie sich wie ein »grauer Lumpen, ein feuchter Fleck«. Sie möchte wahrgenommen werden, aber wenn das unterbleibt, tut sie so, als wäre nichts. Um den grauen Lumpen fernzuhalten, macht sie trotzdem einfach weiter. Es stellt sich heraus, dass Lena zur Verteidigung Bewegung einsetzt – Bewegung ist zu einem Teil ihrer Natur geworden. Das spiegelt sich auch bei ihrer Berufswahl: Sie ist – Sportlehrerin.

Der Steinhaufen birgt interessante Fundstücke

Nachdem wir eine Reihe weiterer Themen besprochen haben, beurteile ich unsere Beziehung als ausreichend gefestigt, um den Steinhaufen aus Lenas erstem Bild untersuchen zu lassen. Lena erhält in einer inneren Szene den Auftrag, alle Steine, die sich während ihres Aufwachsens aufgestapelt haben, hochzuheben und genau zu untersuchen, um dann zu schauen, welche belastenden Erlebnisse sie symbolisieren könnten:

- Das niedergebrannte Haus mit all seinen Folgen wurde durch einen schrecklich schweren Stein repräsentiert. Die anderen Familienmitglieder waren so mit ihren eigenen Sorgen beschäftigt, dass niemand Lena, die an enormen Schuldgefühlen litt, zu trösten vermochte. Ihre verzweifelten Versuche, die Familie zusammenzuhalten, sind als eine Art Buße zu verstehen.
- Ein anderer Stein stellt allen Streit zwischen den Eltern dar.
- Ein weiterer Stein handelt von einem aufbrausenden Temperament, das die Mutter mit der Halbschwester teilte und das Lena oft in Mitleidenschaft zog. Die große Schwester, mit der sie ein Zimmer teilte, bewarf Lena manchmal mit Gegenständen, und Lena wagte oft nicht, sich im gemeinsamen Zimmer aufzuhalten.

- Ein anderer Stein handelt von einer großen inneren Einsamkeit.
- Am schwierigsten von allem war, dass die Mutter bereits vor dem offenen Ausbruch der Psychose häufiger deprimiert und »komisch« war. Die Psychose brach aus, als Lena und ihr Vater kurz verreist waren. Als sie zurückkehrten, hatte die Mutter alle Möbel aus dem Haus geschafft und war in einer psychotischen Welt versunken. Der Vater war wie gelähmt, sodass sich die damals 17-jährige Lena um die Einlieferung in die Psychiatrie kümmern musste – dass sie zu diesem Schritt gezwungen war, hatte bei Lena Schuldgefühle ausgelöst.

Lena ist erstaunt, als sie merkt, wie viel Last ihr im Lauf der Jahre aufgebürdet wurde. Nachdem wir alle Steine durchgegangen und gerade beim Abschluss der Szene sind, denke ich noch einmal an meine erste Assoziation zwischen dem Steinhaufen und einem Grabmal. Deshalb bitte ich Lena, die Erde, auf der die Steine gelegen haben, zu untersuchen. Man bedient sich im katathymen Bilderleben oft der konkreten stofflichen Objekte, um eine Szene weiter zu erforschen.

> Lena: »Da ist lose Erde.«
> Therapeutin: »Vielleicht kannst du einen Spaten nehmen und vorsichtig untersuchen, was sich dort verbergen könnte?«
> Lena: »Es scheint dort etwas zu liegen … da liegt alles, was bei dem Brand begraben wurde. Oh! Das sieht wie ein Körper aus! … Das ist die kleine Lena, die da liegt, und sie sieht heil aus! Ich nehme sie vorsichtig hoch. Sie hat lange dort gelegen. Sie ist etwas steif. Was bin ich froh, sie zu sehen und dass sie überlebt hat. Dabei bin ich gleichzeitig traurig. Die naive, unschuldige Lena, die alle Dinge mag, so ganz unschuldig. Mein Gott, wie zerdrückt sie ist! Man stelle sich vor, dass sie da drunter gelegen hat!«

Therapeutin: »Du scheinst eine ursprünglichere kleine Lena unter all diesen Steinen gefunden zu haben.«
Lena: »Ja, das ist das Gegenteil von dem feuchten Flecken, das ist eine helle Gestalt, direkt und unbeschädigt. Der Teil, den ich nach dem Brand ablegen musste. Was für ein Glück, dass sie nicht tot ist.«

Ihren positiven Selbst-Anteil wiedergefunden zu haben ist natürlich für Lena mit heftigen Gefühlen verbunden. Nach dieser Großtat geht es ihr gut und sie fühlt sich erleichtert. Die kleine Lena empfand Unsicherheit bezüglich ihres eigenen Wertes, solange sie sich als »nassen Flecken« erlebte. Scham und Schuld wegen des Brandes haben sie niedergedrückt, verbunden mit dem Gefühl, die Liebe anderer nicht verdient zu haben.

Es ist großartig, dass Lena während der Imagination einen heilen Selbst-Anteil gefunden hat. Die inneren Bilder können zu neuen Aspekten der eigenen Persönlichkeit, die Stärke vermitteln, beitragen.

Die Begegnung mit dem inneren Kind

In der nächsten Imagination vertiefen wir natürlich die Bekanntschaft mit dem kleinen inneren Kind, das Lena unter dem Steingrab gefunden hat. Lena begegnet einem heilen kleinen Mädchen von etwa sechs bis sieben Jahren. Es tanzt über die Wiese, klettert dann auf die große Eiche und hängt sich mit den Kniekehlen an einen Ast. Es ist voller Energie und Streichen und sagt zu Lena, sie bräuchte sich keine Sorgen zu machen, dass es vorher begraben war. Es sei unter die Steine geraten, als das Haus niederbrannte. Es sei einfach notwendig gewesen, sich zu verbergen, um Lenas verletzbaren Teil zu schützen.

Lena empfindet große Zärtlichkeit für das kleine innere Kind. Gleichzeitig fühlt sie sich jetzt als Frau reifer und stärker draußen in der Wirklichkeit verankert. Sie verließ die Therapiesitzung mit einem guten Körpergefühl. Dennoch gibt es eine weitere Gefühlsdimension, die danach drängt, zum Ausdruck zu kommen. Zufällig liest Lena ein Buch über Trauer von Kindern und weint dabei heftig. Über das Lesen konnte sie Kontakt zu dem traurigen, traumatisierten Kind nach dem Brand herstellen, einem Kind, das eine fröhliche Fassade zeigte, um die anderen Familienmitglieder zu entlasten. Genau wie Lena früher ihre Familie geschützt hat, schützt sie nun auch mich vor ihrer großen Traurigkeit, indem sie diese außerhalb des Therapieraumes auslebt.

In der nächsten Szene wagt Lena jedoch, ihren Gefühlen von Schmerz und Trauer mit mir zusammen zu begegnen:

Lena trifft in der Imagination ihr schuldbewusstes, trauriges inneres Kind, das dem Stamm der Eiche zugewandt sitzt und diesen krampfhaft umklammert. Das Kind möchte sich nicht zeigen, es ist, »als ob es ein schreckliches Gesicht hat. Sie ist vor Schreck gelähmt … zu viel, um damit fertig zu werden, deshalb muss sie sich verschließen«.
Lena versucht, das kleine Mädchen von dem Baumstamm loszuwinden. Ich greife ein und sage, dass sie dabei vermutlich behutsam sein muss: »Setz dich hinter sie und umarme sie stattdessen«, schlage ich vor. Lena ist perplex. Sie sagt, dass die Methode des Loswindens von der großen Schwester ihr gegenüber wiederholt angewandt wurde. Jetzt probiert sie aus, sich hinter das kleine Mädchen zu setzten und ihr über das Haar zu streichen. Sie erspürt, wie es sich für das kleine Kind angefühlt hat, ganz allein seiner Schuld ausgeliefert gewesen zu sein. Ich schlage vor, ihr ins Ohr zu flüstern: »Für das, was geschehen ist, konntest du nichts!«
Am Ende kann das kleine Mädchen sich an Lena anlehnen, und nach einer Weile sitzt sie da mit dem traurigen kleinen Mädchen auf dem Schoß und schaukelt es. Sie empfindet einen star-

ken Beschützerinstinkt. Das kleine Mädchen »ist todmüde vom langen Sitzen und Festklammern«. Lena hebt ihm das Gesicht an. »Du bist weder schwarz noch hässlich! Du bist ja süß!«, sagt sie, erstaunt über das, was sie sieht.
Lena äußert nun heftigen Zorn, weil das kleine Mädchen nach dem Brand keinerlei Unterstützung von der Familie erhielt. Sie hat das so empfunden, als ob »ich sterben würde, falls ich den unerträglichen Schmerz zeigen würde!«

Nach der Imagination ist Lena erschöpft, sehnt sich aber danach, sich um das kleine Kind in ihrem Inneren zu kümmern. Sie ist erschüttert über die Entdeckung, welche einschneidende Rolle das abgebrannte Haus in ihrem gesamten Leben gespielt hat. Sie begreift auch, dass es Zeit ist, Grenzen zu setzen gegenüber der Herkunftsfamilie, die sich daran gewöhnt hat, dass Lena sich um alles kümmert.

Lenas Kommentar: »Jetzt werde ich mich um mich selbst und mein Leben kümmern. Es fühlt sich nicht bloß an, als ob ich einen Ankerplatz gefunden hätte. Ich habe endlich heimgefunden. Jetzt weiß ich, wo ich wohne.«

Sich um sein inneres Kind kümmern

In den vorhergehenden Imaginationen wurde Lena dabei unterstützt, eine tröstende Rolle zu entwickeln, wobei die Einfühlung der Therapeutin in das kleine Kind als Rollenmodell fungierte. Wir arbeiten nun weiter an all den Gefühlen von Trauer, Schuld und Schmerz, die Lena nach dem Brand erlebt hat.

In einer neuen inneren Szene auf der Wiese findet Lena das kleine innere Kind zusammengekauert auf der Rückseite des Baumes: »Man sieht an der Körperhaltung, dass es traurig ist. Dennoch erhebt es sich und sagt: ›Hallo!‹ Es hält die Maske aufrecht.

Ist stumm. Keine weiteren Worte kommen heraus. Es will nicht zu erkennen geben, wie es sich fühlt. Es gibt sich selbst auf, um dem anderen all seine Energie zu geben.«
Die erwachsene Lena sucht vorsichtig den Kontakt zum Kind. Es ist offensichtlich, dass das kleine Mädchen die Schuld auf sich geladen hat.
Kleine Lena: »Keiner hat gesagt, dass ich nicht schuld war, und ich glaubte, dass meine Spiele gefährlich waren. Wie ich mich selbst hasste! Hatte das Gefühl, alles für die anderen zerstört zu haben. Es fühlte sich an wie der pure Tod – dass die anderen mir nie verzeihen würden!«
Die erwachsene Lena empfindet starke Zuneigung für das kleine, schuldbeladene Mädchen, das sie in der Imagination trifft. Sie kümmert sich um es und spendet Trost.
Das kleine Mädchen kann dadurch formulieren, dass die Schuld auch zu einer enormen Scham geführt hat: »In den Augen meiner Familie bin ich wertlos!«
Am Schluss schläft die kleine Lena auf dem Schoß der erwachsenen Lena nach »Jahren von Müdigkeit« ein. Endlich darf sie sich ausruhen.

Die Familie in die Verantwortung nehmen

In einer weiteren Imagination verfolgen wir das Thema weiter, indem die erwachsene Lena ihre Familie damit konfrontiert, die Bedürfnisse des Kindes nicht beachtet zu haben.

Zum Vater sagt Lena: »Wenn überhaupt jemand, dann hättest du Verständnis aufbringen müssen! Du aber hast dich nur darum gekümmert, ein neues Haus zu bauen.«
Der Mutter gegenüber kommt Trauer hoch: »Es war so schrecklich, als du plötzlich weg warst! (Die Mutter kam ja in ein Sanatorium.) Die dünne Nabelschnur, die noch da war, wurde durch-

trennt. (…) Warum hast du mich bloß so spüren lassen, dass es meine Schuld war, dass du krank geworden bist?«

Die Trauer geht in Zorn über, weil die Mutter die kleine Lena und ihren Schmerz überhaupt nicht sah.

Zu ihrer Schwester Anita sagt Lena: »Du warst wirklich gemein! Du hast dir das Recht genommen, mich zu unterdrücken und in eine Wasserpfütze zu verwandeln. Du hast unsere Mutter so in Beschlag genommen, dass sie für mich kaum vorhanden war!«

Allen gegenüber entsteht Zorn, weil ihr keiner vermittelte, dass es ein Unglücksfall war: »Was für Gefühlskrüppel ihr doch alle wart! Nur Wut habt ihr gezeigt. Ihr habt dafür gesorgt, dass ich mich wertlos gefühlt habe. Dieses Gefühl von Wertlosigkeit taucht immer auf, wenn ich nicht schwanger werde … so als ob ich wieder und wieder bestraft würde!«

Mithilfe der Therapeutin fasst Lena alles in folgendem Ausruf zusammen: »Ich schulde euch nicht das kleinste bisschen! Ich muss nichts wiedergutmachen. Weder damals noch heute war ich schuld!«

Die Erinnerung steckt im Körper

Lena hat über ihre Arbeit an einem Körpertherapie-Seminar teilgenommen. Dort entstand das Bild, dass sie ihre Mutter »wie einen Stein in der Gebärmutter« herumträgt. Deshalb betrachten wir erneut die Beziehung zur Mutter.

Lena: »Das mit meiner Mutter weckt so viel Trauer und Wut! Wie viel Rücksicht ich auf sie nehmen musste, auch schon vor dem Brand. Sie war unberechenbar. Die Bandbreite umfasste liebevolles Benehmen, dann wieder war sie wütend und hart. Mir fällt ein, dass sie mich auf dem Boden einsperrte, wenn sie wütend war.

Ich erinnere mich an keine einzige Kinderparty. Meine Mutter

mochte es nicht, wenn Kinder Unordnung machten. Sie war sehr pedantisch. Verbrachte viel Zeit mit Saubermachen.
Nachdem sie erkrankt war, musste ich sie bemuttern und mich um alles kümmern. (...) In meiner Gebärmutter fühlt sich das wie eine große Müdigkeit und krampfhafte Kontrolle an. Als ob ich gezwungen wurde, der Mutter Leben zuzuführen! Als ob sie stürbe und ich mit ihr, wenn ich sie nicht am Leben erhalte.
Jetzt habe ich meine Gebärmutter befreit. Früher war das Mutters Gebiet, als ob der ganze deutsche Krieg dort festsaß.
Meine Mutter während der (Körpertherapie-)Übung loszulassen war mit solcher Trauer verbunden. Aber jetzt fühlt es sich an, als ob es mehr freien Platz in meiner Gebärmutter gibt.«

Es ist offensichtlich, dass in Lenas »Gebärmutterraum« vieles gespeichert wurde. Sie versteht, dass es schwierig war, sich ein weiteres Kind zu gönnen, das die Aufmerksamkeit von ihrer Herkunftsfamilie abgezogen hätte. Inzwischen kann Lena Trauer und Schmerz darüber ausdrücken, keinen eigenen Platz in ihrer Familie gehabt zu haben, und über den Mangel an Einfühlung. Jetzt kommen auch die schwierigen Gefühle aus der Zeit hoch, als die Mutter psychotisch wurde. Es war schwer, in einer solchen Familiensituation aufzuwachsen. Es ist eher verwunderlich, dass Lena sich so gut entwickelt hat. Es gelang ihr, Unterstützung außerhalb der Familie zu suchen.

Ein Familienbild

Als Schlussbild einer weiteren Imagination sieht Lena Mutter und Vater in jeweils einer Seifenblase, während sie selbst zwischen ihnen steht.

Lena: »Ich kann nicht hineinkommen, alles ist so zerbrechlich. Ich darf mich nicht bewegen, weil dann die Seifenblasen zerplatzen könnten. Ich stehe dazwischen als eine Art Puffer – sowohl um sie auseinander- als auch gleichzeitig zusammenzuhalten. Anita (die ältere Halbschwester) ist mit in der Blase der Mutter, die kleine Schwester in der des Vaters. Ich stehe allein draußen … obwohl das auch Freiheit vermittelt.«

Das Bild zeigt, wie stark Lena zwischen den verschiedenen Bedürfnissen ihrer Eltern eingezwängt wurde. Sie hält jedoch die Hand des Vaters. Der Vater hatte eine gewisse Fähigkeit, zuzuhören und sich um Lena zu kümmern, bis zur Geburt der jüngeren Schwester, die dann zu »Papas Mädchen« wurde.

Im richtigen Leben fühlt sich Lena gegenüber ihrer Herkunftsfamilie freier. Sie versteht, dass sie deren Probleme nicht mehr schultern muss und dass keiner untergeht, wenn Lena Grenzen setzt. Wir nähern uns jetzt auch einer Problematik, die zeitlich früher einsetzte als das Schuldthema, nämlich dem mütterlichen Mangel an Engagement.

Eingesperrt in einem Laufgitter

Als kleines Kind war Lena oft über längere Zeit gezwungen, in einem Ställchen zu bleiben, damit die zwanghafte Mutter sich dem Saubermachen und Essenkochen widmen konnte. Das Laufgitter stand im Wohnzimmer, und Lena konnte ihre Mutter häufig nicht sehen, wenn diese in der Küche beschäftigt war. Auch in ein Gitterbettchen wurde Lena oft gesperrt. Im Alter von neun Monaten gelang es ihr, über die Stäbe zu klettern. Als sie dabei mit dem Kopf auf den Boden schlug, erlitt sie eine Gehirnerschütterung.

Wir verfolgen das Thema Eingesperrtsein und ihre kindliche Ohnmacht, einen Kontakt zur Mutter herzustellen. In einer Imagination sitzt das kleine Kind in derjenigen Ecke des Laufgitters, die der Küche am nächsten ist, und lauscht den Geräuschen, die von dort kommen. Die Zeit vergeht, und keiner kommt. Das kleine Mädchen fühlt sich verloren und bekommt Angst. Die kleine Lena: »Besser man fühlt überhaupt nichts!« Lenas Bild von dem Laufställchen ähnelt einem Gefängnis.

> In der Szene sitzen zwei Gestalten in dem Laufgitter, ein gelbe, angepasste Figur in der einen Ecke und eine rote, rebellische Figur in der anderen. Die rote Gestalt ist sehr wütend und traurig, im Ställchen eingesperrt zu sein. Sie ist der Ausdruck von Lenas Trauer, Zorn und Einsamkeit:
> »Wo bist du? Komm her! Schau nach mir! Sei nicht so streng! Hör auf, mit mir zu schimpfen!«
> Das kleine Mädchen hat jedoch Angst, zu laut zu rufen, denn es fürchtet sich vor Schlägen. Denn wenn die Mutter sehr wütend wurde, schlug sie manchmal mit einem Bügel.
> Die kleine gelbe Gestalt versucht, an die guten Seiten der Mutter zu erinnern, während die rote stocksauer ist, nicht umsorgt zu werden. Manchmal ist jedoch auch Letztere wie gelähmt vor Furcht.

Wenn der Vater daheim war, erhielt die rote Figur einen gewissen Spielraum. Lena erinnert sich, auf seinem Kopfkissen gelegen und geweint zu haben, wenn er fort war. Auch in der Imagination kommen Tränen hoch, als sie begreift, wie schrecklich einsam das kleine Kind war.

Die erwachsene Lena begreift allmählich, dass Gefühle ein wichtiges Navigationsinstrument sind. Sie wurde wütend auf eine Schülerin und sprach ein Machtwort, und auch in anderen Zusammenhängen konnte sie Grenzen aufzeigen. Natürlich hat sie immer noch Schuldgefühle, wenn sie der Familie Grenzen setzt. Sie ist jedoch froh, dass sie ihre Gefühle wahrnimmt und dass es nicht bei bloßen Gedankenspielen bleibt.

Alles, was sie vermisst hat

Klein Lena verbrachte viel Zeit im Ställchen und im Gitterbett. Es wird erzählt, dass sie dieses Bett regelrecht kaputt gerüttelt hat. Als Lena in einer Imagination die Verbindung zu dem Kind im Laufstall aufnimmt, entsteht das Bild einer Depression, ein unerträgliches Gefühl.

> Lena: »Wenn man nicht wahrgenommen wird, weiß man nicht, dass man existiert.«
> In der Szene bekommt sie Gelegenheit, das Gitterbett auseinanderzunehmen, und dabei bricht ihr Zorn durch: »Verdammt, wie wütend ich bin, dass die Kleine sich nicht bewegen durfte! Ich werfe die Gitterstäbe auf die Straße und verbrenne das ganze Elend. Dieses Bett war ein Gefängnis!«

In der nächsten Szene soll Lena der Mutter gegenüber ausdrücken, was sie eigentlich gebraucht hätte, um sich wohlzufühlen. Die Liste all dessen, was sie vermisst hat, wird lang, das Zentrale dabei ist jedoch, dass sie sich nicht wahrgenommen fühlte – sie bekam wohl Essen und ein Dach über dem Kopf, aber die Mutter wirkte oft abwesend, gefangen in ihrer eigenen Welt. Die Mutter war mehr mit Pflichten wie dem Saubermachen des Hauses beschäftigt, als sich den Gedanken und Gefühlen ihrer Tochter zu widmen.

> Lena: »Es gab so viele Vorschriften, nach denen man sich richten musste und die mehr Platz in meinem Inneren einzunehmen schienen als ich selbst.«
> Die Mutter wurde als nicht engagiert erlebt und sie schützte Lena nicht vor den Angriffen der großen Schwester.
> Lena: »Du hättest dafür sorgen sollen, dass ich mich nicht so ausgeliefert und einsam fühlte. Wir hätten uns deinen Schoß teilen können. Es war nicht richtig, dass eines der Mädchen

(Anita) allein auf deinem Schoß saß. Ich habe geglaubt, dass mit mir etwas nicht stimmt, weil Anita all deine Liebe bekam.«

Auch hätte Lena sich eine Mutter gewünscht, die mehr körperliche Zuwendung hätte aufbringen können. Für kurze Momente konnte die Mutter zärtlich sein, war jedoch impulsiv, sodass ihr Verhalten ohne Kontinuität war. Am falschen Tag gab es stattdessen vielleicht Schläge, was zu Unsicherheit führte. Zudem war die Mutter über längere Zeiträume hinweg depressiv.

Das kleine Mädchen merkte, dass die Mutter auf irgendeine Weise verletzt und krank war, erhielt jedoch keine Unterstützung, um das in Worte zu kleiden. Die erwachsene Lena versteht jetzt, wie schwer sie es als Kind hatte: »Ich bin mit einer psychisch gestörten Mutter groß geworden. Das ist keine normale Aufgabe für ein Kind.«

Das verängstige kleine Mädchen

Im Kindesalter machte die Halbschwester Anita alles Erdenkliche, um der jüngeren Schwester das Leben zu vergiften. Die beiden Mädchen teilten sich einen Raum. Während einer Imagination steht Lena an der Treppe und überlegt, ob sie es wagen soll, hoch in ihr Zimmer zu gehen. Sie hat Angst davor, was die Schwester veranstalten könnte. Sie weiß auch, dass die Mutter ihr keine Hilfe sein wird, weil sie stets für Anita Partei ergreift. »Ich hatte wohl wirklich Angst um mein Leben, wenn Vater nicht da war«, bemerkt Lena mit Tränen in den Augen. »Ich begreife, wie schrecklich es dann für mich in diesem Haus war.«

Die Lage war besonders angespannt, als die Schwester während der Pubertät sehr reizbar war und ihre Stimmungen an der jüngeren Schwester ausließ. Lena versuchte, ihr aus dem Weg zu gehen, während sie sich gleichzeitig nach der Nähe der idealisierten großen Schwester sehnte.

Die Halbschwester beschwerte sich über Lenas Vater und meinte, dass ihr eigener deutscher Vater (der nicht präsent war) besser sei. Auch nahm sie die Mutter in Beschlag, denn es sei »ihre« Mama. Die ältere Schwester behauptete immerzu, Lena sei eine »kühle, kalte, steife und selbstsüchtige Schwedin«. Inzwischen kann Lena einsehen, wie absurd diese Vorwürfe waren, damals aber schluckte sie alles mit Haut und Haaren. Die Schwester hatte kraft ihres höheren Alters die Deutungshoheit. Kein Wunder, dass Lena sich allmählich wertlos fühlte. Heutzutage kann sie diese falschen Selbstbilder, die sich wie eine Verriegelung des Herzens angefühlt hatten, hinter sich lassen.

Im Nachhinein findet Lena Zugang zu ihrem Zorn darüber, was ihr während der Kindheit alles genommen wurde – Sicherheit, Freude, der eigentliche Lebenssinn. Über sie wurde konstant Unsichtbarkeit verhängt, indem ihre Bedürfnisse nicht existierten. Dennoch meint sie:

> »Die ganze Zeit über konnte ich nicht auf Abstand gehen, ständig träumte ich davon, eines schönen Tages geliebt zu werden – etwas wert zu sein. Dabei betrog ich mich selbst, als ich gab und gab und das für eine Beziehung hielt. Entstanden ist dabei nur Leere.«

In der Tat sind Grausamkeiten zwischen Geschwistern während der Kindheit nichts Ungewöhnliches. Ältere Geschwister können eine zentrale Rolle für die Festigung eines negativen Selbstbilds bei einem jüngeren Geschwister spielen.

Direkt nach dieser Imagination besuchten Lena und ihre Geschwister die Eltern. Lena bemerkt, dass es diesmal anders abläuft.

> Lena: »Dieses Mal stand ich mir selbst zur Seite. Das war fantastisch! Die anderen bemerkten das noch nicht einmal. Meine Vorstellung war ja immer, dass alles zusammenstürzen würde.

Das tut es nicht. Davor muss ich keine Angst haben. Wovor ich jetzt Angst habe, sind das Gefühl von Verlassenheit und die Erkenntnis, wie sehr ich ausgeliefert war.«

Die Schwester wird zur Rede gestellt

Wenn Anita nach Kontakt war, benutzte sie Lena für ihre Zwecke, um sie dann nach Gutdünken wieder zurückzuweisen. Häufig drohte Anita auch, die Schwester mit in den Wald zu nehmen und sie dort alleinzulassen. Es ist an der Zeit, die große Schwester in einer Imagination für ihr Verhalten gegenüber Lena zur Rechenschaft zu ziehen.

Die Auseinandersetzung in der vorgestellten Szene setzt starke Gefühle frei – ein wichtiger Schritt bei der Ablösung von dem negativen Selbstbild, das Lena verinnerlicht hatte.

Lena: »Anita hat mir die Mutter weggenommen!«
Dabei handelt es sich um eine neue Einsicht. Sie fährt fort: »Anita teilte immer massenhaft Seitenhiebe aus. Mir wird jetzt klar, dass sie mich gehasst hat! … Sie erreichte, dass ich mich schämte und dachte, dass mit mir etwas nicht stimmt. Tatsächlich beneidete sie mich jedoch um meine heitere Art und meine Beliebtheit – das begreife ich jetzt. Damals habe ich das nicht verstanden. Da war mir das alles ein Rätsel. Ich glaubte, ich hätte etwas angestellt. Irgendetwas musste ja an mir falsch sein, weil sie stets darauf herumritt, dass mit mir etwas nicht in Ordnung sei.«
Die Trauer übermannt sie, während sie sich fragt: »Wie konnte sie mir nur so weh tun? Ich war doch noch so klein!«
Ihr fällt jetzt auch ein, wie die große Schwester sie schlug. Wenn Lena dann jedoch nach dem Vater rief, bekam sie es mit der Angst zu tun: »Himmel, jetzt wird mich Anita noch mehr verdreschen!«

Schließlich gelingt es Lena mit therapeutischer Unterstützung, der Schwester Folgendes zu sagen: »Du warst eine ganz miese Schwester! Du hast mich psychisch misshandelt. Ich werde mich dem zukünftig entziehen und nicht mehr dein Abfalleimer sein! Ich bin nämlich mit mir selbst, so wie ich bin, zufrieden.«

Lena merkt, dass sie Aussagen übernommen hat, die überhaupt nichts mit ihr zu tun hatten, sondern ihr von der Schwester übergestülpt wurden. Sie erfasst in aller Deutlichkeit, wie viel Angst sie während ihrer Kindheit erlebt hat. Dass die Eltern keinen Schutz boten, macht Lena traurig und wütend zugleich.

Verleugnet werden

Während eines Telefonats klagt die Mutter darüber, dass Lenas Vater eine Bürgschaft für den Kauf einer Wohnung der jüngsten Schwester übernommen hat. Blitzartig erkennt Lena, dass der Mutter gefühlsmäßig nicht klar ist, dass es dabei ja um die Unterstützung ihrer eigenen Tochter geht. Dass die Mutter die beiden jüngeren nicht als ihre eigenen Töchter, sondern als »Vaters Kinder« ansieht ist eine schmerzliche Einsicht. Aus dem Thema »Verleugnetwerden« ergibt sich eine weitere innere Szene.

Während dieser Imagination gerät Lena bei dem Versuch, sich selbst irgendwie aufrechtzuerhalten, beinahe in einen Lähmungszustand. Sie beschreibt unendliche Trauer und Schmerzen. Ich lasse die erwachsene Lena mit dazukommen, um dem verzweifelten kleinen Mädchen zur Seite zu stehen, es zu trösten und ihm dabei zu helfen, seinen Wert wiederzufinden. Es gestaltet sich eine schmerzhaft intensive Szene.

Etwas Ähnliches passiert, als ich Lena in der Imagination vorschlage, zu dem kleinen Kind hinabzuklettern, das in eine Fallgrube intensiven Wertlosigkeitsgefühls gestürzt ist. Sie versteht, dass das kleine Mädchen wirklich davon ausging, von niemandem gemocht zu werden. Dass es glaubte, immerfort geben zu müssen, um akzeptiert zu werden. Lena ist enttäuscht, dass das Kind unten in der Grube sitzen bleibt. Es zu trösten fällt ihr schwer:

»Meinen Sohn kann ich trösten, aber nicht dieses hilflose kleine Mädchen! Ich hänge fest an dem Bild, das meine Eltern und meine Schwester mir vermittelt haben.«

Die Therapeutin muss aktiv werden und dem kleinen Kind in der Grube, das sich wertlos fühlt, Trost spenden. Nach einiger Zeit kann jedoch Lena selbst das kleine Kind auf ihren Rücken nehmen und aus der Fallgrube holen. Oben angekommen, fühlt sich das Mädchen ziemlich lichtscheu. Mit vereinter Anstrengung können wir es dazu bewegen, den Wertlosigkeitsstempel abzustreifen. Aus Sicherheitsgründen schaufelt Lena die Grube zu. Sie merkt, wie sich die aus der Einsamkeit stammende Kälte mit den Tränen verflüchtigt und von einer angenehmen Wärme im ganzen Körper ersetzt wird.

Den Schuldstempel abschütteln

Der beste Freund des Sohnes wird ein Geschwisterchen bekommen, und in dem Maß wie der Bauch der Freundin wächst, wachsen auch Lenas eigener Neid und Schmerz. Sie erlebt es so, als ob sie »vom Leben bestraft« würde. Deswegen nehmen wir uns noch einmal die mit dem Brand verknüpfte Problematik vor. Ich schlage eine Begegnung mit dem »verbrannten Kind« vor:

> Lena: »Oh, ihr geht es überhaupt nicht gut! Sie hat fürchterliche Angst. Äußerlich sieht sie ganz normal aus, innerlich aber ist sie ganz schwarz, schwarz vor Scham. Fühlt sich so wertlos und so völlig verlassen, von sich selbst und von mir (der erwachsenen Lena).«

Lena weint und sagt kläglich mit kindlicher Stimme: »Es war doch ein Spiel! Es war ein Unglück!«

Das Weinen übermannt sie wieder.

Lena: »Es hat keinen Zweck, etwas zu sagen, es ist zu spät! Ich glaube, dass sie wütend waren, obwohl keiner das gesagt hat. Auch meine Sachen verschwanden ja beim Brand, meine Puppen, aber sagen durfte ich nichts. Ich hatte kein Recht, traurig zu sein.«

(…)

»Es tut mir so leid, was passiert ist! Ich wünschte, ich könnte die Zeit zurückdrehen! Ich kann es fast nicht ertragen! Nach so einem Ereignis darf man sich nicht einfach hinsetzen, sondern muss das ganze Leben hindurch tüchtig sein. Alle haben mich einfach alleingelassen. Damit kann ich einfach nicht leben. Ich muss ein ganz schlechter Mensch sein! Mir scheint, dieses kleine Mädchen wollte einfach nur sterben oder fliehen oder sonst wie verschwinden! Ich wollte mich unsichtbar machen. Mich sollte es nicht länger geben, ich wollte nicht noch mehr anstellen!«

Ich schlage vor, die erwachsene Lena in die Szene kommen zu lassen, um das kleine Mädchen auf den Schoß zu nehmen und zu trösten. Vielleicht könnte sie ihr sagen: »Du konntest nichts dafür! Du bist nicht schuld!«

Nachdem das kleine Mädchen getröstet worden ist und sich etwas erholt hat, gebe ich die Anregung, alle anderen in einer Reihe aufzustellen, die Mutter, den Vater und die große Schwester, ihnen in die Augen zu sehen und mitzuteilen, was das kleine Mädchen gebraucht hätte:

Die kleine Lena: »Dass sie mich gestreichelt hätten! Dass sie gesagt hätten: ›Wir schaffen das gemeinsam als Familie.‹ Dass wir einander Trost und Unterstützung gegeben hätten. Dass sie ganz einfach da gewesen wären, mich umarmt und mir ihre Zuneigung gezeigt hätten!«

Dann seufzt sie: »Aber genau das haben sie nicht gemacht! Für sie ist es vorbei, während es für mich immer weiter unter meinen Fußsohlen existiert hat. Es hat da geschwelt … ich bin die ganze Zeit auf glühenden Kohlen gelaufen. Meine Güte, wie das mein Leben geprägt hat!«

Lena muss eine Chance erhalten, ihre Kritik gegenüber den inneren Elternfiguren auszudrücken, um sich über diesen Schritt mit ihrem inneren Kind solidarisieren zu können. Ich biete ihr deshalb an, sich die Eltern vor Augen zu holen und ihnen mitzuteilen, wie sie deren Verhalten bewertet:

Dabei sagt Lena zu ihrer Mutter: »Du hättest auch an mich denken sollen. Du hast dich nur um dich selbst gekümmert!«
Gebieterisch: »Lisa Lind, du hast die Anforderungen nicht erfüllt! Kinder brauchen mehr als Essen und Kleidung und Haarekämmen!«
Zum Vater sagt sie: »Du warst völlig damit beschäftigt, dass dein Lebenswerk in Flammen aufgegangen war, du hattest keine Kraft für mich übrig!«
Danach stellt Lena fest: »Wir lebten mit einer ›Wir tun so, als ob nichts passiert wäre‹-Haltung. Weil das Haus versichert war, bekamen wir nach einiger Zeit ein neues, und ihr habt alles zugeschüttet und alle Gefühle vergraben.«
Lena: »Wir waren eine Familie, in der nicht über Gefühle geredet wurde, wenngleich man sie oft ausagierte. In meiner Familie herrschte das Schweigen, das Unausgesprochene. Man sollte so tun, als ob nichts wäre. Ich durfte nicht zugeben, dass ich bis an den Rand mit Trauer, Traurigkeit, Einsamkeit und Furcht angefüllt war!«

Dies stellt für Lena die letzte Bearbeitung des alten Traumas dar. Die Therapie geht auf ihr Ende zu. Lena geht es im Alltagsleben viel besser. Sie ist nicht schwanger geworden. Sie hat jedoch verstanden, dass sie für vieles andere dankbar sein kann. Im Laufe der Behandlung hat sie auch die Schuldfessel gesprengt, Wege gefunden, sich selbst zu trösten, sich von negativen (aus dem Verhalten der Familie abgeleiteten) Selbstbildern befreit und ihren eigenen Wert anerkannt.

Verschiedenen Selbstanteilen begegnen

Einer der spannendsten Therapiemomente war Lenas Kontakt mit Selbstanteilen, von denen sie zuvor nichts gewusst hatte, wie z. B. mit der feinen und unversehrten kleinen Lena, die sie unter den Steinen ausgegraben hatte. Ich glaubte, dass es interessant sein könnte, vor dem Ende der Behandlung ein Treffen der verschiedenen Teile herbeizuführen und deren innere Machtverteilung zu diskutieren. Ich schlage eine Picknickszene im Grünen vor. Als »Gäste« erscheinen:

- **Die erwachsene Lena** begrüßt alle und sagt, wie schön es ist, dass sie sich endlich treffen.
- **Das kleine Kind** wirft sich allen spielerisch in den Schoß. Die erwachsene Lena stellt fest, dass sie die kleine Lena früher mehr oder weniger verdrängt hatte, weil sie ein ziemliches Energiebündel ist. In ihr haben sich alle Gefühle angesammelt. Das Verhältnis zu der Kleinen war schwierig. Lena fand es schwer, sie zu mögen, und hatte sie mit den Augen der Eltern oder der Schwester gesehen. Jetzt aber ist es anders. Nun kann sie erkennen, was für ein wunderbares Kind das eigentlich ist und über welche Kraft es verfügt. Klein Lena kann ihr im Gegenzug helfen, Fallgruben im Leben zu entdecken und zu vermeiden.
- **Lena Sofia Lind** (sämtliche Namen): »Wie schön, dass ihr merkt, dass ich kein steifer, bürokratischer Typ bin. Manchmal bin ich etwas streng gewesen, weil ich es nicht ausgehal-

ten habe, dass du (Lena) dich klein gemacht hast. Es tut mir leid, aber ich habe etwas von Mutters Zwanghaftigkeit mitbekommen und muss ständig aufpassen, dass sich Mutters negative Seiten nicht ausbreiten.«

- **Fräulein Lena** (die Sportlehrerin) fühlt sich sicher beim Anleiten von Gruppen. Sie hat ja auch bereits im Teenageralter mit Kindergruppen angefangen. Über die Bewegung konnte sie zum Glück eine Menge ausleben. Ihre Fähigkeit, sich um sich selbst zu kümmern, spielte sich vor allem auf körperlicher Ebene ab – aus der Bewegung schöpft sie Kraft. Sie ist neugierig und will ihren Schülern das geben, was sie selbst entbehrt hat. Sie kümmert sich in ihren Klassen um die Schüler, als ob es ihre eigenen Kinder wären.
- **Mama Lena** – Sie ist erst spät in Lenas Leben aufgetaucht, denn Lena begriff nicht, dass es schön sein könnte, Mutter zu sein. Diese Botschaft hat sie nicht von daheim mitbekommen. Inzwischen ist das anders: »Wow! Warum hat mir das keiner früher erzählt? Es war wunderbar, beim Spielen mit meinem Sohn Spielerisches und Nähe zu entdecken.«
- Der **Lena-Teil** beschreibt einen Selbstanteil, der Sachen auf eigene Faust unternommen hat, wie z. B., als sie in Asien herumreiste oder als sie ihren Mann traf. Diese Lena hat früher zu wenig Raum erhalten, weil sie um sich selbst wenig Aufhebens macht. Stets meint sie, dass sie warten kann. In den letzten Jahren hat sie allerdings mehr Auslauf genutzt, vor allem im Sommer. Der Sommer ist ihre Jahreszeit.
- Eine **verletzbare kleine Lena** gibt es auch, dargestellt von einer Fledermaus. Sie hatte Angst, dass jemand sie erwischen könnte, und sich deshalb versteckt. Inzwischen aber wird sie von den anderen geschützt.
- Schließlich gibt es noch den **Teenager**, der meint, nichts wert zu sein, wenn sie nichts leistet. Hier machen sich die anderen Teile bemerkbar und versichern, dass es reicht, einfach nur »zu sein«.

Als alle versammelt sind, stellt die erwachsene Lena fest, dass sie die meiste Angst vor der kleinen Lena hatten, weil sie so stark gefühlsmäßig belastet war. Lena trug ja die gesamte Schuldenlast allein. Jetzt hat sich die Situation verändert. Die verschiedenen Anteile genießen die Gelegenheit, sich in entspannterer Atmosphäre zu begegnen. Waren die unterschiedlichen Seiten früher voneinander getrennt, so gibt es inzwischen ein harmonisches Zusammenspiel. Erst wenn man fühlt, dass man als Mensch im Ganzen in Ordnung ist, ist es möglich, die verschiedenen Anteile zu integrieren. Hieraus entsteht ein herrliches Kraftgefühl. Lena hat die Beziehungen zwischen den diversen Selbstanteilen gezeichnet (siehe die nachfolgende Darstellung).

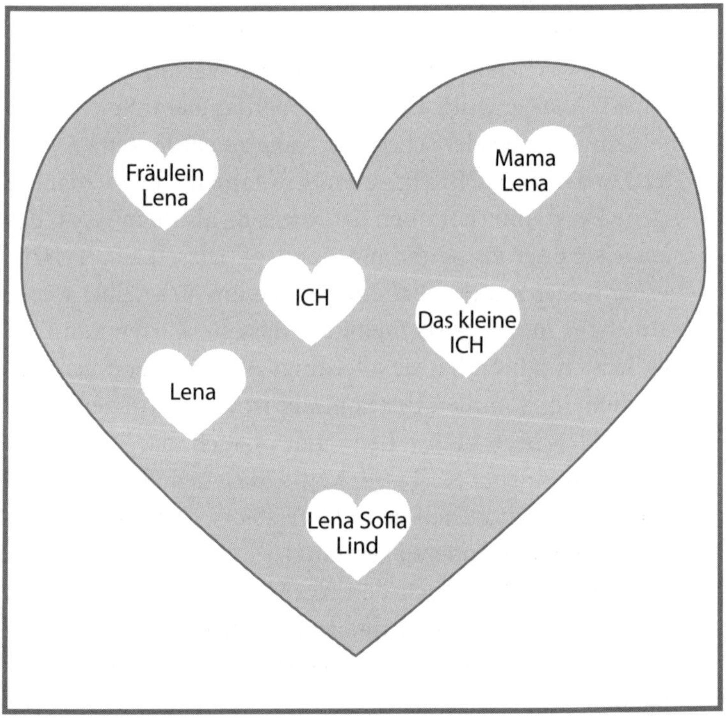

Eine andere Blume

Manchmal lasse ich zum Abschluss ein weiteres Blumenbild einstellen, um so eine konkrete Anschauung der Veränderungen zu erhalten. Als Lena nun erneut eine Blume »bildert«, erscheint kein schüchternes Vergissmeinnicht mehr, das auf dem Boden steht. Stattdessen schaukelt Lena, liegend in einer Riesenseerose, einer Art Lotusblume. Ihr Sohn und ihr Mann sind auch in je einer eigenen rosa Seerose anwesend. Die Blumen sind riesig, haben einen Rand zum Schutz vor Wassertropfen und sind mit ihren Stängeln gut im Seeboden verankert. Es ist möglich, von Wasser umgeben dazuliegen und sich auf der Blume auszuruhen.

Lotus gehört zu den Seerosengewächsen, die aus dem Morast herauswachsen und sich majestätisch gen Himmel erheben. In der buddhistischen Tradition gilt er als heilige Blume und symbolisiert die Erleuchtung des vorher im Dunkeln lebenden Menschen. Nichts könnte hier passender sein.

Der Veränderungsprozess

Nach gut einem halben Jahr führe ich mit Lena ein Nachgespräch über die Behandlung. Lena meint, es sei ein heftiges Erlebnis gewesen, dass zuerst die Bilder aus ihrem Inneren kamen und erst im zweiten Schritt von ihr in Worte gefasst werden konnten. Es handelt sich um einen einzigartigen schöpferischen Prozess, in welchem die persönliche Geschichte wiedererlebt und umgeschrieben wird. »Wenn man redet und Worte benutzt, hat stets nur ein Gefühl Platz«, sagt Lena. »Bilder dagegen sind komplex und können mehrere unterschiedliche Gefühle und Stimmungen beinhalten.«

Lena bekam in der Therapie Gelegenheit, ein anderes Verhältnis zu sich selbst, zu ihren Gefühlen und ihrem Leben aufzubauen. Zeitweise handelte es sich um eine dramatische, dabei unerhört ergreifende und engagierte Reise, die wir gemeinsam unternommen haben.

Lenas Gefühl, »ein nasser Fleck« zu sein, gehört einem vergangenen Stadium an. Sie hat bereits früh im Leben soziale Kompetenz entwickelt als Methode, unter den gegebenen Umständen zu überleben. Inzwischen ruht sie jedoch auf einem anderen inneren Fundament und besitzt eine neue Integrität. Sie kann deutlich besser Grenzen setzen und wird deshalb weniger ausgenutzt. Im Verhältnis zu ihrer Herkunftsfamilie wird sie nicht mehr von Schuldgefühlen beherrscht, sondern besitzt Selbstrespekt. Da sie sich in der Beziehung zur älteren Schwester nicht mehr aussaugen lässt, gestalten sich Begegnungen leichter. Den Referendaren in der Schule gegenüber kann Lena von ihrer Kompetenz profitieren und auch Forderungen stellen. Das Leben ist wesentlich reichhaltiger geworden, seit sie in sich selbst ruht. Lena hat wirklich »heimgefunden«, wie sie es nach einem der ersten Bilder ausdrückte. Diesen Veränderungsprozess begleiten zu dürfen hat mich zugleich herausgefordert und geehrt.

Weitere Überlegungen

Es erscheint mir wichtig, darauf hinzuweisen, dass man sich in einer Therapie mit dem beschäftigt, was im Leben eines Menschen schwierig ist. All dem Guten, dem, was funktioniert, wird regelmäßig weniger Aufmerksamkeit gewidmet, weil es ja ohnehin gut läuft. Weiterhin möchte ich noch daran erinnern, dass die hier beschriebenen Therapiefälle die subjektiven Beschreibungen von schwierigen Kindheitsereignissen und deren Auswirkungen auf das kleine Kind festhalten. Hierbei gibt es keine »objektive« Wahrheit.

Ich habe Lena gefragt, ob sie Lust habe, einige Zeilen darüber zu schreiben, wie sie die Behandlung erlebt hat. Lena schreibt Folgendes:

> Es ist jetzt ein Jahr vergangen, seit ich meine Therapie beendet habe. Nach meinem Gefühl ist die Therapie damit vergleichbar, flache Steine über das Wasser hüpfen zu lassen. Auf der Wasseroberfläche entstehen ständig neue Ringe und am Schluss plumpst der Stein auf den Grund. Genauso landet das Verständnis.
>
> Inzwischen versuche ich selbst, mein Inneres zu ergründen; alle wahren und falschen Selbstbilder, die ich zusammen mit der Therapeutin untersucht habe. Auch nach dem Ende der Behandlung breiten sich mit anderen Worten die Ringe weiter auf dem Wasser aus. Ich setze meine innere Reise fort, inzwischen aber mit meinem erwachsenen Ich, welches das Kind an der Hand hält (vorher war das die Therapeutin).
>
> Die Psychotherapie mit Imaginationen gab mir Werkzeuge an die Hand, um meine Gefühle und andere Gemütszustände reflektieren und mit ihnen umgehen zu können. Sie half mir, Energie und Aufmerksamkeit freizusetzen, die ich früher gebraucht hatte, um negative Erfahrungen und Selbstbilder im Schach zu halten. Jetzt habe ich die Kraft, auch zukünftig zu wagen, offen, verletzbar und empfindsam zu sein. Früher konnte es Wochen oder Monate dauern, Ordnung in mein inneres Gefühlschaos zu bringen, und es passierte mir, wieder zu dem kleinen, verängstigten, unsicheren Mädchen zu werden, das seit der Kindheit in mir gewohnt hatte. Es kann mir immer noch passieren, dass ich in dunkle Gruben stürze. Es dauert jedoch nur Stunden oder Tage, die alten Trampelpfade wiederzuerkennen und erneut das Kommando über mein Leben zu übernehmen, d. h. wieder zu der erwachsenen Frau zu werden.
>
> Nach nunmehr einem Jahr kann ich sogar erkennen, dass meine

ständige Beschäftigung mit Selbstabwertungen dazu diente, Angst zu verbergen. Aus Angst wagte ich nicht, meiner eigenen Kraft und meiner Lebenszuversicht freien Lauf zu lassen. Die inneren Bilder, die ich bei den Imaginationen gesehen und selbst erschaffen habe, waren sehr eindrücklich und haben sich auf meiner Netzhaut eingebrannt. Sie tauchen jetzt in schwierigen Situationen als Wegweiser auf. Die Therapie hat mir Zugang zu innerer Kraft und Energie verschafft – ich wage, mich mir selbst und dem Leben gegenüber zu öffnen.

13

Betrauern, was fehlte, und sich trösten können

Wir brauchen zwischen vier und zwölf
Umarmungen pro Tag,
damit es uns gut geht
Virginia Satir, Psychotherapeutin

Lenas Schicksal, von dem ich im vorigen Kapitel berichtet habe, ist in mancher Hinsicht einzigartig: Auch wenn das zugrunde liegende Unglück zu einem speziellen Schulderlebnis geführt hat, vermittelt die Therapie die generell mit einem negativen Selbstbild einhergehende Belastung anschaulich. Im Innersten hat Lena sich als »Pyromanin« gesehen, als jemanden, der anderen etwas zerstört. Ein zusätzliches Problem besteht darin, dass Lena schon lange vor dem Brand nicht auf warme und annehmende Weise gespiegelt worden war.

Lenas Mutter litt an den Folgen traumatischer Erfahrungen aus der Kriegszeit in Deutschland und hatte einen autoritären Erziehungsstil. Lena musste als kleines Kind viel Zeit allein in Laufstall und Gitterbett zubringen. Sie wurde tatsächlich nicht wahrgenommen. Sie rüttelte schließlich so an dem Gitterbett, in dem sie eingesperrt war, dass es kaputtging. Lena kämpfte wie rasend darum, die benötigte Nähe und Liebe zu bekommen, blieb aber ständig in einem Mangelzustand.

Wer in einer Therapie daran arbeitet, sich von einem negativen Selbstbild zu befreien, braucht unbedingt Gelegenheit, über den Mangel an positiver Spiegelung trauern zu können, da dieser Mangel das Problem verstärkt hat. Wenn die Solidarisierung mit dem kleinen Kind gelingt und verständlich wird, welche Entbehrungen zu der falschen Vorstellung geführt haben, wertlos oder defekt zu sein, dann ist Trauer eine natürliche Reaktion.

Trauer ist ein Weg zur Heilung

Viele Menschen haben Angst vor Tränen. Als Therapeutin habe ich eine gänzlich andere Haltung zum Weinen. In den meisten Fällen sind Tränen ein Zeichen dafür, dass ein gefühlsmäßiger Kontakt zu Erinnerungen oder Situationen, die schmerzlich waren oder noch sind, besteht. Erst nachdem das geschehen ist, wird Veränderung möglich. Häufig kann ein Mensch jedoch erst trauern, wenn ein Gegenüber da und bereit ist, die Trauer auszuhalten und zu begleiten.

Üblicherweise werden heftige Gefühle wach, wenn sich jemand in der Imagination in eine Kindheitsszene zurückversetzt. Unsere frühen Erinnerungen sind anscheinend häufig in Verbindung mit Emotionen gespeichert worden. Auf der Therapiecouch sind Tränen deshalb eine natürliche Reaktion und keineswegs Anlass zur Beunruhigung.

Um eine traumatische Situation hinter sich lassen zu können, muss man ausreichend Zeit und Gelegenheit zum Betrauern erhalten. Erst danach kann man wieder mit voller Kraft weitergehen. Manchmal haben Menschen Angst, in einen Trauerprozess zu geraten. Sie sind nämlich überzeugt, niemals mehr mit dem Weinen aufhören zu können, weil die Trauer so stark ist. Das kommt allerdings niemals vor.

Die Trauer führt im Gegenteil dazu, dass man neuen Lebensmut fasst.

Allerdings sollte man sich auch daran erinnern, dass Lenas therapeutischer Prozess viel Platz für Freude ließ. So war es ein wunderbares Erlebnis, das unversehrte Kind unter dem Steinhaufen zu entdecken. Ein weiterer sehr positiver Teil der Behandlung besteht darin, einen Weg zu finden, das innere Kind zu trösten.

Die Bedeutung von Trost

Das Leben an sich ist ziemlich kompliziert und konfrontiert uns alle mit Schwierigkeiten unterschiedlicher Art. Ob und wie wir diese bewältigen, wird entscheidend von unserer Fähigkeit bestimmt, uns selbst trösten zu können. Wir alle machen Fehler und erleben diverse Enttäuschungen. Da ist es notwendig, sich selbst innerlich Trost zusprechen zu können. Man muss – symbolisch verstanden – das kleine Kind auf den Schoß nehmen und trösten können. Viele Menschen sind jedoch wie Lena in Familien aufgewachsen, in denen es keine tröstenden Rituale gab – keinen Schoß, keinen Arm um die Schultern, keinen zum Anlehnen, keinen zum Ausweinen. Deshalb konnte kein selbsttröstendes Verhalten aufgebaut werden.

Niemand war da, um Lena nach dem schrecklichen Brand zu trösten. Die Vorstellung, wie Lena und ihre Schwester ihre Übernachtung selbst organisieren mussten, ist erschütternd. Der Vater war ja mit der Mutter weggefahren, um diese ins Krankenhaus zu bringen, und die beiden Mädchen standen vor den schwelenden Hausresten. Aber auch danach wurde den Gefühlen ein Riegel vorgeschoben und nicht mehr von dem Vorgefallenen gesprochen, während Lena die Last ihrer fürchterlichen Schuld mit sich herumschleppte.

Als Lena in einer Imagination Kontakt mit dem kleinen inneren Kind aufnimmt, benutzt sie eine handgreifliche Technik (Greifen und Zerren), die früher von der Schwester ihr gegenüber benutzt wurde. Indem sie während der Behandlung lernt, sich dem inneren Kind auf empathische Weise zu nähern, kommt sie auch mit den kindlichen Gefühlen wie Ausgeliefertsein, Scham und Schuld in Kontakt. Anwesend zu sein und das innere Kind trösten zu können wird für Lena zu einem entscheidenden Reifungsschritt. Wenn wir tröstende Verhaltensweisen entwickeln, können wir uns auch unseren erwachsenen bedürftigen Seiten besser zuwenden, falls es im Leben rauer zugeht.

Grausamkeit von Geschwistern

Kinder können im normalen Alltagsleben zueinander grausam sein. Geschwisterneid trägt dazu bei, dass die Beziehungen nicht sonderlich herzlich sind, falls nicht die Eltern den Kindern helfen, mit diesen schwierigen Gefühlen umzugehen. Neid kann das Leben vergiften und Beziehungen zerstören. Die Halbschwester wollte Lena den Zugang zur Mutter verwehren und hatte ein heftiges Temperament, das sie oft an Lena ausließ. Es ist sicher ungewöhnlich, dass es dabei so weit wie in dieser Familie geht, dass nämlich Lena tatsächlich Angst hatte, sich in ihrem Zimmer, das sie mit der Schwester teilte, aufzuhalten. Dass Eltern bei Geschwisterkonflikten nicht eingreifen, kommt jedoch häufig vor. Sie erkennen die Tyrannei nicht, sondern verharmlosen sie als gewöhnlichen Geschwisterstreit.

Andererseits sieht ein jüngeres Geschwisterkind oft zum Älteren hoch und idealisiert es. Das ältere Geschwister besitzt dadurch eine einzigartige Position, um das Selbstbild des jüngeren Kindes während verletzlicher Phasen zu beeinflussen.

Inneres Potenzial

Lena war nicht so veranlagt, sich in eine Ecke zu setzen und aufzugeben, als sie alleingelassen wurde. Sie schüttelte ja ihr

Gitterbett förmlich kaputt. Ständig war sie in Bewegung, und in der Bewegung selbst fand sie Trost und Kraft. Sie suchte außerdem den Weg nach draußen zu anderen Kindern auf der Straße und fand dort die Anregungen, die ihr zu Hause fehlten. Von ihrer Persönlichkeit her hatte Lena eine Energie mitbekommen, die sie trotz der schwierigen Bedingungen während ihres Heranwachsens oft positive Auswege finden ließ.

Lena widmet ihr Berufsleben der Bewegung und kann dort ihre besondere Ressource tagtäglich einsetzen. Auch hilft sie im Beruf jungen Menschen dabei, innere Energie und Kreativität zu kanalisieren. Im Laufe der Behandlung hat sie ein vertieftes Gespür dafür bekommen wie wichtig es ist, die jungen Menschen, denen sie in der Schule begegnet, wahrzunehmen und zu spiegeln.

Die Arbeit am Wiederaufbau des Selbstwertgefühls ihres inneren Kindes hatte dazu geführt, dass sie sich selbst besser respektieren konnte. Dies verbesserte auch ihre Möglichkeiten, Grenzen zu setzen. Das wiederum trug dazu bei, dass Lena ihre Energie besser sammeln und anwenden konnte. Gefühlsmäßige Entwicklung führt zu neuer Sicherheit und Stabilität – zu einem inneren, einem fundierten Selbstwertgefühl.

14

Freiheitsrausch – sich von einem schamerfüllten Selbstbild befreien

Man wird nicht dadurch erleuchtet,
dass man sich das Helle vorstellt,
sondern indem man sich das Dunkle
bewusst macht.
Carl Gustav Jung, Psychoanalytiker

Als sich Lars nach der dritten Therapiestunde von der Liege erhebt, sagt er, dass er einen »Freiheitsrausch« verspüre. Was ist da passiert? Er hatte zuvor während einer Imagination die Möglichkeit bekommen, zu einer mit tiefer Scham verbundenen Kindheitssituation zurückzukehren und sein Selbstbild zu korrigieren. Er brauchte sich danach nicht mehr seiner selbst und seiner Gefühle zu schämen.

Auf den nächsten Seiten können Sie Lars bei seiner inneren Reise begleiten. Zunächst möchte ich einiges zu seinem Hintergrund vorausschicken: Lars ist Verhaltenswissenschaftler, hat sich jedoch zunehmend für intuitives menschliches Verhalten interessiert, ein Gebiet, das er zuvor gering geschätzt hatte. In Zusammenhang mit seiner Ausbildung lernte er eine Technik kennen, die innere Bilder benutzte. Er war fasziniert davon, wie sich unser Inneres mittels Bildern mitteilt. Als sich Lars vor seinem inneren Auge einen Baum vorstellte, zeigte sich oben in der Krone ein abgestorbener Bereich. Natürlich fragte er sich daraufhin, worauf das hindeuten könnte. Er wollte die Antworten mithilfe einer Imaginationstherapie herausfinden, und so kam er zu mir. Obwohl Lars kein ausgesprochenes Problem mit seinem Selbstbild zu haben schien, konzentrierte sich die Behandlung bald genau hierauf.

Selbstwertgefühl entsteht zu einem wichtigen Teil dadurch, dass die Eltern ihrem Kind helfen, Gefühle zu identifizieren und zu regulieren. Wenn ein Kind in einer Familie gelebt hat, in der es bestimmte Gefühle – wie etwa Zorn – nicht ausdrücken konnte, kann das später zu Problemen führen, ohne dass dem/der Betreffenden bewusst ist, dass hierdurch ihr Selbstwertgefühl geschwächt wurde.

Lars wuchs in Südschweden bei einer sehr jungen Mutter auf. Diese war völlig davon in Anspruch genommen, eine tüchtige Hausfrau und Gattin zu sein. Ihre Ansprüche an Sauberkeit waren hoch und sie putzte ständig. Der Vater war Lehrer und um einiges älter als seine Frau. Im Laufe der Zeit bekam Lars zunächst eine Schwester, dann einen kleinen Bruder. Lars ist verheiratet und hat einen kleinen Sohn.

Als Lars die Therapie aufnimmt, ist schon bekannt, dass er die Stadt einige Monate später verlassen wird. Dennoch beschließen wir, die noch verfügbare Zeit zu nutzen. Seine Fähigkeit, sich über innere Bilder auszudrücken, ist sehr gut ausgeprägt, weshalb selbst eine kurze Behandlung einigen Nutzen verspricht.[37]

Das Blumenmotiv weckt Fragen

Die Blume, die Lars als Einstieg in die Imagination sieht, ist gelb, aber gedoppelt, wobei sich der eine Teil gegen den anderen lehnt.

»Die Blume sieht aus wie ein X-Chromosom mit zwei Teilen, die sich zu einem Kreuz schlingen oder so, als ob sie sich aneinanderlehnen. Eine Alternative wäre, dass es eine geknickte Blume ist, die vor einem Spiegel liegt.«

Ein derart ungewöhnliches Blumenbild kann Anlass zu Spekulationen geben. Zeigt sich vielleicht eine symbolische Sehnsucht, oder verweist die Blume auf eine Nachgiebigkeits-/Abhängigkeitsproblematik? Vermutlich gibt es die Sehnsucht, gespiegelt zu werden. Das X-Chromosom repräsentiert die weibliche Seite, was erfährt man hier über sein Männerbild?

Die Blume wächst in einem Blumenland, aber auf dem gemalten Bild entdecken wir, dass sie auf »scharfkantigem, weißem Kies« wächst. Eine symbolische Deutungsweise weckt die Frage, wie der Boden, d.h. die ersten Lebensjahre, für Lars waren. Die Blume hat kleine Blätter als Hinweis darauf, dass seine Fähigkeit, sich selbst mit Nahrung zu versorgen, begrenzt ist. Die Blume ist keineswegs voll erblüht, also gibt es nicht genutztes Potenzial. Neben der Blume befindet sich ein Regenrohr, das die Pflanze immerhin mit Wasser versorgen kann.

Direkt hinab ins Unterirdische

Bei unserem zweiten Gespräch schlage ich Lars vor, eine Wiese zu erkunden, und es zeigt sich ein unerwartet rascher Zugang zu seinem Inneren.

Er findet eine wogende, mit wilden, kleefarbenen Blumen übersäte Wiese, auf der Schafe stehen und grasen. Dort ragt allerdings auch ein Turm in die Höhe. Wie sich herausstellt, gehört er zu einem Erdkeller. Der Weg in die Unterwelt ist also unmittelbar geöffnet. Lars erhält von mir den Auftrag, den Keller auszukundschaften. Die Treppe dorthin ist allerdings sehr schmal und Lars ist eigentlich dafür zu groß. Dies ist ein Hinweis darauf, dass der Keller zur Welt der frühen Kindheit gehört. Lars gelingt

es jedoch, hinunterzugelangen. Zu seiner Freude entdeckt er einen großen unterirdischen Raum, dessen Wände teilweise von den gewaltigen Wurzeln einer großen Eiche gebildet werden. Manche der Wurzeln vereinigen sich mit der Wand und sehen gesund aus. Er bemerkt allerdings, dass andere Wurzelenden frei in der Luft hängen. Lars sagt verwundert: »Die sehen mehr wie Keime auf einer Saatkartoffel aus. Sie brauchen wirklich Erde.«
Der Raum setzt sich nach hinten als kleiner, gewölbter Tunnel bzw. eine Art Katakombe, die sich unterirdisch weiter ausbreitet, fort. Weil es sich um eine frühe Therapiephase handelt, schlage ich vor, die Untersuchung der Katakomben auf später zu verschieben. Als Lars den Keller erforscht hat, geht er wieder ans Tageslicht und sieht dort die große Eiche, deren Wurzeln er zuvor betrachtet hatte. Nach der Imagination merkt Lars an, dass er »den Eindruck hatte, dass der Erdkeller dazu da war, damit wir hinuntergehen und uns um die Baumwurzeln kümmern können.«

Als Lars zur folgenden Therapiesitzung erscheint, hat er seine Zeichnung der Wiese dabei. Obwohl das, was sich unter der Erde abspielt, das Zentrum ausmacht, gibt es auch oben interessante Details. Es grasten ja Schafe auf der Wiese, und ich bemerke dazu, dass Schafe oft als Symbol für Verweichlichung oder Einfältigkeit angesehen werden, mit anderen Worten, dass man ein wenig unterwürfig ist. Lars bestätigt, dass er in der Tat eine Tendenz zur Nachgiebigkeit hat, nicht zuletzt im Verhältnis zur Mutter.

Die von Lars gezeichneten Vögel sind »an den Himmel wie mit Kreuzstichen auf eine Stickerei genäht«. Diese Beschreibung führt weiter zu dem Gedanken, dass er nicht frei herumfliegen darf. Der Eindruck von einem Jungen, dessen Männlichkeit vielfältig beschnitten wurde, erhärtet sich aufgrund der kurzen, nicht verankerten Wurzelenden an der Decke des

Erdkellers. Sie gehören offenbar zu dem abgestorbenen Bereich, den Lars in seinem früheren Baumbild (welches ein Selbstbild darstellt) entdeckt hatte. Dass man versucht, die verschiedenen Stränge miteinander zu verbinden, ist ein übliches Vorgehen innerhalb der Therapie.

Wir entdecken ein Kind voller Schamgefühle

Vieles weist darauf hin, dass es in Lars' Verhältnis zur Mutter Probleme gegeben hat. Daher biete ich ihm an, sich im nächsten Tagtraum in seine Kindheit zurückzuversetzen und vor seinem inneren Auge eine für ihn schwierige Situation mit der Mutter auftauchen zu lassen.

> Lars befindet sich in der heimischen Küche. Er ist etwa vier oder fünf Jahre alt, sitzt auf dem Fußboden und spielt. Er spielt dabei auch mit seinem Penis und bekommt eine Erektion. Die Mutter sitzt am Küchentisch und liest. Lars fragt sie wegen der Veränderung an seinem Glied und erhält (in einem ziemlich scharfen Ton) als Antwort, dass er hierüber mit dem Vater reden solle. Da der Vater nicht zu Hause ist, fragt Lars aufs Neue. Er merkt dann, dass er offensichtlich etwas Unangebrachtes ausgesprochen hat. Der kleine Bursche rettet sich ins Spielen, tut jedoch mehr so, als ob er spielt. Lars erinnert sich, dass er den Vater niemals gefragt hat.
> Ich frage, wie sich der kleine Junge fühlt. Lars fällt das Erstaunen des kleinen Burschen ein, etwas offenbar Unerwünschtes gesagt zu haben. Der Kleine schämt sich fürchterlich. Irgendwie vermittelte sich ihm, dass der Penis zu etwas anderem als zum Wasserlassen dient, wenngleich er nicht wusste, wozu.
>
> Therapeutin: »Du wurdest also beschamt und damit alleingelassen!«

Lars: »Hm, meine Mutter hat zu mir heruntergeschaut, und es lag die Drohung in der Luft, abgewiesen zu werden.«
Therapeutin: »Deine männliche Seite war nicht willkommen?«
Lars: »Nein, die war gefährlich! Aber ich habe meinen Vater nicht gefragt … Vielleicht hatte auch er Angst vor seiner Männlichkeit?«
Therapeutin: »Hm … verglichen mit ihm hast du dich vielleicht klein gefühlt?«
Lars: »Ja, wie ich da auf dem Fußboden sitze, bin ich wirklich klein.«

Ich schlage vor, dass wir den erwachsenen Lars in die Situation in der Küche hineinnehmen können, um den kleinen Jungen zu unterstützen. Lars greift diesen Vorschlag sofort auf.

Der erwachsene Lars: »Ich setze mich neben ihn und erkläre, dass der Penis auch zu etwas anderem als zum Wasserlassen dient und dass es gut ist, dass er das entdeckt hat. Ich sage ihm auch, dass er mit dem Papa darüber reden kann. Man kann eine Erektion bekommen, weil es einem gefällt, und dass es nichts ist, wofür man sich zu schämen braucht.«
Lars bemerkt, dass diese Äußerung die Situation neutralisiert. Der kleine Junge nimmt sein Spiel mit neuer Intensität auf.
Therapeutin: »Die Last der Scham wurde also dem kleinen Jungen von den Schultern genommen?«
Lars: »Ja, nun hat er wieder Freude am Spielen!«

Hier endet die innere Szene. Als Lars zur äußeren Wirklichkeit zurückkehrt, ist er erstaunt, wie intensiv er die Szene mit dem kleinen Kind empfunden hat. Er sagt dazu noch: »Das ist merkwürdig, dass man neben sich selbst als Kind stehen kann!« Lars greift sich an die Brust und erläutert, welche Erleichterung und Freude er jetzt im Körper fühlt. Er bezeichnet sein Empfinden als »Freiheitsrausch« und sieht tatsächlich etwas zitterig aus.

Lars ist erstaunt darüber, dass er sich regelrecht »in die Kindheit zurückversetzt« fühlte und dass er die Gefühle so intensiv empfand. Er berichtet, dass die Eltern, die immer noch im selben Haus wohnen, inzwischen den Küchenfußboden ausgetauscht haben. In der inneren Szene sah er jedoch den alten Fußboden aus der Zeit, als er klein war.

In dem gezeichneten Bild wenden sowohl der kleine Junge als auch der erwachsene Lars der Mutter den Rücken zu. Keiner der beiden zeigt sein Gesicht, ein Hinweis auf Scham, jedoch auch auf die Notwendigkeit, die Mutter von sich fernzuhalten. Das Muster des Fußbodens wird auf der Zeichnung zu einem Spinnennetz. Das erhält seine besondere Bedeutung dadurch, dass Lars schon früher zur mütterlichen Macht eine Spinne assoziiert hatte.

Die Szene in der Küche weist darauf hin, dass die Arbeit an inneren Bildern die Möglichkeit bietet, das kleine Kind von Scham- und Schuldgefühlen zu befreien. Indem er sich gefühlsmäßig in »die ursprüngliche Situation« zurückversetzen konnte, dort jedoch Hilfe von seinem erwachsenen Ich erhielt, konnte Lars einen Teil des schambesetzten Selbstbildes, an dem er seit seiner Kindheit gelitten hatte, auflösen.

Die männliche Identität stärken

Als wir uns wiedersehen, erzählt Lars, dass er sich nach der letzten Imagination frei, aber auch verletzbar gefühlt habe. Mit seiner Verletzlichkeit habe er im Leben nur schlecht umgehen können und deshalb als kleiner Junge davon geträumt, »Superman« zu sein. Aber sogar dieser hat einen verletzlichen Punkt, sagt Lars zu mir. Superman muss um jeden Preis verhindern, mit Kryptonit in Berührung zu kommen, d.h. mit Steinen von seinem Mutterplaneten, weil er sonst schwach wird. Diese Gedanken bringen uns darauf, wie seine Männlichkeit von der

Mutter bedroht wird, und führen zu seiner Verletzlichkeit in der Beziehung zu ihr.

Für Lars war es wahrscheinlich schwierig, sich mit seinem Vater zu identifizieren, weil dieser dem Männlichkeitsbild von Lars nicht richtig entsprach. Für den kleinen Lars nahm anstelle des Vaters eher der Großvater väterlicherseits die Funktion eines männlichen Rollenmodells ein. Jener starb jedoch, als Lars erst sechs Jahre alt war. Der Großvater wohnte hoch im Norden des Landes, angelte und ging auf die Jagd. Es hatte Lars sehr beeindruckt, dass der Großvater schon als kleiner Bursche ein Kleinkalibergewehr besessen hatte. Lars bettelte darum, auch ein solches Gewehr zu bekommen, wenn er ein wenig älter wäre.

Die Küchenszene, in der Lars in die Schamfalle geriet, machte mir klar, dass es für Lars notwendig ist, seine männliche Identität auf möglichst positive Weise zu stärken. Deshalb schlage ich ihm vor, sich eine angenehme Kindheitsszene mit dem Vater vorzustellen.

> Lars ist in dieser Szene sechs oder sieben Jahre alt. Er und der Vater sind mit einer Angel unterwegs zu einem kleinen See, um gemeinsam zu angeln. Der Vater erzählt von seiner Kindheit, wie er mit dem Großvater draußen war, mit ihm jagte und angelte.
>
> Nach der Therapiestunde verspürte Lars innere Freude und eine neue Stärke bezüglich seiner Männlichkeit. Ähnliches hatte er im Krankenhaus erlebt, nachdem sein Sohn gerade geboren war. Lars ist auch ziemlich hungrig gewesen und hat deutlich mehr gegessen.
>
> Als Lars diese Szene malt, sehen wir Vater und Sohn mit jeweils einer Angel über eine Brücke gehen, die das Wasser irgendwie zu teilen scheint. Die eine Seite des Sees wirkt verwischt. Da der See ein Grundwasserreservoir war, kommen wir auf den Begriff »Wasser des Lebens«. Von diesem Lebenswasser scheint ein Teil

abgeschnitten. Der Weg führt hinüber auf einen Berg zu, der sich ziemlich dunkel und bedrohlich am Horizont abzeichnet. Welche Vorstellung hatte der kleine Junge von der Zukunft, von den Ansprüchen seiner männlichen Rolle? Kämpfte er mit dem Bild, nicht zu genügen, die Ansprüche nicht erfüllen zu können? Lars fällt ein, wie der Vater und er auf eine Kreuzotter stießen und wie er selbst den Zwang verspürte, die Schlange mit einer Astgabel zu fangen, obwohl er eigentlich fürchterliche Angst hatte. Später im Leben bewarb er sich dann für eine harte militärische Ausbildung.

Die Erforschung des Bereichs Männlichkeit setzen wir in einer weiteren Szene fort. Lars soll sich dazu einen Berg vorstellen und diesen auch besteigen.

Aus der Ferne sieht der Berg mit seiner schneebedeckten Spitze wie der Fuji aus. So eine Ausgestaltung deutet gewöhnlich auf starke Leistungsansprüche hin. Auch wenn es sich um einen erloschenen Vulkan handelt, kann man sich vorstellen, dass dort noch viele Gefühle gefangen sind. Der Berg hat eine kalte Rückseite mit einem Gletscher unten am Fuß (dort herrscht tiefer Frost), während die zur Grasebene zeigende Seite von Sonne beschienen ist. Der Berg ist glatt und nur schwer zu besteigen. Als es Lars unter Mühen gelingt, den Hang hochzukriechen, verändert sich jedoch seine Perspektive – er selbst wird im Verhältnis größer (erwachsener), während der Berg schrumpft. Dabei stellt sich auch heraus, dass der Berg nicht mehr von Schnee bedeckt ist, sondern oben an der Spitze aus einer weißen, porösen Gesteinsart, vermutlich Kreide, besteht. Diese ist leichter zu besteigen. Beim Abstieg nimmt der Berg eine eher »phallische« Form an, und Lars gelangt über eine längere Strecke hinunter, indem er sich an diesem hochragenden Teil festhält (ihn umarmt). Dies kann als Hinweis auf eine Änderung seiner schwierigen Beziehung zu seiner Männlichkeit verstanden werden.

Während der gesamten Szene redet Lars von der dunklen und der hellen Bergseite. In seiner Vorstellungswelt ist die Zweiteilung der Männlichkeit (in gut und schlecht) auffallend. Wir sprechen anschließend darüber, wie er es erlebt hat, erst ein Junge zu sein und nun ein Mann mit einem eigenen Sohn, dem er Stolz auf die eigene Männlichkeit wünscht.

Nach dieser Sitzung fühlt sich Lars ruhiger. Er hatte sich seit Längerem innerlich getrieben gefühlt und diese innere Hetze hatte mit der Zeit zugenommen. Nun kann er mehr in sich selbst ruhen.

Sich Zorn erlauben

Selbstwertgefühl beruht zu einem wichtigen Teil auf der Möglichkeit, Gefühle zulassen und integrieren zu können. Es stellt sich jedoch heraus, dass es der Mutter mehr um das Äußere ging und dass sie Gefühlsäußerungen wie Wut oder Zorn verurteilt hat. Lars erzählt von einer Begebenheit, als er sieben oder acht Jahre alt war. Er hatte seine Hausaufgaben am Computer gemacht und den Bruder gebeten, ihm beim Speichern des Dokumentes zu helfen. Dabei ging die ganze Arbeit verloren. In seiner Frustration rannte Lars in sein Zimmer und warf mit aller Kraft ein Kissen gegen die Wand. Die Mutter reagierte entrüstet und Lars lernte, zornige Handlungen zukünftig zu unterdrücken und seinen Zorn zu schlucken.

Ich betone dagegen, dass ich es für besonders klug von dem kleinen Jungen halte, seine Frustration nicht am Bruder oder am Computer auszulassen, sondern gerade ein Kissen zu benutzen und gegen die Wand zu werfen. Das war eine gesunde Reaktion. Lars erhält nun den Auftrag, in einer weiteren Imagination Situationen aus der Kindheit einzustellen, die seinen Umgang mit Zorn zeigen.

Zuerst taucht eine Situation auf, wo er im Zorn einige Star-Wars-Spielfiguren kaputt gemacht hatte. Am Abend saß er dann stundenlang und versuchte verzweifelt, die Figuren wieder heil zu machen. Ihm fällt das Panikgefühl ein, das mit dem Gedanken verbunden war, dass er vielleicht nicht würde reparieren können, was seine Aggression angerichtet hatte.

Danach erscheint rasch eine andere Sequenz, in der die Familie auf dem Weg zu einer Badestelle in einem Boot sitzt und der Großvater mütterlicherseits etwas Abwertendes über Lars' neue Schuhe sagt. Der kleine Junge wird schrecklich böse und fühlt, wie es in ihm kocht, zeigt jedoch nach außen nichts davon. Stattdessen tauchte die Selbstbestrafungsfantasie auf, sich über Bord fallen zu lassen. Während des gesamten Familienausfluges verschloss sich Lars gefühlsmäßig und isolierte sich von den anderen.

Ich frage nach, ob es nicht einen anderen Menschen gab, dem er seine wirklichen Gefühle mitteilen konnte. Die Antwort lautet Nein. Stattdessen erinnert sich Lars, wie er nach dem Vorfall mit dem Computer mit einem pechschwarzen Gefühl von Selbstverurteilung in seinem Bett lag. Bei anderer Gelegenheit machte er einen zaghaften Versuch, seine innere Verzweiflung auszudrücken, indem er sein Messer hervorholte: »Wenn ich das Messer hier auf die Bank in meinem Zimmer lege, wundert sich Mama vielleicht und fragt nach, was ich damit gemacht habe!«

Erneut schlage ich vor, den erwachsenen Lars zur Unterstützung mit in die Szene kommen zu lassen. Dieser taucht rasch auf und hilft dem kleinen Jungen, der gerade versucht, seine kaputten Spielfiguren zu reparieren. Er erklärt ihm, dass es in Ordnung ist, wütend zu werden, und dass die Welt nicht untergeht, nur weil ein paar Spielsachen kaputt sind. Mama und Papa mögen ihn trotzdem noch.

Der erwachsene Lars hilft ihm auch dabei, dem Großvater mütterlicherseits Grenzen zu setzen und ihm zu sagen, dass es nicht

korrekt ist, einen kleinen Jungen so zu behandeln. Außerdem gilt, dass »man das Recht hat, Erwachsenen Widerstand zu leisten – jeder hat nämlich das Recht, sich zu schützen!«
In der letzten Situation, wo er mit pechschwarzer Verzweiflung in seinem Bett lag, sagt der erwachsene Lars zu dem kleinen Jungen, dass er nichts getan hat, was derartige Scham oder Schuld verdient. Er soll versuchen, direkt mit der Mutter zu sprechen, statt über Symbole mit ihr zu kommunizieren. Dabei laufe er Gefahr, dass sie ihn überhaupt nicht verstehe und er genauso einsam wie vorher sei.

Die Arbeit an den inneren Szenen wird zu einer Würdigung von Lars' Recht, Zorn zu empfinden und Wege zu finden, diesen auszudrücken, soweit andere nicht geschädigt werden. Er muss seine Gefühle nicht einsperren. Er hat Scham sich selbst und seinen Gefühlen gegenüber empfunden, was in dieser Form unberechtigt war. Lars versteht, dass er Kraft verloren hat, weil er bei vielen Gelegenheiten nicht gewagt hat, seinem Zorn Ausdruck zu verleihen.

Der Zuwachs von Männlichkeit

Weil in den Imaginationen so viel passierte, hatten wir keine Zeit gefunden, die Katakomben näher zu untersuchen. Als ich Lars jetzt anbiete, hinunterzusteigen und zu schauen, was sich dort verbirgt, hat sich die Situation verändert. Die bisherige Bearbeitung zeitigt Ergebnisse.

Schon die Treppe nach unten hat normalere Proportionen angenommen, und der Erdkeller ist kein riesiger Saal mehr. Das Positivste, das Lars berichtet, ist allerdings, dass die Wurzelenden nicht mehr frei in der Luft hängen. Sie sind in die Erde eingewachsen, der Erdkeller wirkt solider und durch die Wurzeln besser verankert. Es stellt sich auch heraus, dass die Katakomben nun heller sind. Als Lars dort hineingeht, kann er infolge des hellen Lichts schlecht sehen. Es gibt dort einen langen Gang, und es stellt sich heraus, dass er auf eine Wiese mündet. Lars versucht, das Licht zu beschreiben:

Lars: »Es ist nicht wie Sonnenlicht, sondern mehr wie ein inneres Licht.
Es war hier gefangen. Die Katakomben sind wie beleuchtete Höhlen, und durch die Erde kann man die Wiese darüber ahnen. Das Licht gibt auch den Wiesenblumen Nahrung … es ist wie ein innerer Blutkreislauf!«
Therapeutin: »Hier scheint eine innere Kraft zu wohnen, von der du nichts wusstest?«
Lars: »Das Licht ist jetzt näher, deutlicher. Der Erdkeller hat es vorher abgeblockt, aber jetzt wird auch er bald in Licht baden. Ich bin nun wieder oben auf der Wiese!«
Ein Mensch kommt auf mich zu. Ich sehe ihn nicht so deutlich. Er trägt eine blaue Jacke, eine, wie sie Papa immer anhatte. Aber dieser Mensch schaut zu Boden und wirkt scheu.«

Ich frage nach, ob der Vater eventuell eine scheue Seite hat. Lars stellt fest, dass der Vater etwas zugeknöpft ist, wenn es gilt, Gefühle zu zeigen. Lars hatte beispielsweise erst durch den Hinweis seines Cousins begriffen, wie stolz der Vater war, als die Schwester ihr Abitur machte.

Lars: »Vielleicht war das etwas, das ich nicht wahrnehmen und annehmen konnte, gegen das ich mich entschieden hatte? Das ist ganz schön umwerfend! … Die Jacke sieht zu groß aus … Das bin wohl ich selbst, der sich Papas Jacke angezogen hat.«
Therapeutin: »Hm, als ob du versuchen würdest, den Männermantel zu schultern, aber noch nicht ausreichend hineinwachsen konntest?«

Lars: »Ich sehe jetzt, dass die Person selbst irgendwie ausgemergelt, ausgehungert ist. Vielleicht musste sie manche Selbstteile ersticken? (...) Das bin ich selbst, der, dem ich begegne ... ist ziemlich mager. Die große Jacke auf einer so dürren Person sieht tragisch-komisch aus.«

Das Spannende an inneren Bildern ist, dass man niemals weiß, was einen erwartet. Statt dunkel waren die Katakomben jetzt angefüllt mit Licht und Kraft. Das spiegelt wider, dass Lars einen Zugang zur Stärke seiner zuvor verdrängten und verleugneten Gefühle gefunden hat. Die Katakomben, die dunklen Windungen, waren nun »durchleuchtet«. Als Lars dann auf die Wiese hochkommt, trifft er die Gestalt in der blauen »Papajacke«. Dies befördert Lars' Problem, sich mit seinem Vater/seiner Männlichkeit zu identifizieren, auf eine höhere Bewusstseinsebene. Wir können jetzt darüber sprechen, dass er bestimmte Anteile seiner Identifikation mit dem Vater unterdrückt hat, die dabei »unterernährt«, also schwach entwickelt blieben. Deshalb hatte Lars Probleme gehabt, sich auf die eigene Männlichkeit zu verlassen.

Beim nächsten Mal lasse ich Lars dem Vater in einer Imagination begegnen. Lars will mit dem Bus losfahren (in seine Richtung – sein eigenes Leben wartet) und ist ziemlich irritiert darüber, dass der Vater bei irgendetwas Praktischem Hilfe haben will und damit bis zum letzten Moment gewartet hat. Wir stellen Überlegungen zum Leben des Vaters an und besprechen dessen klugen Umgang mit einer Krebserkrankung. Die Szene endet in Freude über die guten Seiten des Vaters. Lars kann jetzt Ähnlichkeiten im Stil zwischen sich und dem Vater erkennen. Beide haben stets etwas zu tun und finden Gelegenheit, im Alltag zufrieden zu sein. Das sind wahrlich keine schlechten Eigenschaften. Zwar ist der Vater nicht der Macho-Papa, den sich der kleine Lars als Unterstützung gegen den mütterlichen Einfluss gewünscht hatte, aber der erwachsene Lars begreift, dass der Vater eine existenzielle Ruhe besitzt, die eine andere Form von Stärke darstellt.

Sich für Eigenes einsetzen

In der nächsten inneren Szene lasse ich Lars sein früheres Kinderzimmer besuchen.

Lars findet eine Reihe alter Spielsachen, an die sich Erinnerungen knüpfen, und auch eine Kuhle im Fußboden. Diese stammt aus der Zeit, als er Kugelstoßen trainierte und die Kugel dabei fallen ließ. Am allerwichtigsten ist jedoch ein Brett mit Reagenzgläsern und einem Mikroskop. Lars wird daran erinnert, wie der acht- bis neunjährige Junge es liebte, sich chemischen Experimenten zu widmen. Im fällt jedoch auch die Frustration ein, wenn das Experiment danebenging. Manchmal half ihm auch der Vater, der selbst einmal in einem Labor gearbeitet hatte.
Lars fällt zu den Reagenzgläsern auch die Unfähigkeit der Mutter ein, sich über seine Experimentierlust zu freuen. Sie hatte nur Interesse daran, dass es hübsch und aufgeräumt war. In seiner Imagination steht die Mutter in der Küche und ist mit ewigem Spülen beschäftigt. Er ist dabei etwas älter und merkt, dass dieses Spülen in ihm Zorn erzeugt – dass für sie das Äußerliche alles bedeutet, dass es keinen Schmutz und keine Flecken geben darf. Ich schlage vor, den erwachsenen Lars zu Hilfe zu nehmen und die Mutter mit der Enttäuschung darüber zu konfrontieren, dass sie ihn nicht wahrgenommen und seine Freude über das Experimentieren nicht geteilt hat. Der erwachsene Lars beginnt, mit der Mutter über die Situation zu reden – darüber, wie sie ihn in einer heiklen Situation (in der Küchenszene) abgewiesen hat. Als er das sagt merkt er, wie er zu schrumpfen beginnt und darum kämpfen muss, erwachsen zu bleiben. Dann fragt er sie, warum es so schlimm war, seine Frustration zu zeigen, als er das

Kissen an die Wand schmiss. Wo sein Zorn doch eine natürliche Reaktion war! Warum bloß waren ein sauberes Haus und eine reine Spüle wichtiger als alles andere?
Der erwachsene Lars muss wirklich darum kämpfen, der Mutter all dies zu sagen. Der kleine Junge sucht hinter ihm Zuflucht, denn er hat fürchterliche Angst, dass die Mutter depressiv werden könnte. Es zeigt sich jedoch, dass sie es mit Fassung erträgt. Sie beginnt, sich zu rechtfertigen. Es ist jedoch wichtiger, dass Lars sagen konnte, was er fühlt, und dass er für sich selbst eingetreten ist.

Im Anschluss an diese Szene berichtet Lars, dass er davon ausging, sich den Regeln seiner Mutter wegen deren Zerbrechlichkeit nicht entgegenstellen zu dürfen. Er hatte Angst, seine starken Gefühle könnten die Mutter zerstören. Ihm fällt nun auch ein, wie er immer, wenn Gäste dagewesen waren, zur Mutter rannte und erwartungsvoll fragte: »Mama, Mama, habe ich mich heute Abend gut benommen?« Der Wunsch, es der Mutter recht zu machen, hat vieles in Lars' Leben bestimmt.

Nachdem sich Lars während der Imagination für sich selbst und das Recht auf seine Gefühle der Mutter gegenüber einsetzen konnte, spürte er eine größere Vertrautheit mit dem Erwachsensein. Der kleine Junge auf der Zeichnung sieht mit dem »erwachsenen Schutzwall«, den seine ältere Variante erzeugt, ebenfalls etwas ruhiger aus. Während Lars das Bild malt, merkt er jedoch, dass er dazu neigt, die Mutter im Vergleich zu sich als Riesin zu zeichnen – eine Tendenz, gegen die er ankämpfen muss.

Nach dieser Therapiestunde träumt Lars eine Serie von explosiven Träumen. In einem davon wird die ganze Gegend, in der er aufwuchs, in die Luft gesprengt – ein recht starker Ausdruck dafür, wie er sich mit den Einschränkungen seiner Person fühlte und welche Gefühle das auslöste. In einem anderen Traum wird er von einer Toilette, die überläuft, beschmutzt, findet jedoch eine magische Schaufel, mit der er sich reinigen kann. In gleicher Weise hat er in der Therapie eine magische Möglichkeit gefunden, sich von den negativen Selbstbildern zu befreien, die er während des Heranwachsens aufgebaut hatte.

Die Begegnung mit dem Schatten

Lars hatte erwähnt, dass er als Kind wohl ziemlich wild war. Ich bin neugierig auf diese Seite und schlage deshalb vor, in einer Imagination seiner wilden Seite zu begegnen. Wie so oft bei inneren Szenen gestaltet sich der Ablauf überraschend – es kommt eine andere Figur, als wir beide erwartet hatten.

Es erscheint eine Figur, die einem Film aus den 1970er-Jahren entnommen sein könnte, mit Frack und hohem Hut und beinahe überdimensionierten Kleidern, die ein wenig an einen Clown erinnern. Der Mensch selbst ist unglaublich energisch und hat gute Manieren, wenn er auch etwas ungewöhnlich wirkt. Er ist selbstsicher und unabhängig von seiner Umgebung. Ich schlage Lars vor, ein Gespräch mit ihm zu beginnen:

Lars: »Er sagt, er sei ein Teil von mir, mit dem ich den Kontakt verloren hätte … Welche Freude das ist, sich wieder zu begegnen. Viele Male wäre es leichter gewesen, wenn dieser Teil mit dabei gewesen wäre. Wir scheinen einander zu brauchen. Ich spüre, dass es mich bereits mit Energie erfüllt, ihn bloß zu treffen!«

Das Wiederanknüpfen an diese innere Kraftquelle ist für Lars mit intensiven Gefühlen verbunden, ähnlich »der Freude, die ich in meinem Chemielabor erlebte«, meint er. »Dieser Junge schämt sich nicht seiner selbst, obwohl er ein wenig sonderbar ist. Er ist wie ein ungeschliffener Diamant, voller lustvoller Energie.«

Nach der Imagination verspürt Lars mehr Energie und hat den Eindruck, dass eine gewisse Schwermut gemindert ist. Ich weise darauf hin, dass er mit »seinem Schatten« Verbindung hergestellt hat und dass er Zugang zu neuer Lebenskraft gefunden hat, seitdem er nicht mehr von dieser Seite abgeschnitten ist. Lars kennt C. G. Jungs Begriff »Schatten« im Sinne von verleugneten Selbstanteilen und fügt ein Zitat Jungs ein: »Man wird nicht dadurch erleuchtet, dass man sich das Helle vorstellt, sondern indem man sich das Dunkle bewusst macht.«

Eine Rose entspringt

Die nächste Imagination hat erneut mit der Erkundung des Dunklen zu tun. Lars hat mit viel unterdrücktem Zorn gelebt, und daher biete ich ihm an, in einer inneren Szene in einen Korridor zu gehen und dort die Tür mit der Aufschrift »Zorn« zu öffnen.

> Es handelt sich um ein Gewölbe aus Beton mit einer unglaublich dicken Tür, die aussieht, als wäre ein Korken in den Rahmen gestopft worden. Man muss die Tür regelrecht herausziehen, um das Gewölbe zu öffnen. Lars kommt dann in einen ziemlich kühlen Raum. Es ist offensichtlich, dass die Gefühle abgekühlt werden mussten. Im Raum ist eine Art Nebel. Auf dem Fußboden stehen große Schiffskisten, die wie Sarkophage aussehen und sehr alt wirken. Lars kann drei davon erkennen, den Rest verbirgt der Nebel. Als sich der Nebel etwas lichtet, entdeckt er, dass die hintere Wand direkt auf die Wiese mündet, genau wie es in den Katakomben der Fall war.
> Lars hält vor einer Kiste an, deren rostiges Schloss auseinandergefallen ist. Man braucht daher den Deckel nur anzuheben. Zu beidseitigem Erstaunen ist die Kiste mit einem rosafarbenen Stoff ausgekleidet, und mittendrin liegt ein großes Ei. Zunächst

meint Lars, dass es wie ein Totenschädel aussieht. Es erweist sich aber als ein schweres Ei, größer als eine Bowlingkugel. Lars beschließt, das Ei auf die Wiese zu rollen.
Als das Ei auf die Wiese und hinaus ins Licht kommt, geschieht ein kleines Wunder. Das Ei zerspringt und im selben Moment wächst eine riesige Rose empor, so groß wie ein Baum.
Die Rose schlägt sofort Wurzeln auf der Wiese. Es handelt sich um eine klassische rote Rose mit kräftigem Stängel, Blättern, Dornen und allem, was dazugehört, allerdings in Baumdimension. Lars wundert sich, dass sie so rasch Wurzeln schlagen kann. Er geht um sie herum und betrachtet die kräftige Pflanze. Er kommentiert den Unterschied zu seiner ersten Blume: »Die beiden sind grundverschieden!«

Oft bitte ich den Klienten am Ende der Therapie, sich nochmals eine Blume vorzustellen, um eine Vorstellung von der Wirkung des Therapieprozesses zu erhalten. Hier stellte sich dieses Motiv spontan ein. Und was für eine Veränderung!

Die Imagination erfasst auf symbolische Weise die sich abspielenden Veränderungen, die durch Zugang zu zuvor verdrängten inneren Kräften möglich wurden. Lars hat nicht mehr in selbem Umfang wie vorher Angst vor seinen Gefühlen, er kann für sich selbst eintreten und stolz auf sich sein. Rosen haben ja auch Dornen, d. h., sie können sich wehren und nötigenfalls Grenzen setzen.

Abschluss – der abgestorbene Bereich ist verschwunden

Lars wird bald in eine andere Stadt ziehen. Uns gelingt es in dieser letzten Sitzung, die vorherige innere Szene weiterzuverfolgen. Lars geht hinunter, um die übrigen Kisten zu untersuchen.

Dieses Mal steht die Tür offen. In der einen Kiste findet er eine kleine Grille, die nun auf die Wiese hüpfen und spielen kann. Er erinnert sich, dass er als Kind eine Grille in einer Dose aufbewahrte und Panik bekam, als sie auf ihn zuhüpfte. Insekten gehörten zu den Dingen, vor denen er sich fürchtete. Dass er sich die Mutter als eine Spinne vorstellte, gehörte natürlich zu dieser Angstdimension. Jetzt hat er keine Angst mehr vor Insekten.

Die zweite Kiste ist zu Lars' Erstaunen mit Wasser gefüllt. In dem dunklen Raum schimmert das Wasser hell, und Lars assoziiert ein »Binnenmeer« – eine innere, Leben spendende Quelle. Er beschließt, sie zum Wässern seines Baums zu nutzen. Als er Wasser in den Erdkeller gießt, erkennt er, dass die Wurzeln jetzt kräftig aussehen. Er geht wieder hoch auf die Wiese und sieht, dass der Baum eine prächtige Krone hat. Der abgestorbene Bereich ist weg! An seiner Stelle befindet sich im oberen Teil des Baumes eine kleine Hütte – Platz zum Spielen und für Kreativität –, ein Übergangsraum bzw. intermediärer Raum in der Sprache Winnicotts.[38] Er klettert hoch in die Hütte und sieht von dort bis zum Meer. Hiermit endet die innere Szene und auch die Therapie.

Lars hat durch die inneren Bilder neuen Zugang zu seiner Kraft und seiner spielerischen Seite bekommen. Es handelte sich um eine spannende und intensive Reise voller Überraschungen und Entwicklung. Wie immer machte es Freude, einen so dramatischen Prozess verfolgen und teilen zu können. Gewiss verfügt Lars über gute Fähigkeiten, innere Bilder zur Verbesserung seines Selbstverständnisses nutzen zu können.

Ein knappes Jahr nach dem Beginn der Behandlung schreibt Lars zu seinen Therapieerfahrungen:

Viele von uns sind mit der Kinderzeitschrift Bamse**** aufgewachsen.

Während meiner Kindheit faszinierte mich nicht der stärkste Bär der Welt, sondern der »Schalenmann«, also die Schildkröte, und mein größter Wunsch war, unter ihre Schale zu blicken. Als ich klein war, begriff ich meine Verbindung zum »Schalenmann« nicht auf bewusster Ebene. Vielleicht war dies jedoch die Vorbereitung, um mich als Erwachsener damit zu beschäftigen.

Die Zeit der Therapie kommt mir wie eine Entdeckungsreise unter die Härte und den Panzer vor, unter das, was meine Schale ausmachte. Der Schalenmann kann als recht lustige und gleichzeitig auch als ziemlich tragische Figur angesehen werden – dasselbe trifft auf mich zu. Der Schalenmann macht kluge Erfindungen, und er hat hierfür einen Grund. Er hat eine Zahnbürste erfunden, die allein bürstet, Tanzschuhe, die tanzen, Schubkarren, die sich selbst schieben, und vieles andere. Die Erfindungen sind trickreich, tragischerweise jedoch übernehmen sie das Leben – denn wer will noch tanzen, wenn er Schuhe hat, die für ihn tanzen? Es ist, als ob der Erfinder sich durch seine eigenen Erfindungen vom Leben entfernt. So habe auch ich es gemacht. Ich habe mich vor manchen Lebensbereichen geschützt und sie dadurch verpasst.

Der Schalenmann hat einen Wecker, der zu den Essens- und Schlafenszeiten klingelt. Ich habe oft versucht, einen solchen Wecker zu bauen, als ob ich meine eigenen Bedürfnisse in einen Zeitplan einpassen wollte. Mich nicht vor meinen Bedürfnissen zu schützen war in meiner Therapie das Zentrale.

Das Verständnis, das mir die Therapie mittels Imaginationen vermittelt hat, ist nur schwer in Worte zu fassen. Es ist etwa so,

**** »Bamse« ist der Name einer bekannten schwedischen Comicserie für Kinder. Bamse ist ein kleiner Braunbär. Wenn er einen bestimmten Honig aß, wurde er zum stärksten Bären der Welt. Zu dieser Serie gehört auch der Schalenmann (skalmannen), eine Schildkröte, die ein technisches Genie ist, ansonsten aber sehr zurückgezogen und mit zwanghaften Ritualen lebt.

als ob ein paar weitere Teile meines inneren Puzzles nun auf ihrem richtigen Platz liegen. Die Behandlung hat mir nicht nur ermöglicht, unter meine eigene Schale zu blicken, sondern auch zu erleben, was es dort alles gibt, sowohl im konkreten als auch im abstrakten Sinn. Es ist, als ob man einem Lot in die eigene Tiefe hinabfolgt und dort erforscht, was es zu erforschen gilt. Und noch einmal erleben darf, was ich früher nicht verstanden habe. Ich bin intensiven Gefühlen begegnet und war nur selten auf das eingestellt, was ich erlebte. Dass ich einem Lot hinabfolgen konnte, gab mir die ganze Zeit über Sicherheit, wieder an die Oberfläche zu gelangen oder hinaufgezogen zu werden. Es ist so, als ob ich dem begegnet bin, dem ich begegnen musste – selbst da, wo ich etwas anderes erwartet hatte.

Ich bin niemals ein Frühaufsteher gewesen – aber montags um acht Uhr klingelte ich bei der Therapeutin. Da es auf den Herbst zuging, als ich mit der Therapie begann, bestand ein ziemlicher Kontrast zwischen der morgendlichen Kühle draußen und der Wärme im Therapiezimmer. So als ob dieser Unterschied der inneren Kühle entsprach, die es neben aller Wärme gab. Es wurde Winter und draußen im gleichen Takt kälter, wie ich mit immer kühleren und tiefgefrorenen Selbstteilen in Kontakt kam. Die Behandlung mittels Imaginationen öffnet Räume und macht Zersplittertes ganz. Eine der wichtigen Lehren aus der Behandlung mit inneren Bildern ist, dass gerade solche Dinge wie Wetter und Wind mehr Bedeutung bekommen. In dem Maße, in dem ich mit Selbstteilen in Kontakt kam, habe ich begonnen, mehr an all dem Anteil zu nehmen, was um mich herum geschieht. Früher hätte ich das nicht wahrgenommen. Auf diese Weise erhalten sowohl die Welt als auch ich selbst mehr Energie. Und dann kommt die Abenddämmerung, wo Minervas Vogel, die Eule, das Tier der Klugheit, losfliegt. Es war stets dieser Moment, in dem ich nach einem oder zwei Tagen meine Erlebnisse malte. Das öffnete mir aufs Neue die Augen, und das, was ich während der Imagination erlebt hatte, wurde verständlicher und konnte durch die Sprache der Bilder ausgedrückt werden. Während die Imagination für mich Erleben bedeutete, waren das anschließende Zeichnen und das Betrachten des gemalten Bildes zusammen mit der Therapeutin die Zeit der Einsicht. Wenn etwa der kleine, unbedeutende Klecks in einer Ecke der Zeichnung dreidimensional wird, eröffnen sich neue Dimensionen. Plötzlich sehe ich etwas Neues, das bedeutsam und verständlich wird.

Nach meiner Erfahrung male ich, was gemalt werden muss, ob ich das nun will oder nicht. Einmal balancierte ich auf schmalem Grat, weil ich allzu eifrig an etwas glauben und gleichzeitig mir und der Therapeutin etwas vormachen wollte. Ich war der Meinung, einen warmen, sonnenbeschienenen und lebendigen Berg gemalt zu haben. Das hatte ich aber nicht, obwohl ich das so gerne glauben wollte. Diese Illusion musste ich dann aufgeben. Ein anderes Mal verwandelte sich der Fußboden in ein Spinnennetz. Ich erinnerte mich nicht, so etwas gemalt zu haben, musste dann jedoch entdecken, dass dem so war, und die Ursache finden.

Zwischen der Abenddämmerung und der Morgendämmerung kommen die Träume, die sich von Szenen während der Imagination nicht allzu sehr unterscheiden. Da gibt es federleichte Gefühle und Erlebnisse, die manchmal beim ersten Gedanken verschwinden, während andere Erfahrungen wie Nägel festsitzen, um dort lange, lange Zeit zu bleiben. Meine Träume lassen manche Lebensbereiche wieder aufleben. Genau wie die Symbole und Teile, denen ich zuvor kaum Bedeutung beigemessen habe, sind meine Träume nun wichtig geworden, ebenso wie Kunst, Berge, Gewässer und Blumen – und plötzlich erblüht das Leben wieder. Das ist so, als ob früher nicht entwickelte Beziehungen zur Umwelt jetzt eine neue Chance erhalten.

Ich weiß nicht, wie und auf welche Weise in den innersten Schichten meiner Seele etwas geschieht, das sich dann aber für mich in verschiedenen Formen symbolisiert. Und in den Imaginationen stoße ich auf seltsame Erlebnisse, wie z. B. den Berg, der im gleichen Maße wächst und schrumpft, wie ich jünger und älter werde. Wo befinde ich mich eigentlich und wie alt bin ich? Genau an dieser Stelle hat mir die imaginative Therapie den Weg zum Vertrauen in den dem Leben innewohnenden Prozess gezeigt. Als ich offen dafür war, ihn zu finden, gab es auf dem Berg einen Platz für mich, und anschließend muss ich nicht mehr ziellos in unterschiedlichen Lebensaltern umherirren. Es gibt immer etwas zu finden, selbst wenn ich vorher nicht weiß, was es ist.

Unabhängig von dem, was mir begegnet ist, fühle ich Sicherheit und Zutrauen zu meiner Selbstheilung, zur Therapeutin und zur Therapie. Es ist ein großer Vorteil, sein Zutrauen zu dem, was unter der Schale ist, wiederzufinden, denn dann muss ich nicht so viel Angst vor dem haben, was um mich herum passiert. Für mich war das gleichbedeutend mit der Entdeckung, dass es eigentlich nichts gibt, das geschützt werden muss, nur Teile, mit denen ich sorgsam umgehen sollte.

Zwischen Morgendämmerung und Abenddämmerung liegen also der Tag und das Leben, in dem sich jetzt Zuversicht, Beziehungen und Lebendigkeit ausbreiten können.

15

Fühlen dürfen, was man fühlt

Das größte Verbrechen, das Eltern
an ihren Kindern begehen können, ist es,
die eigene Kindheit zu vergessen.
AXEL SANDEMOSE

Leider passiert es immer noch, dass man Kindern nicht erlaubt, zu fühlen, was sie fühlen. Viele Eltern legen wie Lars' Mutter mehr Wert darauf, wie Dinge nach außen erscheinen, als sich Zeit zu nehmen, sich in die Bedürfnisse des eigenen Kindes und in seine Ausdrucksweise einzufühlen. Wie oft müssen Kinder etwa Folgendes anhören: »Was sollen denn die Nachbarn sagen!« Die Meinung der Nachbarn ist wichtiger als die Gefühle des kleinen Kindes.

Die annehmende Funktion der Eltern

Kinder erleben Gefühle, benötigen jedoch Hilfe bei deren Benennung und Unterstützung, um sie in konstruktive Bahnen zu lenken. Was bedeuten Trauer, Zorn, Unruhe? Indem wir Erleben mit Etiketten versehen, bringen wir Ordnung in den Gefühlsdschungel. Die Art, wie der Erwachsene auf die Gefühle des Kindes reagiert, wird für das Kind zum Fingerzeig, ob ein Gefühl gefährlich ist oder nicht. Eltern müssen ihrem Kind mit ihrem Rüstzeug so gut wie möglich beistehen, damit es mit Gefühlen umgehen und sie unterbringen kann.

Mit einem kleinen Kind assoziieren wir am häufigsten Angstgefühle, die z.B. als Angst, unter dem Bett befinde sich ein Krokodil, oder als Furcht, in einem dunklen Zimmer zu schlafen, ausgedrückt werden. Die Rolle des Erwachsenen besteht hier darin, Trost zu spenden und ein sicherer Felsen im Leben zu sein; jemand, der auf der Bettkante sitzt und Sicherheit vermittelt, damit das Kind im Laufe der Zeit seine Angst allein bewältigen kann.

Wenn ein kleines Kind gezwungen wird, z.B. das Gefühl von Zorn zu verleugnen, sieht es sich selbst als »fehlerhaft« und empfindet sich selbst gegenüber Scham. Dadurch werden dem Kind Lebensbereiche regelrecht gestohlen, auch wenn wir das gewöhnlich nicht so nennen. Die Schwierigkeiten des Erwachsenen, die kindlichen Bedürfnisse zu verstehen und zu erfüllen, begrenzen die Möglichkeit des Kindes, seine eigene Persönlichkeit zu entwickeln. Obendrein nimmt das Kind die Schuld auf sich und erlebt sich als fehlerhaft und defekt. Der Ausdruck »Schuld auf sich nehmen« bringt nicht korrekt zum Ausdruck, was hier passiert – das Kind empfindet sich selbst gegenüber Scham, was beinahe noch schlimmer ist.

Wer gezwungen wird, seine Gefühle zu verstecken, gerät nach und nach in eine innere Stummheit. Man kann seine Gefühle und Bedürfnisse wegdrücken, wie es der Schalenmann, Lars' Vorbild, machte, und versuchen, nach außen hin »tough« zu erscheinen. Wenn man jedoch die schmerzlichen Situationen, die der Alltag mit sich bringt, nicht betrauern darf, kann es schließlich zu diversen stressbezogenen Körpersymptomen kommen. Wir sahen auf der Symbolebene, dass Lars' Baum einen toten Bereich in der Krone hatte – ein Teil von ihm selbst (Gefühle sexueller Lust und Zorngefühle) war durch Scham überlagert.

Gefühle als Navigationsinstrumente

Gefühle stellen eines unserer wichtigsten Navigationsinstrumente in der Beziehung zu anderen Menschen dar – ein Instrument, zu dem der Zugang unverzichtbar ist. Der Hirnforscher Antonio Damasio hat die katastrophalen Auswirkungen von Hirnschäden beschrieben, die den Gefühlskompass bei Menschen, deren intellektuelle Kapazität ansonsten unbeeinträchtigt ist, ausschalten. Ein Mann mit einem derartigen Hirnschaden konnte seinen Beruf nicht mehr ausüben und hielt keine sozialen Situationen mehr aus. Sowohl seine Ehe als auch sein Berufsleben gingen in die Brüche.[39]

Ein wichtiger Therapieabschnitt beschäftigt sich mit der Wiederherstellung der Lebenskompassfunktion von Gefühlen. Dabei geht es auch darum, den Kompass so einzustellen, dass er keinen falschen Alarm schlägt, wie es bei den Selbstfallen vorkommt. Dort werden kindliche Gefühle in einer Situation ausagiert, in der sie nicht adäquat sind.

Gefühle erfüllen eine wichtige Signalfunktion, wenn wir es verstehen, ihnen zuzuhören. Wenn man sich beispielsweise häufig wertlos, wütend und traurig fühlt, sobald die Gefühle des inneren Kindes im Alltagsleben verletzt werden, können diese Gefühle die Funktion eines roten Warnsignals erhalten: »Jetzt passiert etwas, das du nicht magst. Atme tief durch und warte einen Moment! Hör genau hin!« Wenn es sich dabei um jemanden handelt, der normalerweise Kränkungen schluckt und sich selbst verachtet, lautet die Anweisung, sich auf ruhige Art für sich selbst einzusetzen:

Nils' Vater befand sich gegenüber dem inzwischen erwachsenen Sohn in einer Haltung negativer Konkurrenz. Er pflegte seine Verachtung auszudrücken, indem er sämtliche Ansichten des Sohnes und dessen Berufserfolge auf scherzhafte Art niedermachte. Weil sich dies hinter einer scherzhaften Fassade versteckte, war das Ganze schwer fassbar. Nils fühlte sich regelmäßig wertlos, wütend und traurig, hatte jedoch von Kindesbeinen an gelernt, nicht zu widersprechen. Jetzt nahm er seine Gefühle ernst und teilte dem Vater mit, dass er seine sogenannten Scherze nicht leiden konnte. Falls dem Vater an Besuchen des Sohnes gelegen war, erwartete dieser, zukünftig anders behandelt zu werden. Natürlich reagierte der Vater erstaunt und aufgebracht, die bestimmte und ruhige Art des Sohnes hatte jedoch zur Folge, dass er ihm nicht viel entgegensetzen konnte.

In den bisherigen Fallbeschreibungen lag der Fokus auf dem Behandlungsprozess. Ein gestiegener Selbstrespekt führt dazu, dass man sich auch draußen im wirklichen Leben anders für die eigenen Belange einsetzt. Wenn man sich nicht länger seiner selbst schämt, ist man nicht mehr bereit, sich ein ums andere Mal schlecht behandeln zu lassen, sondern kann eine Grenze setzen. Lars, Lena, Karin und Jan gingen alle nach Therapieende klarer mit ihren Grenzen um.

Menschen, die gelernt haben, die eigenen Bedürfnisse zu unterdrücken (oft indem eine Verknüpfung mit Scham stattfand), erfahren keine Befriedigung ihrer natürlichen Bedürfnisse. Im Laufe einer Therapie verändert sich das, indem man sich auf neue Art für sich selbst einzusetzen wagt. Nachdem Lars begonnen hatte, sich mit dem zu versorgen, was er gefühlsmäßig brauchte, blühte er auf verschiedenen Ebenen auf. In den inneren Bildern spiegelte sich das wider, indem die Baumkrone lebendig wurde und seine Blume eine ganz neue Kraft gewann. Der Veränderung der inneren Bilder folgt die Veränderung in der Außenwelt.

Eine neue Einstellung zur Umgebung

Das kleine Kind idealisiert seine Eltern und nimmt selbst für deren Versäumnisse die Scham/Schuld auf sich. Als Erwachsener kann es der Betreffende später schwer haben, sich für Eigenes einzusetzen und seine rechtmäßigen Bedürfnisse zu behaupten. Eine innere Befreiung und ein neuer Respekt für die eigene Person sind daher zentrale Therapieelemente. Der Vorteil einer Katathym-Imaginativen Therapie (KIP) besteht darin, dass man die Veränderung der Beziehung zu den Eltern während der inneren Szene in Angriff nehmen kann. Dieses Vorgehen beinhaltet auch, dass die realen Eltern in der äußeren Wirklichkeit nicht mit in den Prozess, den sie sowieso nur schwerlich verstehen würden, hineingezogen werden.

Als Ergebnis dieser inneren Befreiung sieht man häufig die Versäumnisse der eigenen Eltern deutlicher, aber ohne aggressive Aufladung. Als Folge werden die realen äußeren Elternbeziehungen üblicherweise klarer, oftmals auch wärmer und besser.

Wenn man wie Lars während des Heranwachsens gelernt hat, Gefühle nicht zu zeigen, kann eine deutliche Veränderung der Art und Weise eintreten, wie das Verhältnis zur Umgebung einschließlich Partnern und Freunden gestaltet wird. Lars ist nicht länger bereit, Gefühle unter den Teppich zu kehren, was auch bedeutet, dass er klarer zu seinen Bedürfnissen und Gefühlen steht. Für die Umgebung ist das nicht immer so bequem wie vorher.

Für den Betreffenden selbst erhöht sich jedoch das Lebensgefühl. Man lebt im Einklang mit sich selbst und kann das Leben besser genießen. Lars beschreibt das anschaulich in seinem veränderten Verhältnis zur Natur und zum Wetter.

Familiengeheimnisse enthüllen

Jede Familie hat ihr eigenes Code- bzw. Regelsystem für die Interaktion innerhalb der Familie bzw. diejenige zwischen der Familie und ihrer Umgebung. Als Leitlinie im Therapieprozess gilt, dass Familienmythen notwendigerweise aufzudecken sind.

In vielen Familien sagt der Kodex, dass Probleme, mit denen sich die Familie herumschlägt, nicht nach außen sichtbar gemacht werden dürfen. In Lars' Familie musste an der Oberfläche alles fleckenlos aussehen. Die Mutter versuchte, alles Problematische wegzuräumen. Alles Unbehagliche sollte vertuscht werden. Natürlich wird in so einer Familie Zorn als ein unpassendes Gefühl verurteilt. Deshalb hatten sich in Lars verdrängte Zorn- und Frustrationsgefühle angestaut, deren Ausdruck ihm unmöglich war. In den inneren Szenen wurde jedoch ein gefühlsmäßiges Ventil geöffnet. Als Folge konnte sich Lars von den Familiengesetzen befreien, und er kann seinem Sohn zukünftig ermöglichen, auf eine gefühlsmäßig respektvolle Weise behandelt zu werden.

Nach dem Durchlaufen eines Therapieprozesses, in welchem man sich neuen Selbstrespekt erobert hat, wird man die Verleugnung der eigenen Gefühle nicht länger hinnehmen. In Lenas Fall führte das dazu, dass sie sich nicht mehr vorbehaltlos für die Geschwister und die Eltern einsetzte, nachdem die Schuldgefühle ihre Macht über sie verloren hatten. Lena hatte begriffen, dass sie selbst, aber auch ihre Familie, ihre Bedürfnisse zu respektieren hatte.

Man kann unter Verwendung eines amerikanischen Ausdrucks sagen, dass man nicht länger hinnimmt, »im Regen zu stehen und zu leugnen, dass es regnet«. Hierdurch verlässt man die Opferposition und übernimmt die Verantwortung für das eigene Leben und für die eigenen Gefühle. Dann kann sich Lebendigkeit ausbreiten.

16

Selbstrespekt, Selbstverachtung und Scham

Die grundlegende Scham ist der Schmerz darüber, eigentlich ungeliebt gewesen zu sein. Sie ist ohne Worte.
LÉON WURMSER

Wohl jeder von uns kann Probleme mit seinem/ihrem Selbstbild haben, und die davon herrührenden allgemein menschlichen Probleme habe ich in diesem Buch beleuchtet. Schwierigkeiten mit dem Selbstwertgefühl können jedoch ernstere Dimensionen annehmen. Dabei denke ich zuallererst an Depressionen und selbstschädigendes Verhalten, weil Selbstverachtung bei diesen Zuständen so augenfällig ins Spiel kommt. Ich behandle auch das Thema Scham, weil dieses Gefühl so eng mit negativen Selbstbildern verknüpft ist.

Depression – eine Selbstfalle

»Traurig zu sein gehört zum Lebensalltag. Depression ist eine Lebensgeißel.« So lautet die Einleitung eines Buches über Depression, verfasst von dem Psychoanalytiker und Psychiater Johan Beck-Friis (*Als Orpheus sich umdrehte*[40]). Eine Depression ist wirklich eine Geißel. Nicht genug damit, dass man sich niedergedrückt und ohne Initiative fühlt – bei einer schweren Depression hat man zusätzlich Scham- und Schuldgefühle. Man wird von quälender Selbstverachtung erfasst.

Nach Johan Beck-Friis lässt sich die Depression von Traurigkeit abgrenzen, indem die Depression gerade durch den Verlust der Selbstachtung gekennzeichnet ist. Laut Beck-Friis gibt es bei depressiven Menschen eine Trauer darüber, »früher im Leben auf irgendeine Weise keine Bestätigung erhalten zu haben«. Hier wird die Verbindung zu Mängeln im Selbstwertgefühl und zur Verletzbarkeit des kleinen Kindes deutlich. Der Autor geht davon aus, dass »die unerlöste Trauer hierüber einem gesundem Selbstwertgefühl im Weg steht«. Auf die Situation des inneren Kindes bezogen, könnte man es so formulieren, dass es ein verletztes inneres Kind gibt, das nicht wahrgenommen und gespiegelt wurde und daher das negative Bild aufgebaut hat, nicht liebenswert und mangelhaft zu sein. Wenn dann äußere Lebensereignisse dieses negative Selbstbild aktualisieren, kann der betreffende Mensch in eine Depression stürzen. Die Depression ist nach dieser Definition sozusagen das Abbild einer Selbstfalle.

Es ist offensichtlich, dass eine Depression ein Zustand ist, bei dem zugrunde liegende negative Selbstbilder eine zentrale Rolle spielen. Das Dilemma ist, was dabei die Henne und was das Ei ist. Entsteht eine Depression, weil ein negatives Selbstbild (eine Selbstfalle) aktualisiert wurde, oder sorgt die Depression ihrerseits dafür, dass ein negatives Selbstwertgefühl entsteht? Bei Depressionen gibt es auch eine somatische Komponente mit einem erniedrigten Serotoninniveau. Noch ist nicht ausreichend erforscht, wie die Leib-Seele-Interaktion aussieht und das Selbstwertgefühl beeinflusst.

Johan Beck-Friis beschreibt, wie »bei einem Depressiven die Fähigkeit zu einer natürlichen Trauer durch ein Gefühl von Scheitern, Wertlosigkeit und Scham in Kombination mit der Vorstellung, selbst die Ursache hierfür zu sein, blockiert ist«. Das genau ist die Situation des kleinen Kindes, wenn es sich durch die Umgebung nicht bestätigt fühlt und die Schuld für diese Versäumnisse anderer auf sich selbst nimmt. In solchen Fällen baut ein Kind ein negatives Selbstbild auf mit einer tiefen inneren Scham wegen der eigenen Schlussfolgerung, nicht liebenswert zu sein.

»Scham, Schuld und eine fehlgerichtete Aggressivität [gegen die eigene Person – Anmerkung der Autorin] betrachte ich letztlich als den zentralen psychologischen Kern bei depressiven Zuständen«, summiert Johan Beck-Friis. Als Resultat folgt Selbsthass, der beträchtliche Ausmaße annehmen kann.

Methoden der Selbstschädigung

Bei der Art, wie psychische Probleme ausgedrückt werden, sieht man manchmal einen »Ansteckungseffekt«. Dabei handelt es sich um ein sonderbares Phänomen. Wir beobachteten es bei der Anorexie, als dieses Problem in unserem Land ernstlich zunahm, wir sahen es bei der Diagnose Burn-out und in letzter Zeit auch bei selbstschädigendem Verhalten. War so etwas früher ein relativ ungewöhnlicher Ausdruck für Selbsthass, so ist es inzwischen bei vielen Teenagern zu einer üblichen Methode geworden, um ihre Daseinsangst zu kanalisieren.

Für Teenager ist es üblich, ihr Äußeres zu benutzen, um ihrer Identität Ausdruck zu verleihen. Deshalb ist es vielleicht nicht so seltsam, dass die Haut zu einem Platz wird, auf den innere Dilemmata ausgelagert werden, dass man sich schneidet oder brennt, um starken Gefühlen Ausdruck zu verschaffen. In der Punkmusik wird Selbstverletzung manchmal als identitätsstiftend verherrlicht, genauso verhält es sich mit Piercings.

Problematisch ist, dass durch Selbstverletzung seltsamerweise eine vorübergehende Angstminderung eintritt, die einen stärkeren Gewöhnungseffekt als Rauchen verursacht. Viele bleiben bei dieser Art, inneren Schmerz und innere Frustration auszudrücken. Man kann junge Menschen sehen, deren Arme voller Narben von unzähligen Schneide-Anfällen sind. Bei einigen wird die Selbstverletzung viele Jahre lang fortgeführt. Es ist wichtig, dieses selbstdestruktive Muster in einem frühen Stadium zu unterbrechen, was jedoch voraussetzt, dass die Eltern aufmerksam sind und mitbekommen, was da vor sich geht.

Oft erzeugt dieses Verhalten in der Umgebung einen Schockeffekt und führt zu weiteren Reaktionen, was beim selbstverletzenden Menschen ein Gefühl von Befriedigung auslösen kann. Andere wiederum verbergen ihren Missbrauch. Die Stiftung Allmänna Barnhuset hat für Schweden diesbezügliche Forschungsergebnisse zusammengestellt.[41]

Rote und weiße Scham

Viele Menschen glauben, dass man mit Schuldgefühlen relativ leicht fertig wird, weil man stets versuchen könne, sein Vergehen wiedergutzumachen. Mit Scham ist es schwieriger, weil die Verachtung der eigenen Person gilt, die als schändlich angesehen wird. Außerdem ist Scham oft wortlos und schwebt wie eine Wolke über dem Betreffenden.

Es gibt zwei unterschiedliche Varianten von Scham:

Die üblichere Form entsteht, wenn man meint, sich danebenbenommen zu haben – man errötet und würde am liebsten im Erdboden versinken. Das stellt eine natürliche Form von Scham dar, die vermutlich zur Gestaltung von Interaktionen in den kleinen Clangruppen der Vorzeit sinnvoll war. Die Psychoanalytikerin Else-Britt Kjellqvist nennt diese Form in ihrem Buch *Rött och vitt – om skam och skamlöshet*[42] rote Scham.

Tragisch ist, dass es eine weitere, tiefere Schamform gibt, die das innere Selbstwertgefühl vergiften kann – die weiße Scham. Sie stellt kein vorübergehendes Gefühl, sondern einen ständig vorhandenen inneren Zustand dar. Dieser betrifft die Scham der eigenen Person gegenüber. Sie frisst sich ins Mark und entzieht dem Betreffenden Energie. Diese tiefe Scham ist oft nicht bewusst, und unser Inneres benutzt verschiedene Abwehrmanöver, um sie zu verbergen. Sie führt oft zu einem depressiven Grundgefühl und einem Gefühl von Sinnlosigkeit.

Weiße Scham handelt von einem tiefen Gefühl, sich liebensunwert zu fühlen, und stellt bei der Arbeit an negativen Selbstbildern immer einen zentralen Aspekt dar. Tragischerweise entwickelt ein kleines Kind diese Art Schamgefühl, wenn seine grundlegenden Bedürfnisse nicht gestillt wurden und wenn es nicht liebevoll gespiegelt wurde.

Es ist sehr befriedigend, das Selbstbild des kleinen Kindes durch die therapeutische Behandlung wiederaufrichten zu können. Wenn die Schamgefühle nachlassen, kann der Betreffende endlich fühlen: »Ich bin ein wertvoller Mensch, ich bin liebenswert!«

17

In sich selbst ruhen – Freude, Selbstsicherheit und Kraft

Freude ist das, was wir erleben, wenn wir uns immer mehr daraufhin entwickeln, wir selbst zu werden.
ERICH FROMM, PSYCHOANALYTIKER

Es gibt nichts Wichtigeres im Leben als unser Verhältnis zu uns selbst. Wer in Harmonie mit seinem Inneren lebt und ein gutes Selbstwertgefühl besitzt, erlebt auch Momente intensiver Freude. Freude war daher auch das dominierende Gefühl, als ich Jan, Karin, Lena und Lars im Rahmen der Nachgespräche traf, Freude darüber, keine negativen Grundgefühle sich selbst gegenüber mehr zu haben. Alle hatten zu ihrer eigenen Persönlichkeit gefunden.

Alte Hindernisse werden ausgeräumt

»Es scheint sich um dieselbe, aber dennoch eine gänzlich andere Welt zu handeln«, sagte Anna (siehe Kapitel 4) zu dem Zeitpunkt, als sich ihr schambesetztes Selbstbild auflöste, »so als ob die Welt sich um 180 Grad gedreht hätte!«

Wenn es gelingt, die mit einem negativen Selbstbild verbundenen destruktiven Einschränkungen aufzulösen, sind die Folgen stets tief greifend, wenn auch nicht immer so dramatisch.

Sobald man keine negativ gefärbte Brille mehr aufhat, sieht die Welt anders aus und man betrachtet sich mit anderen Augen. Depressive und selbstkritische Muster vermindern sich. Das Loch im Löffel wächst allmählich zu, wenn das Selbstbild umgestaltet wird, und automatisch bleibt mehr Energie übrig.

Dann kann man auch eine Reihe von Selbstfallen umgehen, in die man zuvor gestolpert wäre. Man weiß bei allem, was geschieht, besser, wo Minen lauern, wodurch üblicherweise Reaktionen ausgelöst werden, und kann deshalb oft vermeiden, in neue Fallgruben zu stürzen.

Das Allerwichtigste ist jedoch, ein anderes Verhältnis zu sich selbst und zu seinem inneren Kind zu bekommen.

Sie sind Karin begegnet, die entdeckte, dass sie ein kräftiges kleines Kind in sich trug und die ihr mangelndes Selbstwertgefühl hinter sich lassen konnte. Sie haben auch Jan getroffen, der einen Weg fand, sich für die eigenen Bedürfnisse einzusetzen und als Folge sowohl privat als auch beruflich weniger ausgebrannt war. Sie haben Lena begleitet, die gut dreißig Jahre lang eine große Schuld- und Schamlast mit sich herumgeschleppt hatte, um dieses Gepäck dann abzulegen und ihr Selbstbild zu korrigieren. Als Letztes sind Sie Lars begegnet, der sich jetzt traut, zu fühlen, was er fühlt, und der begreift, dass seine männlichen Seiten wertvoll sind.

Alle Menschen besitzen ein Heilungspotenzial

Die negativen Selbstvorstellungen, mit denen sich alle genannten Personen herumschlugen, bestanden in falschen Selbstbildern – mit der wahren eigenen Person hatten sie nichts zu tun. Sie waren Altlasten, die von der kindlichen Neigung herrührten, Schuld und Scham für etwas zu übernehmen, das jenseits der eigenen Verantwortung liegt, insbesondere auch für Versäumnisse des Umfeldes und der Eltern. Hinter negativen

Selbstbildern kann man glücklicherweise immer ein reizendes kleines Kind aufspüren – zum wahren Selbst gelangen. Jeder einzelne Mensch besitzt dieses Heilungspotenzial.

Nachdem die Verwundbarkeit des inneren Kindes bearbeitet und der Kontakt zu einem authentischen, wahren inneren Kind hergestellt ist, entsteht eine Verbindung zu der zuvor im Inneren verborgenen Kraft. Dann endlich kann man sich selbst mögen und auch tiefe Freude empfinden.

Selbstwertschätzung

Wer Stolz und Freude über sich selbst empfinden und sich auf einfühlsame Weise um sein inneres Kind kümmern kann, wird das Leben leichter meistern. Es entstehen innere Ruhe und Zuversicht, dass die Dinge sich schon regeln werden. Die Selbsthilfeliteratur hat letztlich recht damit, dass es darum geht, sich selbst zu lieben. Es ist aber nicht so einfach, das zu erreichen, wie solche Bücher üblicherweise mit ihren »Rezepten« suggerieren.

Wer das Wagnis eingegangen ist, sich auf die innere Reise zu begeben, dort seinen verschiedenen inneren Kindern begegnet ist und sie hat trösten können, wird sich die Freude über die eigene Person zurückerobern. Das fühlt sich oft an wie heimzufinden. Lena hat es wortwörtlich so formuliert, als sie in der Therapie ihr schamerfülltes und schuldbeladenes inneres Kind umsorgen und trösten konnte: »Ich habe nicht nur einen Ankerplatz gefunden, sondern bin heimgekehrt.«

Selbstrespekt und Selbsteinsicht

Der Kontakt mit dem positiven, unverletzten inneren Kind führt zu neuem Selbstrespekt. Da man sich nicht länger seiner selbst schämt und nicht ständig Bestätigung von anderen benötigt, kann man vernünftige Grenzen setzen. Man erträgt auch, keineswegs vollkommen zu sein, und kann sogar einen trüben Tag genießen. Weil man es wagt, sich für die eigenen Interessen einzusetzen, werden Grundbedürfnisse häufiger befriedigt. Das trägt zu einem wesentlich gesünderen inneren Gleichgewicht bei.

Eine solche therapeutische innere Reise befördert das Selbstverständnis auf entscheidende Weise. Man kann die Hintergründe eigener Reaktionen und die bisherige übermäßige Bedeutung bestimmter Gefühle im eigenen Erleben neu verstehen. »Seltsame« Reaktionen sind nicht mehr so schwer begreiflich.

Selbsteinsicht, die mit einer tiefen gefühlsmäßigen Erfahrung verknüpft wurde, liefert einen wichtigen Schlüssel zu Veränderung und Neuorientierung.

Ein persönlicher Heilungsprozess

Auch wenn es gewisse prinzipielle und übergeordnete Therapiebestandteile gibt, um für ein negatives Selbstwertgefühl Abhilfe zu schaffen, ist doch jeder Mensch einzigartig. Je nachdem, wie die zugrunde liegenden zentralen Probleme entstanden sind und sich ausgeformt haben, sieht daher der therapeutische Prozess unterschiedlich aus. Aus diesem Grunde verläuft diese Art von Therapie nicht nach einem festen Schema, sondern entlang innerer Gleise, die es bei jedem einzelnen Patienten aufzuspüren gilt.

Die Arbeit mit dem Ziel der Heilung verläuft auch keineswegs als linearer Prozess. Ich vergleiche den Therapieprozess oft mit einer Spirale, bei der man während der ersten Umdrehung unterschiedliche Aspekte eines Problems auf einem bestimmten Niveau betrachtet. Dann kann es erforderlich sein, dasselbe Grundproblem auf einer tieferen Ebene anzugehen. Dieses Niveau kann jedoch nicht direkt angesteuert werden, da es hierfür erforderlich sein kann, dass zunächst bestimmte frühere Gesichtspunkte des Problems durchgearbeitet wurden.

Bei der Therapie mit Imaginationen entsteht oft ein Arbeitsbündnis zwischen dem Therapeuten und dem Inneren (Kind) des Klienten. Ich bin immer erstaunt darüber, wie während des »Bilderns« Material heraufbefördert wird, das zur Bearbeitung ansteht. Als Therapeut gilt es, ein feines Gespür zu haben und diesen Fährten zu folgen. Der Prozess wird jedoch auch ständig durch einen inneren Wunsch nach Heilung vorangetrieben.

Bei wem funktioniert dieses Vorgehen?

Das beschriebene Modell funktioniert bei beträchtlich mehr Menschen, als man annehmen könnte, weil tatsächlich die meisten innere Bilder haben und benutzen können, obwohl viele genau das anfänglich bezweifeln. Wenn jemand allerdings nicht in der Vergangenheit graben möchte, ist dies selbstverständlich nicht der richtige Weg.

Manche Klienten haben Schwierigkeiten, einen lebendigen Zugang zu ihrer inneren Bilderwelt zu finden. Dennoch können auch sie von der therapeutischen Arbeit profitieren. Natürlich ist das einfacher, wenn sich jemand von seiner inneren Welt faszinieren lässt und sich der Wirkung seiner inneren Kräfte neugierig überlassen kann. Dann kann man spannende Prozesse miterleben, wie ich sie in den skizzierten Therapieverläufen dargestellt habe. Manchmal sieht man jedoch auch ohne solche spannenden Abläufe bedeutende Fortschritte.

Freude und Verantwortung des Therapeuten

Ich habe bereits die Freude hervorgehoben, der ich bei Menschen begegnet bin, die sich von der Auswirkung negativer Verstrickungen in Selbstfallen befreit hatten. Das ist eine wichtige Seite der Medaille. Ich wäre aber nicht ehrlich, wenn ich die Freude unerwähnt ließe, die daraus resultiert, sich auch als Therapeut auf der anderen Seite zu befinden. Miterleben zu dürfen, wie jemand seinem inneren Kind begegnet, das vorher nur als Mühlstein um den Hals empfunden wurde, und zu entdecken, dass sich die Beziehung in eine positive verändert, ein inneres wahrhaftiges Selbstbild entsteht, ist stets ein gleichermaßen spannender und befriedigender Prozess.

Buchstäblich mit vor Augen zu haben, wie sich negative Selbstbilder wandeln, ist ein Geschenk. In jeder Psychotherapie gibt es auch Phasen von Besorgnis – sind wir gerade auf dem rechten Weg? Mit den Jahren hat sich bei mir jedoch ein unerschütterliches Zutrauen zu dem inneren Prozess eingestellt. Im Prinzip geht es darum, da zu sein, zuzuhören und diesen inneren Prozess zu fördern. Das setzt jedoch beim Therapeuten umfassende Kenntnisse über innerseelische Vorgänge voraus.

Wenn die Beschäftigung mit dem inneren Kind in den Mittelpunkt rückt, wird es möglich, in relativ kurzer Zeit eine Reihe ursächlicher persönlicher Konflikte und Probleme zu lösen. Als Voraussetzung für die psychotherapeutische Arbeit mit dem inneren Kind ist es wünschenswert, dass der Therapeut fundiertes Wissen sowohl über das Katathym-Imaginative Verfahren als auch über psychodynamische Psychotherapie besitzt. Man weiß nämlich im Voraus niemals, auf was man in den Imaginationen trifft.

Es ist niemals zu spät für den Kontakt mit dem inneren Kind

Die Botschaft des Psychotherapeuten Ben Furman, es sei niemals zu spät, eine glückliche Kindheit zu bekommen[43], möchte ich hier nicht weiterverfolgen. Ich glaube allerdings, dass es niemals zu spät ist, ein deutlich verbessertes Verhältnis zu sich selbst und zu seinem inneren Kind zu bekommen. Karin war Anfang sechzig, als sie die Therapie begann, und zu mir kommen Klienten, die älter als siebzig Jahre sind. Unser Wunsch, zu wachsen, hört nicht auf, weil wir graue Haare bekommen.

Aufzuwachen und zu begreifen, dass eine Reihe falscher negativer Selbstbilder das Leben untergraben, setzt einen umwälzenden Prozess in Gang. Schamgefühle vermindern sich, und man kann damit beginnen, ein neues Verhältnis zu seinem inneren Selbst aufzubauen. Gefühle, die man vorher nicht fühlen konnte, erhalten neuen Raum.

Seinem inneren Kind zu begegnen erfordert oft viel Mut. Wenn man aber die Perspektive wechselt, sind wir wohl alle Kinder. »Kann es so sein, dass die Kindheit in Wirklichkeit nie aufgehört hat?«, fragt sich der Therapeut Tommy Hellsten und beschreibt dann, dass dies denkbar ist. »Ich sollte sorgfältig darauf achten, dass in allem, was ich mache, ein Grundton von Spielerischem enthalten ist. Ich sollte meine Arbeit genießen, kreativ sein und mich auf meine Intuition verlassen.«[44]

Die magische Kraft der inneren Welt

Dieses Buch stellt einen Versuch dar, unsichtbare Wirkkräfte menschlicher Verhaltensweisen sichtbar zu machen. Es war mir auch ein Anliegen, meine Faszination über die Selbstheilungskräfte darzustellen, die wir Menschen in uns haben, wenn wir es wagen, die Tür zu dieser inneren Dimension zu öffnen.

Viele Menschen stehen in keiner natürlichen Verbindung zu ihrer inneren Welt, die doch so großen Einfluss hat. Ich wollte aufzeigen, dass die innere Dimension nicht so diffus und unfassbar ist, wie man vielleicht annehmen mag. Mit seinem »inneren Kind« zu arbeiten kann letzten Endes eine ganz konkrete Angelegenheit bedeuten.

Ich hoffe, es ist mir auch gelungen, im Sinne Winnicotts eine Tür zu einem neuen inneren »Spiel-Raum« geöffnet zu haben, einem Bereich, wo wir Kraft aus unseren inneren Ressourcen ziehen und auf kreativere Weise unsere Probleme angehen können.

Unser Inneres – eine archäologische Fundstelle

Im Vergleich zu allen Eindrücken, die wir insgesamt registrieren, ist unser Bewusstseinsfenster nur eine ziemlich kleine Luke. Ich habe versucht, diese Luke zu erweitern und Sie in die faszinierende innere Bilderwelt, die wir alle besitzen, spähen zu lassen. Mit all unseren Erinnerungen, inneren Bildern und Vorstellungen stellt diese Welt eine wahre archäologische Fundstelle dar, die ihre Schätze unseren Ohren und Augen offenbart. Indem wir die Scherben aus der Vergangenheit untersuchen, können wir ein erweitertes Verständnis dafür aufbauen, wie unsere persönliche Vorzeit unsere Gegenwart geformt hat. Das schafft einen wichtigen Beitrag zu unserem Selbstverständnis.

Zum Therapieverfahren der Katathym-Imaginativen Psychotherapie

Ich habe in diesem Buch viel über Katathym-Imaginative Psychotherapie (bzw. das »Symboldrama«) geschrieben. Falls Sie mehr zu diesem Thema wissen möchten, können Sie auf der Homepage der Deutschen Gesellschaft für Katathym-Imaginative Psychotherapie (www.agkb.de) weitere Informationen zur Technik, zur Ausbildung in dem Verfahren und zu Forschungsergebnissen erhalten.

Auch eine Liste der in Deutschland tätigen in dem Verfahren ausgebildeten Therapeuten – geordnet nach Postleitzahl – ist dort verfügbar.

Die Katathym-Imaginative Psychotherapie (KIP) ist ein 1954 von Prof. Dr. Hanscarl Leuner begründetes und seitdem stetig weiterentwickeltes tiefenpsychologisch fundiertes Psychotherapieverfahren.

Die Deutsche Gesellschaft für Katathym-Imaginative Psychotherapie wurde im Jahr 1974 als Arbeitsgemeinschaft für Katathymes Bilderleben und imaginative Verfahren in der Psychotherapie (AGKB) e.V. gegründet. Ihre Aufgabe besteht darin, Weiter- und Fortbildungsveranstaltungen für ärztliche und psychologische Psychotherapeuten in Katathym-Imaginativer Psychotherapie (KIP) zu organisieren und die Forschung in diesem Bereich zu fördern. Die AGKB ist ein gemeinnütziger Verein.

Danksagung

Dieses Buch widme ich meinen Klienten. Besonders bedanken möchte ich mich bei denjenigen, deren Erfahrungen in diesem Buch aufgeführt werden und die mich so umfassend an ihrer Entwicklung haben teilnehmen lassen. Vier Therapien unterschiedlicher Dauer werden dargestellt – eine Behandlung wurde nach zwölf Gesprächen beendet, eine andere dauerte ein Jahr. Namen und andere persönliche Daten wurden, soweit es zur Anonymisierung notwendig erschien, geändert. Die Schilderung des therapeutischen Prozesses wurde dagegen weitgehend unverändert übernommen. Die Klienten erhielten Gelegenheit, meine Sicht des Behandlungsverlaufs vorab zu lesen und zu kommentieren. In einem persönlichen Gespräch diskutierte ich den Text mit dem Betreffenden, was für mich eine weitere Möglichkeit darstellte, die Nachwirkungen der Behandlung weiterzuverfolgen. Zusätzlich hielten diese Klienten auch einige Gedanken zu der Frage, wie sich die Therapie auf ihr Alltagsleben ausgewirkt hat, schriftlich fest. Alle erteilten ihr Einverständnis zur Veröffentlichung des Materials.

Vielleicht wundern Sie sich über die Benutzung des Wortes *Klient*, da in der Fachliteratur der Ausdruck *Patient* gebräuchlicher ist. Für mich ist die Bezeichnung Patient mit der Vorstellung eines kranken Menschen verknüpft. Meine Klienten sind jedoch nicht krank sie haben allgemein menschliche Pro-bleme und zurückliegende Schädigungen, die es zu verstehen, zu handhaben und zu »beheben« gilt.

Zwei meiner langjährigen und treuen Kolleginnen haben sich für die kritische Durchsicht der Erstschrift meiner Manuskripte zur Verfügung gestellt. Ich bin der Psychoanalytikerin Sonja Levander-Lönnerberg und der Psychotherapeutin Marianne Nyman zu tiefem Dank verpflichtet. Beide haben den Text in selbstloser Weise mitten im Urlaub gelesen, überdacht und die vorliegende Form durch wichtige Denkanstöße mit geprägt.

Der Verlag »Natur och Kultur« hat – besonders in Gestalt der Verlagschefin Lena Forssén – das Projekt wesentlich mit gefördert und zu Textkorrekturen bzw. inhaltlichen Verbesserungen angeregt. Die Zusammenarbeit mit meiner hochgeschätzten Redakteurin, Ingrid Ericson, war erneut eine Quelle der Freude und ein Geschenk. Vielen Dank, Ingrid, und vielen Dank, Natur och Kultur!

Herrn Dr. Claus Koch vom Beltz Verlag danke ich herzlich für das Interesse am Thema, sein Engagement im Vorfeld und für allen Aufwand, das Buch nun auch den deutschsprachigen Lesern zugänglich zu machen. Ebenso gilt mein herzlicher Dank meiner fantastischen Übersetzerin und Kollegin Dr. Stefanie Spitzner, die vermittels ihrer Kenntnisse sowohl des Schwedischen als auch des zugrunde liegenden Therapieverfahrens eine gelungene Übersetzung vorgelegt hat und unverzichtbar war bei der Suche nach einem geeigneten Verlag.

Stockholm im Januar 2011 — Marta Cullberg Weston

Literaturverzeichnis

Beck-Friis, Johan (2005): *När Orpheus vände sig om. En bok om depression och förlorad självaktning.* Natur och Kultur, Stockholm.

Bollas, Christopher (1987): *The Shadow of the Object. Psychoanalysis of the Unthought Known.* Free Assoc. Books, London.

Bowlby, John (1969): *Attachment and Loss. Volume I: Attachment.* Tavistock, London. (auf Deutsch: Bindung und Verlust. Reinhard Verlag, 2006)

Bradshaw, John (1988): *Healing the Shame That Binds You.* Health Communications, Florida.

Bradshaw, John (1992): *Homecoming, Reclaiming and Championing Your Inner Child.* Bantham Books, N.Y.

Branden, Nathaniel (1971): *The Psychology of Self-Esteem.* Bantam Books, N.Y.

Branden, Nathaniel (1983): *Honoring the Self. Personal Integrity and the Heroic Potentials of Human Nature.* Jeremy P. Tarcher, L.A.

Branden, Nathaniel (1988): *How to Raise Your Self-Esteem. The Proven Action-oriented Approach to Greater Self-Respect and Self-Confidence.* Bantham Books, N.Y.

Buber, Martin (1923/1985): *Jag och Du. Dualis, Ludvika* (auf Deutsch: *Ich und Du.* Reclam, Ditzingen, 1995).

Cullberg Weston, Marta (2000): *En dörr till ditt inre. Visualiseringsteknik i terapi.* Wahlström & Widstrand, Stockholm.

Cullberg Weston, Marta (2005): *Ditt inre centrum. Om självkänsla, självbilder och konturen av ditt själv.* Natur och Kultur, Stockholm.

Damasio, Antonio (1994/1999): *Descartes misstag. Känsla, förnuft och den mänskliga hjärnan.* Natur och Kultur, Stockholm (auf Deutsch: *Descartes' Irrtum: Fühlen, Denken und das menschliche Gehirn.* Marion von Schroeder Verlag, 2004)

Fairbairn, W.R.D. (1952): *Psychoanalytic Studies of the Personality.* Routledge & Kegan Paul, London.

Furman, Ben (1998/2005): *Det är aldrig för sent att få en lycklig barndom.* Natur och Kultur, Stockholm.

Hellsten, Tommy (1998): *Flodhästen i vardagsrummet. Om medberoende och om mötet med barnet inom oss.* Cordia, Örebro.

Kinston, Warren (1987): »The Shame of Narcissism« in: Nathanson, Donald, L. *The Many Faces of Shame.* Guilford Press, N.Y.

Kjellqvist, Else-Britt (1993/2006): *Rött och vitt – om skam och skamlöshet.* Carlssons, Stockholm.

Lagercrantz, Agneta (2005): »*Självbilder styr hur vi mår i livet*« Svenska Dagbladet 16/11 2005.
Lindahl, Maj-Britt (1999): »*Inre bilder och självkännedom*« *i Hypnos-Nytt*, Juni 1999.
McKay, M. & Fanning, P. (1995): *Self-Esteem*. St. Martins Paperbacks, Oakland, CA.
Missildine, Hugh (1963): *Your Inner Child of the Past*. Simon & Schuster, N.Y.
Napier, Nancy J. (1996): *Recreating Your Self. Building Self-Esteem through Imaging and Self Hypnosis*. W.W. Norton & Co, N.Y.
Nathanson, Donald, L. (1987): *The Many Faces of Shame*. Guilford Press, N.Y.
Oates, Joyce Carol (2001): *Blonde*. Bonniers förlag, Stockholm (auf Deutsch: *Blond*. Fischer (Tb.), Frankfurt, 2002).
Ogden, Thomas (2001): *Conversations at the Frontier of Dreaming*. Karnac, London.
Reyher, Joseph (1980/2006): »Emergent Uncovering Psychotherapy: The Use of Imagoic and Linguistic Vehicles in Objectifying Psychodynamic Processes«. In: Shorr, J.E., Sobel, G.E. Robin, P. (Hrsg.) (1980/2006): *Imagery. Its Many Dimensions and Applications*. Plenum Press, N.Y./London, S. 51–93.
Rosendahl, Margareta (2006): *Symboldrama i arbetet med utmattningsproblematik*. Sv. Föreningen för Symboldrama, Stockholm.
Shorr, Joseph (1983) *Psychotherapy through Imageray*. Thieme Stratton, New York.
Schorr, J.E., Sobel, G.E. Robin, P. & Connella, J.A. (Hrsg.) (1980/2006): *Imagery. Its Many Dimensions and Applications*. Plenum Press, N.Y./London.
Steinem, Gloria (1992): *Revolution from Within. A Book of Self-Esteem*. Little, Brown & Co., Boston.
Stern, Daniel N. (1985/1991): *Spädbarnets interpersonella värld ur psykoanalytiskt och utvecklingspsykologiskt perspektiv*. Natur och Kultur, Stockholm (Originaltitel: *The Interpersonal World of the Infant: A View from Psychoanalysis and Developmental Psychology*, Basic Books, 1985/2000)
Stiftelsen Allmänna Barnhuset (2004:1): *Unga som skadar sig själva*. Stockholm, www. Barnhuset.com.
Whitfield, Charles L. (1987): *Healing the Child within. Discovery and Recovery for Adult Children of Dysfunctional Families*. Health Comm. Deerfield Beach, Fla.
Winnicott, Donald (1981/2003): *Lek och verklighet*. Natur och Kultur, Stockholm. (auf Englisch: Playing and Reality. Routledge, London 2005)
Wurmser, Léon (1981): *The Mask of Shame*. Johns Hopkins Univ. Press.
Young, J.E. & Klosko, J.S. (1993): *Reinventing Your Life. How to Break Free from Negative Life Patterns*. Dutton, Penguin Group, N.Y.
Young, J.E., Klosko, J.S & Weishaar, M.E. (2003): *Schema Therapy. A Practitioner's Guide*. Guilford Press, N.Y.

Anmerkungen

1 Cullberg Weston, Marta (2000): *En dörr till ditt inre. Visualiseringsteknik i terapi.* Wahlström & Widstrand, Stockholm.

2 Bowlby, John (1969): *Attachment and Loss.* Volume I: Attachment. Tavistock, London.

3 Bollas, Christopher (1987): *The Shadow of the Object. Psychoanalysis of the Unthought Known.* Free Assoc. Books, London.

4 Buber, Martin (1923/1985): *Jag och Du.* Dualis, Ludvika.

5 Internalisierung dient hier als Oberbegriff für verschiedenartige Prozesse, bei denen jemand reale oder fantasierte Ereignisse der Umgebung ins eigene Innere aufnimmt.

6 Obwohl die Griechen Troja viele Jahre lang mit einem großen Heer belagerten, hatten sie die Stadt nicht einnehmen können. Schließlich bauten sie ein großes, hölzernes Pferd, in dessen Innerem Soldaten versteckt waren, und stellten es vor die Stadtmauer hin. Nachdem die Griechen sich zurückgezogen hatten, wurden die Trojaner neugierig und schafften dieses Pferd in die Stadt hinein. Nachts kletterten die Soldaten aus ihrem Versteck und öffneten die Stadttore.

7 Fairbairn, W.R.D. (1952): *Psychoanalytic Studies of the Personality.* Routledge & Kegan Paul, London.

8 Kinston, Warren (1987): »*The Shame of Narcissism*«. In: Nathanson, Donald, L.: *The Many Faces of Shame.* Guilford Press, N.Y.

9 Hellsten, Tommy (1998): *Flodhästen i vardagsrummet. Om medberoende och om mötet med barnet inom oss.* Cordia, Örebro.

10 Dieses Kapitel enthält viele Ausführungen aus dem Buch *Ditt inre centrum (2005),* die jedoch hier in anderer Form dargestellt werden.

11 Dieser Ausspruch wird häufig Groucho Marx zugeschrieben. Er wird ihn vermutlich von Sigmund Freud übernommen haben, der dazu in *Der Witz und seine Beziehung zum Unbewussten* Ausführungen machte. Der Regisseur Woody Allen hat diesen Ausspruch von Groucho Marx übernommen und u. a. in dem Film *Der Stadtneurotiker* benutzt.

12 McKay, M. & Fanning, P. (1995): *Self-Esteem.* St. Martins Paperbacks, Oakland, CA.

13 Shorr, Joseph (1983): *Psychotherapy through Imagery.* Thieme Stratton, New York.
14 Lindahl, Maj-Britt (1999): »*Inre bilder och självkännedom.*« In: Hypnos-Nytt, Juni 1999.
15 Bradshaw, John (1992): *Homecoming, Reclaiming and Championing Your Inner Child.* Bantham Books, N.Y.
16 Hellsten, Tommy (1998): *Flodhästen i vardagsrummet. Om medberoende och om mötet med barnet inom oss.* Cordia, Örebro.
17 Steinem, Gloria (1992): *Revolution from Within. A Book of Self-Esteem.* Little, Brown & Co., Boston.
18 Napier, Nancy J. (1996): *Recreating Your Self. Building Self-Esteem through Imaging and Self Hypnosis.* W.W. Norton & Co, N.Y.
19 Weitere Ausführungen hierzu finden sich in dem Buch *Ditt inre centrum.* Natur och Kultur, Stockholm.
20 Bowlby, John (1969): *Attachment and Loss.* Volume I: Attachment. Tavistock, London.
21 Stern, Daniel N. (1985/1991): *Spädbarnets interpersonella värld ur psykoanalytiskt och utvecklingspsykologiskt perspektiv.* Natur och Kultur, Stockholm (Originaltitel: *The Interpersonal World of the Infant: A View from Psychoanalysis and Developmental Psychology,* Basic Books, 1985/2000).
22 Young, J.E. & Klosko, J.S. (1993): *Reinventing Your Life. How to Break Free from Negative Life Patterns.* Dutton, Penguin Group, N.Y. Young baut sein Modell auf Lester Luborskys Systematisierung solcher Muster auf. Luborsky spricht von ungefähr dreißig verschiedenen Fixierungen. Der Forscher Mardi Horowitz identifizierte Hunderte von nicht adaptiven Beziehungsmustern. In seinem neuesten Buch hat Young seine ursprünglich zehn Schemata auf achtzehn erweitert (Young, J.E., Klosko, J.S & Weishaar, M.E. (2003): *Schema Therapy. A Practitioner's Guide.* Guilford Press, N.Y.)
23 Young, J.E., Klosko, J.S & Weishaar, M.E. (2003): *Schema Therapy. A Practitioner's Guide.* Guilford Press, N.Y.
24 Joyce Carol Oates hat in dem Roman *Blond* ihre persönliche Version des Lebens von Marilyn Monroe dargestellt (Bonniers förlag, 2001/in Deutschland Fischer, 2002). Im Internet findet man mehrere kurze Biografien.
25 Missildine, Hugh (1963): *Your Inner Child of the Past.* Simon & Schuster, N.Y.
26 Ogden, Thomas (2001): *Conversations at the Frontier of Dreaming.* Karnac, London.
27 Damasio, Antonio (1994/1999): *Descartes misstag. Känsla, förnuft och den mänskliga hjärnan.* Natur och Kultur, Stockholm (auf Deutsch: *Descartes' Irrtum: Fühlen, Denken und das menschliche Gehirn.* Marion v. Schroeder Verlag, 2004).
28 Mein Interview mit Hanscarl Leuner ist abgedruckt in »Symboldrama – med fantasin som redskap« Psykologitidningen, Nr. 3, 1993, S. 4–6.

29 Der in Schweden gebräuchliche Begriff »Symboldrama« (für die Katathym-Imaginative Psychotherapie) enthält die Bezeichnung Symbol. Der amerikanische Psychoanalytiker und Symboldramatherapeut Joseph Reyher meint dagegen, dass innere Bilder und Traumbilder keine Symbole im eigentlichen Sinne darstellen, sondern eher als das aufzufassen seien, was er *Protosymbole* nennt. Ein Symbol setzt nach Reyher eine Anwendungsabsicht voraus. Das Symbol selbst stehe dabei für etwas anderes und müsse keine Ähnlichkeit mit dem Repräsentierten aufweisen. Ein Protosymbol dagegen habe stets eine gewisse Ähnlichkeit mit demjenigen, auf das es sich bezieht. Wenn jemand innere Bilder erlebe, stünden diese nicht für etwas anderes, sondern seien faktisch, demnach als Protosymbole aufzufassen. Reyher, Joseph (1980/2006) *»Emergent Uncovering Psychotherapy: The Use of Imagic and Linguistic Vehicles in Objectifying Psychodynamic Processes«.* In: Shorr, J.E., Sobel, G.E. Robin, P. (Hrsg.): *Imagery. Its Many Dimensions and Applications.* Plenum Press, N.Y./London, S. 51–93.

30 Shorr, Joseph (1983): *Psychotherapy through Imageray.* Thieme Stratton, New York.

31 Napier, Nancy J. (1996): *Recreating Your Self. Building Self-Esteem through Imaging and Self Hypnosis.* W.W. Norton & Co, N.Y.

32 Damasio, Antonio (1994/1999): *Descartes misstag. Känsla, förnuft och den mänskliga hjärnan.* Natur och Kultur, Stockholm (auf Deutsch: *Descartes' Irrtum: Fühlen, Denken und das menschliche Gehirn.* Marion v. Schroeder Verlag, 2004).

33 Ogden, Thomas (2001): *Conversations at the Frontier of Dreaming.* Karnac, London.

34 Die Therapie dauerte gut ein halbes Jahr und schloss eine Nachuntersuchung ein. Die Sitzungsabstände waren zu Beginn wöchentlich, später vierzehntägig. Insgesamt fanden 15 Sitzungen statt.

35 Rosendahl, Margareta (2006): *Symboldrama i arbetet med utmattningsproblematik.* Sv. Föreningen för Symboldrama, Stockholm.

36 Die Therapie dauerte ein Jahr mit wöchentlichen Sitzungen und einem kurzen Nach- bzw. Auswertungsgespräch.

37 Die Behandlung erstreckte sich über ein halbes Jahr mit insgesamt 12 Sitzungen.

38 Der britische Psychoanalytiker und Kinderarzt Donald Winnicott hat über die Bedeutung eines Spiel-Raumes geschrieben, wo sich die Fantasie ausgestalten kann. Er nennt dieses Gebiet einen »Übergangsraum« – oder »Zwischenraum« – in der Mitte zwischen innerer und äußerer Wirklichkeit. Mehr darüber kann man in dem Klassiker *Playing and Reality, 1980,* erfahren.

39 Damasio, Antonio (1994/1999): *Descartes misstag. Känsla, förnuft och den mänskliga hjärnan.* Natur och Kultur, Stockholm (auf Deutsch: *Descartes' Irrtum: Fühlen, Denken und das menschliche Gehirn.* Marion v. Schroeder Verlag, 2004).

40 Beck-Friis, Johan (2005): *När Orpheus vände sig om. En bok om depression och förlorad självaktning.* Natur och Kultur, Stockholm.
41 Stiftelsen Allmänna Barnhuset (2004:1): *Unga som skadar sig själva.* Stockholm, www. Barnhuset.com.
42 Kjellqvist, Else-Britt (1993/2006): *Rött och vitt – om skam och skamlöshet.* Carlssons, Stockholm.
43 Furman, Ben (1998/2005): *Det är aldrig för sent att få en lycklig barndom.* Natur och Kultur, Stockholm.
44 Hellsten, Tommy (1998): *Flodhästen i vardagsrummet. Om medberoende och om mötet med barnet inom oss.* Cordia, Örebro.